湖南省哲学社会科学基金重大委托项目"记住乡愁——湖南十村十记"的阶段性成果

中国传统村落实证研究
——双凤村

李哲 著

中南大学出版社 ·长沙·
www.csupress.com.cn

图书在版编目（CIP）数据

中国传统村落实证研究. 双凤村 / 李哲著. —长沙：
中南大学出版社，2019.8
ISBN 978 - 7 - 5487 - 3710 - 0

Ⅰ.①中… Ⅱ.①李… Ⅲ.①村落—研究—永顺县
Ⅳ.①K928.5

中国版本图书馆 CIP 数据核字（2019）第 173875 号

中国传统村落实证研究——双凤村
ZHONGGUO CHUANTONG CUNLUO SHIZHENG YANJIU——SHUANGFENG CUN

李哲　著

□责任编辑　谢金伶
□责任印制　易红卫
□出版发行　中南大学出版社
　　　　　　社址：长沙市麓山南路　　　邮编：410083
　　　　　　发行科电话：0731 - 88876770　　传真：0731 - 88710482
□印　　装　长沙市宏发印刷有限公司

□开　　本　710 mm × 1000 mm 1/16　□印张 19.75　□字数 344 千字
□版　　次　2019 年 8 月第 1 版　□2019 年 8 月第 1 次印刷
□书　　号　ISBN 978 - 7 - 5487 - 3710 - 0
□定　　价　308.00 元

图书出现印装问题，请与经销商调换

总　序

作为湖南省哲学社会科学基金重大委托项目"记住乡愁——湖南十村十记",本系列图书试图对湖南极具地域与民族特色的传统村落展开极具普遍性又具鲜明的个案特色的研究。这在湖南地方文化研究上也是首次。基于此,经反复研究,遴选了会同县高椅乡高椅村、通道侗族自治县坪坦乡坪坦村、江永县兰溪瑶族乡勾蓝瑶寨、永顺县大坝乡双凤村、绥宁县关峡苗族乡大园村、辰溪县上蒲溪瑶族乡五宝田村、绥宁县黄桑坪苗族乡上堡村、永兴县高亭司镇板梁村、桂阳县莲塘镇大湾村、花垣县排碧乡板栗村作为研究对象,并组建了十个相应的课题组,从事专门的研究。虽然只有十个村寨,但它们散落在三湘四水,颇具地域特色,又涵盖了汉、苗、瑶、侗等湖南主要民族,富有民族历史文化的特质性和代表性。对它们的系统性研究,或许最能体现湖湘传统村落及其文化的特色,立体还原出湖南传统村落文化的多维性与区域文化的特质性及其价值,进而呈现出湖湘文化的特质性和本源性,为保护湖南乃至中国传统村落文化做出贡献。

在内容上,我们要求对传统村落文化展开系统性的多维研究。在框架设计、研究思路、主要内容、基本观点等方面,都体现出研究者创新的学术思想、独到的学术见解和可能取得的突破。尤其在研究方法上,我们强调要重"记"重

"研"、"记""研"并举，既要整体兼顾，又要突出重点。"记"重有三：图像记录、文字记述和文化记忆。

第一是"图像记录"。图像记录是指把村落中的固态文化及活态文化，通过影像的方式保留下来，并作为信息传递给外界，强调记录对象的纪实性、直观性和形象性，在绝对真实的前提下，亦追求其唯美性。开始于1839年的摄影术，带给了近代一场视觉意义上的革命。之后，摄影迅猛发展起来，几乎无所不包，并和在它之前发展起来的印刷术相结合，进而拥有了广阔的传播空间。摄影术的出现，于民俗、建筑、文物的记录也同样具有划时代意义。它能够直观地再现事物在拍摄瞬间的真实状况，其记录已经成为今天研究这一时段历史的重要依据。在近代中国，最早拍摄的村落及其文化的照片，多出自涌入国门的外国学者之手，如葛学溥、伊东忠太、关野贞、塚本靖等人。19世纪末20世纪初开始，大批的日本学者考察中华风物，足迹遍布中国的大江南北，研究领域涉及了人类学、考古学、美术学、建筑学等诸多领域，留下了大量的图像记录。他们相机里记录的中国风土人情，为今天的研究者们提供了珍贵的历史信息。在今天这样一个图像时代，数码摄影技术高度发达，普通人几乎不需要接受专业训练就能拿起手机或相机拍照。对于专业的村落文化研究者来说，更需要运用好这一手段，用现代摄像的形式记录下传统村落及其原住民的生产生活状况，于当下这个快速发展的社会，或许尤为有意义因而变得十分重要。因为我们今天用镜头记录的真实场景及场景中的人与事，明天可能就永远地消失不见。通过影像的记录，我们可以为后续的研究者保留今天这些传统村落的文化信息。

第二是"文字记述"。文字记述是人类用之最为久远的记述手段与方法。凭借于此，我们可以察古观今。对传统村落中原住民的内容丰富的各种文化信息进行记述，要求既真实准确又生动感人。在真实客观的文字记述基础上，我们试图对传统村落的文化传统与精神世界、传统村落的堪舆规划、建筑营造与保护、传统村落民俗与非物质文化遗产、传统村落原住民与自然环境关系、传统村落道德教化与乡贤文化、传统村落的经济发展与综合治理、传统村落氏族文献与少数民族研究资料、传统村落与地域文化圈的宗教信仰与遗存等诸多方面，展开多学科交叉的系统性研究，以还原出这些传统村落文化的多维性、复杂性及自成体系性，而不是某一文化的孤立现象。我们从这种文化的多维性和自成体系性中，或许可以找到这些极具地域民族特色与特质的传统村落文化历千年之久而生生不息的深刻内在原因。

第三是"文化记忆"。文化记忆是指对传统村落的文化历史进行追溯，包括村落的建制和变迁、原住民的迁徙经历等内容，尽可能完好地保留这些传统村落的文化记忆。具有悠长久远文明历史的中国，就是由无数个这类传统村落的文化记忆组成的。传统村落是研究中国文化记忆的丰沃土壤。不同于世界其他地区文明断裂或消失的经历，中国是唯一将自身的文明延续至今的国度，这使得其文化记忆研究具有极为难得的样本意义。国家的文化记忆，从某种视角来看，其实就是由不同的社会群体、民族、宗族甚至个人的文化记忆构成的总和。国家、社会、族群，往往也和个人一样，会在发育成长的过程中，养成回忆和记忆的能力。说到底，所谓文化记忆，本质上其实就是一个民族或国家的集体记忆。它所要回答的就是"我们是谁"和"我们从哪里来、要到哪里去"的文化认同性问题。文化记忆的内容通常是一个社会群体共同拥有的过去，其中既包括传说中的神话时代，也包括有据可查的信史。它在文化构成的时间上具有绝对性，往往可以一直回溯到远古，而不局限于三四代之内的世代记忆的限制。在文化的构成内容上，其往往又富有原创性和借鉴融合的相对性，理所当然地具有其文化的特质性。特质性代表的往往是民族文化的个性；借鉴与融合，往往能代表文化的主流共性与文化发展的规律性。在交流形式上，文化记忆所依靠的是有组织的、公共性的集体交流，其传承方式可分为"与仪式相关的"和"与文字相关的"两大类别。文化记忆可以让一种文化得到持续发展，传承不衰；而一旦文化记忆消失了，也就意味着文化主体性消亡了。在传统村落文化的传承中，文化记忆起到了重要的功能。各种材质的书面文献、碑文、乡约、家谱、建筑物、仪式和节日等，构成了文化记忆的一系列制度性表征，它是一套可反复使用的文本系统、意象系统和仪式系统。文化记忆对于传统村落社会的存在价值，不仅在于村落原住民集体性探究过去的成果有了更为牢固和精确的储存与记录方式，更在于它对维护传统村落文化的代代传承具有的重要作用。甚至毫不夸张地说，保护和保存这种记忆，是保护和保存了国家的历史文化记忆，因为这是构成国家历史文化的基石。

以此"三记"为基础，我们借助于交叉学科的视野与手段，对具体的传统村落及其文化，展开有广度和深度的系统研究。我们共形成了十部专著，每本皆包含了 30 万字左右的文字以及 100 帧以上的图片。从研究手法到记录、记述的形式与内容，可谓各具特色，形态多样。

朱力教授的研究对象是高椅村。他是以广角全息式的视野来审视这个村落的。他不仅对高椅村的建筑、礼仪、信仰、手工艺以及民间艺术等方面有详细描述，更是将高椅村融入中国传统村落研究的大框架中，运用分形的理论，寻找传统与现代的连接点。在研究方法和内容上，他尝试将社会学、文化人类学、民族史学、景观文化分形学、建筑学等诸学科理论结合起来，进行实证叙事和分析，并吸收了传统村落研究的部分研究方法和成果，在更广泛的层面上观照、研究了高椅村，以加深读者对高椅村历史文化现状的认知。最后作者就将来如何运用"村落智慧"来保护中国传统文化这一主题进行了探讨性研究。

刘灿姣教授对勾蓝瑶寨的研究，不仅体现在她长期醉心于这个富有文化特色的古老瑶寨的文化表象上，更反映在她理智严谨的研究中。她融合历史学、文化人类学、宗教学、社会学、民俗学、建筑学、经济学及传播学多个学科的研究方法，以记录、记述、记忆为基础对永州市江永县兰溪瑶族乡勾蓝瑶寨开展了全方位、多视角、深层次的综合研究。她从勾蓝瑶寨的历史沿革、地理环境、迁徙历史、村落布局与建筑、生产与商贸、生活与习俗、组织与治理、文化教育与道德教化、精神信仰、非物质文化遗产和文化遗产遗存等方面，勾勒出了其文化的全景图样。

谢旭斌教授以辰溪县上蒲溪瑶族乡五宝田村落为研究对象，从建筑堪舆、氏族文献、建筑营造、地域文化圈的宗教信仰与遗存、文化传统与精神世界、建筑装饰语言、乡贤文化、民风习俗、经济发展与综合治理等方面进行研究。他主要从艺术学、社会学的角度进行探讨，让传统村落留存的历史、文化艺术景观、传统的那些文化景观因子以一种美的方式呈现在人们的面前，让读者懂得传统村落文化具有独特的历史价值、艺术价值和文化价值，它的内部蕴含着大量值得传承的文化因子。

李哲副教授从宏观层面(自然与文化背景、族源与语言、宗教信仰与精神世界)、中观层面(道德教化与乡贤文化、民俗文化与非物质文化遗产、堪舆规划与村落空间、建筑形式与装饰艺术)及微观层面(局部建筑形式及营建技术、民族文献)等三个层面，全面研究了永顺县大坝乡双凤村这 民族地区传统村落的文化特征，探寻了土家族文化的核心。

王伟副教授以湘西土家族苗族自治州花垣县排碧乡板栗村为调研对象。他及其研究团队对板栗村进行了深入细致的田野调查，在充分掌握第一手材料的基础上，参考和吸收了前人和当代有关村落文化研究的学术著作和研究成果，用科学实证的方法，对板栗村的各个方面进行了比较深入的研究。该书着重论述了板栗村的民俗文化和民俗艺术。在撰写过程中，作者始终强调对板栗村传统村落文化的图像记录、文字记述和文化记忆，并借助交叉学科的视野与手段，对板栗村的传统村落文化展开了有广度和深度的系统研究，兼顾了学术性与可读性的统一。

吴灿博士曾长期驻守于他所研究的怀化市通道侗族自治县坪坦村。通过多学科交叉研究的新手段，他将坪坦村放置到民族文化圈中加以审视，在查阅和研读了大量历史文献的基础上，对该村的建村历史、居住、饮食、服饰、节日、娱乐、信仰、乡约、经济、教育、婚育等多角度的社会文化生活进行了客观真实的全面描述及人类学研究，从而勾画出了一个由各相关要素系统组合起来的侗族传统村落。他希望能从坪坦村具有典型地域与民族文化特色的具体事物与事件出发，放眼民族地区村落发展，运用从局部到整体、小中见大的理论扩展方式，勾勒出传统村落活态的文化样貌。该书没有按照通常的学术论著的方法写作，而是注重它的可读性与普及性，深入浅出，以富有文采的语言传递出深厚的人文历史感。

李方博士将上堡村作为实地田野考察的样本和理论论述的具体例证，试图针对"湖湘传统村落文化"这一宏大主题，做一次既有经验和物证支撑，而又不乏理论性的个案研究，并以此为基础，对"湖湘传统村落文化"所涵盖的主要内容进行概要而不失全面性的理论阐述。该书从上堡村的历史沿革、自然环境、建筑规划、民风民俗、精神信仰、文化艺术、传承保护等方面进行研究。作者是在获得了具有典型区域特色又能很好地反映湖湘文化特征的"湘村"田野考察经验及相关物证之后，再进行相关的理论研究的。理论上的研究基于上堡村，但又不囿于这一个村落。作者希望以"小"见"大"，做到有"点"有"面"、"点""面"结合，试图以这种方式窥探出"湖湘传统村落文化"的基本构成。

杨帆博士研究的对象是具有湘南地域文化特色的大湾村。他通过对湘南桂阳县大湾村的田野调查，结合历史人类学的相关理论，对大湾村夏氏的来源、发展做了长时间的考察。在论述的过程中，不局限于大湾村这个具体村落，而是以更开阔的视野，将其放在更为宽广的区域历史中，去理解村落的发展和变迁。该书对大湾夏氏的迁徙过程、选址建筑、生产习俗、宗族人物、传说故事、文化发展等内容首次做了全面的梳理，并突显了大湾村村落的典型性和普遍性。

陈冠伟博士对大园村的历史、地理、经济、治理、文化教育、风土人情、民族艺术、宗教信仰和神话传说等方方面面进行了详尽的介绍，既有宏观的概括与分析，也有微观的记录与考究。得益于在大园村较长时期的田野考察，作者遍考文献，从历史学、社会学、文化人类学、建筑学等多角度进行考察，研究过程中注重时间与空间上的层次感，既有村落不同时期状貌的比较性分析，也有村落与周边地区联系的考察。在对大园村文化进行图像与文字记述之外，书中也指出了当下大园村发展过程中存在的一些问题，试图为大园村和其他传统村落的文化传承与发展提供参考意见。

王安安在板梁村的研究中付出了巨大的努力。从荣卿公开派立村始，板梁古村落已有六百多年的历史。在"湖湘传统村落文化"这一宏大的主题下，王安安将这一古村落作为实地田野考察的样本和理论论述的个案，进行深入研究。该书分为三部分：初识板梁、进入板梁、发展板梁。由浅入深、由表及里、由感性发现到理性分析、由宏观到微观地对古村落的地域环境、物象表征、历史沿革、建筑规划、宗族社会、土地制度、民风民俗、商业发展、村落建设、文化教育、保护开发等各个方面进行研究分述，构建整体村落的系统性文化理论框架，并由此出发，突破单一村落"点"的限制，将传统村落文化研究扩展至与其类似的地域性村落范围之内。

由于谢旭斌教授及王伟副教授的专著已经先行出版，因此，此次出版的书单中，未再重复刊出。

湖湘传统村落作为社会最基本的聚落单元，孕育了丰富多彩、博大精深的湖湘文化，见证了湖南历史文化的演绎变迁，记录了农耕时代遗留下来的各类历史记忆和劳动创造，承载了我们的乡愁。

我们认为，湖湘传统村落文化是湖湘传统文化的"根"与"源"，是湖湘地区宝贵的物质文化和非物质文化遗产资源，是世界人类文化遗产极其重要的组成部分。对其进行系统研究，是对湖湘传统文化研究领域的新拓展，是乡土文化研究的新需要，因此具有重要的学术意义。对其进行全面深入的研究，不但可以为湖湘文化研究的可持续发展拓展出新的领域，而且可以为传承发扬中华民族优秀传统文化提供丰富的可供借鉴的经验，使优秀传统文化成为新时代鼓舞人民前进的精神力量，因此更具有深远的历史意义。在现代社会经济高速发展的形势下，特别是湖南省当前处于社会转型期，城镇化建设和社会主义新农村建设进程日益迅猛，对湖湘传统村落文化进行有效保护和深入研究，也是现代城乡规划、旅游规划和开发的需要，因此有着积极的现实意义。

这批以湖湘传统村落为研究对象的著作，都是以扎实的田野考察为基础，首次对湖南的传统村落进行的学术研究，由此构建了一个湖南省传统村落的研究框架及其文化探寻的范式，为今后的深入系统研究奠定了基础。同时，也丰富、完善和拓展了中国传统村落及其文化的保护和实践体系，为当下传统村落保护与发展提供了学术依据；构建了以文字和图像为载体的传播媒介，让社会各界"知爱其土物，乃能爱其乡土、爱其本国"，从而达到唤起社会各界的文化认同以及保护传统村落文化意识的目的。

吾身往之，吾心思之，吾力用之。是为序。

胡彬彬

2018 年 12 月

目 录

第1章
自然与文化背景综述

1.1 自然环境状况

1.1.1 地理条件

双凤村是著名的土家族民族村,位于湖南省湘西土家族苗族自治州(简称湘西州)永顺县大坝乡,地处永顺县城西南侧,是猛洞河景区的景点之一。永顺县地处湘西州北部,属武陵山区,坐标为:东经109°50′、北纬28°59′。其中,永顺土司曾统治该地域八百余年。唐代地理总志《十道志》记载永顺"东抵荆襄,西通巴蜀,南近辰阳,北距归峡,为四通五达之郊,历来为帝王拓土之要地,兵家纷争之通道"。永顺县周边山势起伏不定,进可攻退可守,境内森林资源、生物资源、矿产资源、水力资源极为丰富。

双凤村距永顺县城约15千米,共有两条公路分别与勺哈乡富坪村、永保公路相连。双凤村所处的位置是中国东部丘陵山地常绿阔叶林向西部高山高原暗针叶林转变的过渡带,是云贵高原、鄂西山地黄壤岩溶山原的东缘和武陵山脉的中段,境内地貌存在山地、山原、丘陵、岗地及向斜谷地等多种类型。双凤村(图1.1,图1.2)坐落在山顶凹处,深藏于大山之中,其海拔高度为609~700米,是一座典型的土家族自然山寨。双凤村周围山峦环抱、山林茂密、环境优美,在雨季,云雾缭绕,犹如仙境,一条小溪沿村寨自上而下蜿蜒流淌。

图1.1 双凤村寨门
(图片来源:作者自摄)

图1.2 双凤村全景
(图片来源:作者自摄)

1.1.2　气候条件

双凤村属于亚热带湿润季风气候区，四季分明，夏冬两季差别大，冷暖不均，雨量充沛而时间分布不均，且云雾多、霜雪少、日照少，垂直气候明显而灾害天气频繁。双凤村因地势陡峻、气候的垂直差异悬殊，常常有"一山有四季，十里不同天"的自然景象出现。海拔高的地方暖得迟、冷得早、日照短、物候迟；海拔低的地方则暖得早、冷得迟、日照长、物候早。

据《永顺土家族》记载：从1957年至1980年的23年中，双凤村的平均温度为16.4℃。高温多出现在7月，平均温度高达27.3℃；曾在1971年7月27日，出现极高温度40.2℃。低温多出现在1月，平均温度为1.8℃；曾在1977年1月30日，出现极低温度－8.7℃。23年来的平均霜日为14.8天，最多的年份出现在1963年，为31天；最少的年份出现在1972年，仅3天。23年来的平均无霜期为285.9天，日照时数平均为1305.8小时，集中在7月至9月，占全年平均日照时数的43%以上。23年来的平均降雨量为1380.1毫米，降雨量最多的年份为1980年，达1992.1毫米；降雨量最少的年份为1979年，仅有995.9毫米。春夏雨季降雨量占全年的70%以上。由于西北冬季风与东南夏季风的交替，每年都会出现一两次较长时间的低温、寒潮、多雨天气，多出现在4月至5月，于植物生长不利。夏秋之间常出现旱灾；洪涝灾害常出现在5月至9月。

1.1.3　建筑材料资源

建筑材料资源在双凤村所属的永顺县地区非常富足，尤其是木材和石材的储备量在当地相当充裕。木构干栏式建筑为主的土家族民居，以"就地取材"为原则，并始终贯彻于民居的营建过程，尽可能地发挥材料的自身特性，表现其独特的质感。从古至今，双凤村乃至永顺县区域经济的主要支撑产业就是林业，木材输出连接着双凤村和外界的经济，促进了双凤村和外界的文化交流。

双凤村所属的永顺县区域的林木资源由亚热带常绿阔叶混交林、亚热带绿针阔叶混交林、亚热带竹林、亚热带低山常绿叶林组成。其混交林优点众多，能充分利用空间和营养面积，较好地发挥防护效益，还可增强抵御自然灾害的能力，改善当地气候条件，提高林产品的数量和质量。据调查，永顺县树木种类有108种，339属、804科（含41个变种）。用材林有马尾松、杉木、楠木、柏木、檫木、樟木、香椿、光皮桦、泡桐、桐木、红桐、白桐、黄杨、白杨等，其中以杉、柏、松、楠为四大名材。特种经济林有漆树、盐肤木、倍子、油茶、油桐、板栗、柑橘、乌桕、山苍子、杜仲、黄珠子、栓皮栎、棕树、茶叶、桑树等。

由于永顺县区域内森林资源丰富，木材质地好，当地木材在古代是向中央朝廷纳贡的贡品。《明史·卷三百十·列传第一百九十八》记载："正德十年，致仕宣慰彭世麒献大木三十，次者二百，亲督运至京，子明辅所进如之。赐敕褒谕，赏进奏人钞千贯。十三年，世麒献大楠本四百七十，子明辅亦进大木各营建。诏世麒升都指挥使，赏蟒衣三袭，仍致仕；明辅授正三品散官，赏飞鱼服三袭，赐敕奖励，仍令镇巡官宴劳之。"正德十年（1515年），辞官了的宣慰使彭世麒向朝廷进献大木30根、次大木200根，十三年（1518年），彭世麒向朝廷进献大楠木470根，其子彭明辅同样进献大木给朝廷，以供朝廷营建时使用。《明史·卷三百十·列传第一百九十八》记载："四十二年以献大木功再论赏，加明辅都指挥使，赐蟒衣，其子掌宣慰司事，右参政彭翼南为右布政使，赐飞鱼服，仍赐敕奖励。四十四年，永顺复献大木，诏加明辅、翼南二品服。"嘉靖四十二年（1563年），因为向朝廷进献大木再被论功行赏，彭明辅被加封为都指挥使，四十四年（1565年），永顺再次进贡大木。

双凤村所属区域由于林地广袤，仅有少量可适用于粮食耕种的土地，而繁衍生息致使人口逐渐增加，因此越来越多的山林转化为耕地，最终加重了水土流失。民众和地方官署都意识到伐木后果的严重性，为了保护广袤森林，在民间拟定乡规公约的同时，官方也发布了相应的法规。永顺知府张天如在清乾隆二十五年（1760年）颁布《掘壕种树示》："如有纵放牛马践踏，以及进界偷砍者，许即报明该县，除重责外，允着赔偿，断不姑宽。"道光二十年（1840年），《湖南方物志》云："玩湘间多山，农民惟植栗，祖多在岗阜。每年播种时，则先伐林，纵火焚之。俟其成灰，即播种于其间……盖史所谓刀耕火种也。"《龙山县志·物产》（清同治版）："岗阜陆蠡之处，从荆矿石之间，尺寸隙土，无不垦辟。时当种植，居民崎岖上下，若猿獭然。"

民国期间，大量没有耕地及仅拥有少量耕地的贫农，被生活逼得走投无路，不得已，只得只身闯入大山，坐山烧垦。战乱年代，因无人看管，肆意砍伐的现象非常普遍。且当地一些豪强、恶霸见其中利润丰厚，更是强砍树木，致使双凤村区域的森林最终荒废残败。

自中华人民共和国成立以来，永顺县从1950年起，为了调动县内百姓保护林地的积极性，开展了诸多护林活动，并明令禁止私自采伐，这些措施的展开主要是响应中南军政委员会颁布的《春耕生产十大政策》。1952年,湖南省发布《湖南省木材采购管理暂行办法》,得到了双凤村所属的永顺县人民的大力支持,同期进山砍伐凭证制在双凤村开展实施。但即使实行了一系列的措施,依然无法彻底禁止肆意砍伐的现象。1958—1960年,正值中国的"大跃进"运动时期,因为没有节制的砍伐,酿成了无法衡量的森林资源损耗。

双凤村土家族传统木构架民居用材以本地出产的松木和杉木为主。杉木属于亚热带树种,双凤村的地理气候适宜杉木的生长,且从幼苗长至成木的周期短,因此自古以来在当地林业中所占的比重都较大。双凤村在建筑结构的用材上多见杉木,是因为杉木大枝平展,小枝近对生或轮生,纹理通直,膨胀变形小,并且耐腐能力强,不易受虫蚁的蛀蚀,加工方便。树木本身就具有维护村寨的生态环境、净化空气、调节气候、保护水土等功效,不只是用于修建建筑,还是大自然中不可或缺的一部分,是村寨生态循环中必不可少的一环。

双凤村中民居建筑的主体均以木材修建,其台基及村间小道则是由石块砌筑而成。双凤村所属区域的地质情况复杂,地处武陵山脉中段,武陵山地石灰岩分布广泛,形成了武陵源石英砂岩峰林,岩溶地貌发育尚好,部分地区还有第四纪冰川地貌的遗迹。双凤村及周边地区的岩石类型丰富,如片麻岩,石英砂岩,粉砂质泥岩,钙质泥岩,页岩,中厚层状、厚层状、巨厚层状白云岩,白云质灰岩,灰岩等。砂岩、页岩等沉积岩类以及片麻岩、板岩、石英砂岩等变质岩类的天然石材皆是土家族民居建造喜用的材料,其中片麻岩在双凤村中的使用频率最高,常见于建筑的外墙勒脚和柱基、门框、转角、地面、火塘的条石等部位。[1]

1.1.4 农作物及经济作物

自古以来,由于山多田少,双凤村所在的永顺县区域均以旱粮生产为主。在旱粮种植方面,双凤村主要种植有苞谷(玉米)(图1.3)、薯类、大豆等。在双凤村中,村民们喜欢酿造一种苞谷酒,具有营养丰富、香味沁人心脾的特点,属于中度甜酒产品。苞谷酒主要是以苞谷为酿酒原料酿造而成的,成品酒外观呈橙黄色,澄清透明,无杂质异物,酒味醇香,味道甘甜。

新中国成立后,永顺县农业技术部门率先发动群众培育水稻新品种。1954年,永顺地区开始使用"永顺八百粒""永顺三百六""永顺矮娃子"、川谷系统、黏谷系统等水稻品种。随后,强调矮化品种,1965年到1975年间,永顺县引进矮秆水稻品种近40个。

图 1.3　村民家采摘的苞谷

（图片来源：作者自摄）

双凤村杂交水稻品种的引进是在 1975 年，从湖南省农科院引进的第一个杂交品种名为南优 2 号，当时示范 200 亩，亩产 522 公斤[1]，比原来的珍珠矮亩增产 271 公斤；1978 年，引进威优、汕优、四优几个组合；2006 年前后，又引进金优和其他系统新品种。1949 年以来，双凤村所在的永顺县区域先后引进推广水稻良种 800 多个，彻底改变了该地区农业的旧面貌，不断提高人们的生活质量，繁荣永顺地区的农业经济。

茶叶作为双凤村目前最重要的经济作物，主要有老茶和新茶两大分支。老茶，即本地茶，属于双凤地区土生土长的纯天然茶叶品种，炒茶时茶香四溢，用水泡开后，品尝起来齿颊留香，口感甚好。老茶现存仅剩 5 分[2]地，茶树有 200 多年历史。

---

① 1 亩 = 666.67 平方米；1 公斤 = 1 千克。

② 1 分 = 66.67 平方米。

新茶属于引进茶品种，经过不断的引进改善，逐渐取代了老茶的地位。新茶最开始是在1977年引进的，1984年左右又引进了几个品种，2013年则引进了名为"大毫"的新品种。1977年引进的新茶是一种杂交茶叶，现存8～10亩地；1984年引进的新茶属于第二代杂交茶叶，现存16亩地左右；2013年引进的"大毫"茶，叶片大而厚，几乎家家户户都有种植，总计有200多亩的种植面积。

　　双凤村中有很多茶园，规模从几亩到几十亩不等。大型茶园以农村基金合作社为主，向村民购买大面积的林地，茶园可达几座山头连成一片的规模，并请专人种植。村中有些村民拥有的山地较多，自家不愿种植，其他村民就会找其租赁山地种植茶树，这样形成的茶园规模有大有小，都是村民自主管理。清明节前后一个星期采的茶，俗称清明茶，采摘的是茶树顶部最嫩的一小撮茶叶，形似一根针，这种茶叶最好，用开水泡开后茶叶形态最美，形似鸦雀嘴。清明茶以后就是谷雨茶，谷雨茶以后则是夏茶(夏天采的茶)。每年采三次茶，以清明茶最好，属上等茶叶(图1.4)。

图1.4　双凤村出产的茶叶

(图片来源：作者自摄)

茶叶采回后，用簸箕平铺开，之后就开始用灶烧火，等火烧大了，就将新采的茶叶放入锅中，用锅铲干炒，这个过程叫杀青(将青色的茶树叶炒成黄色)，茶叶变黄后用簸箕收集起来，然后用手揉搓变黄的茶叶，揉过之后将茶叶铺散开来，待其冷却，再重新放入锅中炒，炒过之后再放入簸箕中揉搓，村民强调这个过程要重复三次，茶叶味道才会好。三次过后，待第四次放入锅中时，就进行焙干茶叶的程序，此过程中锅铲必须不停地搅拌，以防止底层茶叶烤煳。焙干茶叶是做茶的最后一道工序，待茶叶完全焙干，就可把茶叶暂用其他容器盛放，等到茶叶冷却，便可装袋出售。根据品质，双凤村出产的茶叶每斤售价为 80 ~ 1000 元。

目前，双凤村的旱粮种植面积为 86 亩，水稻种植面积为 474 亩，茶叶种植面积为 253 亩，从作物的种植面积，可以看出其农业经济的基本结构。

1.2 社会文化状况

1.2.1 建制沿革

双凤村原名为"双里"，土家语言的音译是"双切"，用汉语可理解为"遍布枫香树的山坡"，之后才叫"双凤村"；也有一种说法是双凤村坐落在形似两只休憩凤凰的山势间，因此得名"双凤"(图 1.5)。[2] 在村里老摆手堂旁边曾有一座民国二十九年(1940 年)立的"源远流长碑"(现已破损遗弃)，是彭氏家族所立，碑文上没有明确注明双凤村的建村年代，只留有一句"我彭氏自李唐来世居溪州穿官隆"的表述，说明该村应是在李唐时开始建设的，但也有可能是指唐末彭士愁被楚王马殷派任溪州刺史时，彭氏先祖开始建的村(图 1.6、图 1.7)。

公元 910 年，彭士愁被委派为溪州刺史后，拥地自雄，自置上溪州、中溪州、下溪州、保靖、永顺、龙赐、天赐、锦、奖、懿、远、安、新、洽、南、富、宁、来、顺、高、忠顺、感化等 20 多州(即今湖南永顺、龙山、保靖、古丈、溆浦、辰溪、芷江，湖北来凤、宣恩，四川酉阳、秀山一带)，永顺之名始创，而"穿官隆"正是当时双凤村所属区域的地名。从此，双凤村所属区域开始了长达 800 多年的彭氏土司统治时期。

图 1.5 双凤村的"双凤"

（图片来源：作者自摄）

图 1.6 摆手堂奠基纪念碑

（图片来源：作者自摄）

图 1.7 源远流长碑

（图片来源：作者自摄）

清初，在统治者的绥靖安抚政策下，永顺宣慰使司彭弘澍于顺治四年（1647年）内附（归附朝廷），土司政权如故。康熙、雍正年间，朝廷为对西南各少数民族地区进行直接的统治，决定废除土司制度。雍正五年至七年（1727—1729年），桑植、保靖司先后开始改土归流（改土归流即土司制改为流官制，土司原本的世袭制被彻底废除，并在土司原有的领地上依次设置府、厅、州、县，调派有经验的流官实施管理[3]，又称"土司改流""改土设流""废土改流"），永顺司彭肇槐迫于形势，率子景煌及众土官，赴沅陵至辰靖道王柔处献舆图、上降表，请王柔转奏"改土归流"的请求，雍正同意彭肇槐"改土归流"的请求，授彭肇槐为参将，着流官补用，后又赏银万两，将其安置在江西吉安府。清雍正七年（1729年），永顺正式实施改土归流政策，永顺司分成永顺、龙山两县，隶属于湖南布政使，并设永顺府，下领永顺、龙山、保靖、桑植四县，府治设永顺县。八百余年的土司世袭政权，至此结束。

民国二年（1913年），永顺县设18个保，双凤村属洗车保。

1949年，永顺县设置11个区，双凤村及"七寨半"（双凤村、新寨、把科、反坡、沙吉、召且、下利布）一起成立双凤乡，属第一区。

1956年，国家有关部门组织全国性的少数民族社会历史调查研究工作，潘光旦教授来此对土家族做实地调研。

1957年1月，经国务院批准，正式确认了土家族的单一民族成分。同年9月，湘西土家族苗族自治州成立，永顺县隶属湘西土家族苗族自治州。

1958年，和平人民公社成立，双凤村成为和平人民公社下的一个生产大队。

1984年，撤人民公社改乡，双凤村作为一个行政村属和平乡。

2000年，吉首大学于此挂牌"民族民俗文化教育基地"。

2003年，中国社会科学院、云南大学将双凤村确定为中国土家族研究固定调查点。中央电视台、凤凰卫视及各省电视台、报刊等新闻媒体均对其进行了专题报道。

2005年，在永顺县区域调整中，大坝乡与和平乡合并成立新的大坝乡，双凤村成为大坝乡的一个行政村。同年，永顺县人民政府授予双凤村"优秀民间文化传承教育基地"称号（图1.8）。

2006年，永顺县专门为双凤村成立了民族文化保护小组，对其进行保护性规划。

2011年，双凤村古建筑群被评为湖南省省级文物保护单位（图1.9）。

图1.8 优秀民间文化传承教
育基地碑
（图片来源：作者自摄）

图1.9 双凤村古建筑群保护基地碑
（图片来源：作者自摄）

1.2.2 社会形态沿革

据考古发现，早在2万年前，湘西就已经存在古人类的活动迹象。自从湘西进入阶级社会，史籍中常常称之为"五溪"。历史上关于"五溪"的由来有多种说法，比较公认的说法是："五溪"是指沅水中上游的几条支流——雄、樠、无、酉、辰。此说法来自《水经注·卷三十七·沅水》："武陵有五溪，谓雄溪、樠溪、无溪、酉溪、辰溪其一焉。"。

1. 从商到春秋

永顺县，地处五溪腹地，在殷商之前，这一地区早就有土著先民繁衍生息的痕迹。永顺县可谓历史悠久，源远流长，其间经历纷繁复杂。直至春秋后期，秦昭襄王伐楚，取得楚国的巫与黔中两郡，在永顺县及附近范围设置黔中郡。

2. 从秦汉到隋唐

秦汉之际，双凤村所属的永顺县区域已经纳入中原版图之中，因位于酉水之阳，所以西汉称之为酉阳县，治所在今永顺县王村古镇区域。但这里是远离王畿(古指王城周围千里的地域)之地，《尚书·禹贡》中提道："五百里要服。"[古代王畿外围，以五百里为一区划，由近及远分为甸服、侯服、宾服(亦称绥服)、要服、荒服，合称五服。服，服事天子之意。]《尚书·虞书·益稷》："'弼成五服，至于五千。'孔传：'五服，侯、甸、绥、要、荒服也。服，五百里。四方相距为方五千里。'"总的来说，此处地广人稀，大山绵延不尽，虽然已入中原版图，但实际上只是形式上的承认而已。自汉以后，当地人繁衍生息，与中原王朝的接触日渐频繁，在史书中得以记载之处，也逐渐多起来。

西汉高祖五年（前202年），《汉书·地理志》记载："武陵郡，高帝置，莽曰建平，属荆州。"即将黔中郡重新命名为武陵郡，开始向中央纳贡。《后汉书·南蛮西南夷列传》记载"岁令大人输布一匹，小口二丈，是谓賨布。"即每年要成人交纳一匹布，小孩子交二丈布。① 《酉阳杂俎》又记载道：西汉时"五夷"首领田疆（土家族田姓远祖），活跃在五溪一带。"王莽时，五溪夷酋长田强，遣长子鲁居上城，次子玉居中城，小子仓居下城，率五万人，筑'三垒相次，以拒王莽'。"

据《后汉书·南蛮西南夷列传》记载："建武二十三年，武陵蛮精夫向单程等据其险隘，大寇郡县。"精夫是古代南方少数民族对酋长的称谓。东汉建武二十三年（47年），精夫向单程率众起事，东汉王朝派遣武威将军刘尚，率兵万余溯沅水入五溪进击，"尚军大败，悉为所灭"。武威将军刘尚全军覆没后，建武二十五年（49年），老将马援主动请缨征讨，东汉王朝第三次派伏波将军马援率军四万人征武陵，依旧选择走沅水、武水水道，军至壶头（今沅陵县东北高坪乡水田村内）一度受阻，进退维谷，因水流湍急，船不能行，向单程作为五溪少数民族的领袖，则率军凭高守隘，抗拒汉军。马援大军遭围困，结果汉军多中暑、染瘴疾死亡，马援最后病死军中。马援曾在征战中作歌《武溪深行》长叹："滔滔武溪深复深，鸟飞不能度，兽游不能临，嗟哉！武溪多毒淫！"马援死后，东汉王朝被迫妥协，调司马吕种以诏书入虏营，告以恩信，草草招降而还（见《后汉书·马援传》）。之后，武陵五溪反抗中央王朝的斗争，一直没有停息过。这些斗争中，虽没有史书具体记载有关永顺土家族的情况，但从活动的地域范围及其首领们的姓氏（大姓主要包括田、向、彭、梅、覃、马、冉、王、黄、刘、尚、杨、张等）可以看出，永顺土家族先民是其中很重要的一个部分。

从三国、两晋到南北朝，双凤村所在区域的田、覃、向、彭等部族首领均是各种势力争取的重要对象，朝廷对归顺者皆给予重赏，因此开启了豪强世袭的模式。三国时期，在武陵郡的吴蜀相争之中，各部族多亲蜀弃吴。《三国志·蜀

---

① 1匹=33.33米；1丈=3.33米。

志》载"二年春正月，先主军还秭归，将军吴班、陈式水军屯夷陵，夹江东西岸。二月，先主自秭归率诸将进军，缘山截岭，于夷道猇亭驻营，自佷山通武陵，遣侍中马良安慰五溪蛮夷，咸相率响应。镇北将军黄权督江北诸军，与吴军相拒于夷陵道"。上述战争史称夷陵之战，又名彝陵之战、猇亭之战。

蜀亡后，武陵郡成为吴魏必争的地域。《三国志·吴志·钟离牧传》载："吴永安六年，蜀并于魏，武陵五溪夷与蜀接界，时论惧其叛乱，乃以牧为平魏将军，领武陵太守，往之郡。"《三国志·吴志·钟离牧传》载："魏遣汉葭县长郭纯试守武陵太守，率涪陵民入蜀迁陵界（今保靖县与永顺县接壤地区），屯于赤沙，诱致诸夷邑君，或起应纯，又进攻酉阳县（今永顺县王村），郡中震惧。"《三国志·吴志·钟离牧传》中又记载："牧问朝吏曰：'西蜀倾覆，边境见侵，何以御之?'皆对曰：'今二县山险，诸夷阻兵，不可以军惊扰，惊扰则诸夷盘结。宜以渐安，可遣恩信吏宣教慰劳。'……抚夷将军高尚说牧曰：'昔潘太常督兵五万，然后以讨五溪夷耳。是时刘氏连和，诸夷率化，今既无往日之援，而郭纯已据迁陵，而明府以三千兵深入，尚未见其利也。'……即率所领，晨夜进道，缘山险行，垂二千里，从塞上，斩恶民怀异心者魁帅百余人及其支党凡千余级，纯等散，五溪平。"此战在钟离牧的指挥下大获全胜，武陵地区就此平稳安定。

隋唐之际，五溪部族日益昌盛。隋代，置辰州，废酉阳，并迁陵，改为大乡县地，属沅陵郡。唐王朝在统一边疆地区后，实行羁縻州郡制度。唐天授三年（692年），析辰州置溪州，辖大乡、三亭两县，自此溪州之名载入史册，而永顺则地属溪州大乡县。中唐以后，五溪部落活动更为活跃，《旧唐书·列传·卷一百三十四》记载："十二年，五溪首领覃行璋作乱，思勖复受诏率兵讨之，生擒行璋，斩其党三万余级。"《旧唐书·列传·卷一百五十七》记载："时（贞元初期，即785—787年）溪州向子琪，控据山洞，众号七八千。"唐朝安史之乱以后，藩镇割据开始，农民起义爆发频繁，五溪部族趁机异军突起。《永顺府治》和《永顺县志》中，均有"溪州土酋吴着冲、惹巴冲动于酉水"的记载。唐开成元年（836年），封田英为溪州刺史。

3. 从五代到明朝

唐代末年，地方政府管制失利，溪州土家族首领彭瑊就此崛起，用武力和施恩等手段结交拉拢其他部族，凭借实力将吴着冲赶下首领之位，并将其困死于今龙山县洛塔附近，随后还相继削平惹巴冲等武力量。梁开平四年（910年），彭瑊自封为溪州刺史，并得到后梁王朝的承认。彭瑊死后，由其子彭士愁（又名彦晞，或记士然）承袭。历经彭氏家族的世代经营，溪州日益昌盛，彭士愁统下二十州，分别为永顺、保靖、天赐、忠顺、龙赐、感化、安、懿、南、远、洽、富、顺、新、来、高、宁等，俨然已成为一个强大的割据政权。《新五代史》记载："溪州刺史彭士愁率锦、奖诸蛮攻澧州，希范遣刘勍、刘全明等以步卒五千击之，士愁大败。勍等攻溪州，士愁走奖州，遣其子师暠率诸蛮酋降于溪州勍。西接牂柯、两林，南通桂林、象郡，希范乃立铜柱以为表，命学士李皋铭之。"《旧五代史》又记载道："夏四月庚寅朔，湖南奏，溪州刺史彭士愁、五溪酋长等乞降，已立铜柱于溪州，铸誓状于其上，以《五溪铜柱图》上之。"后晋天福四年（939 年）八月，著名的"溪州之战"爆发。由于当时楚王针对武陵及周边地区的税收过于苛刻，引起当地极大的不满，时任溪州刺史的彭士愁亲自带领锦（今麻阳）、奖（今芷江）及溪州各部族军队攻占了楚国的辰、澧二州。九月，楚王马希范派刘勍、廖匡齐率领五千人反击，彭士愁据险与楚军周旋，击毙了廖匡齐。天福五年（940 年），刘勍增兵围剿，彭士愁的军队最终败北，只得退守奖、锦两地。于是彭士愁派遣二儿子彭师暠带着溪、奖、锦三州的首领、印信等，前去与楚国议和谈判，并签订条约，刻在铜柱之上，立于溪州会溪坪（注：今已迁至永顺县王村丛山坡）。彭士愁在军事上虽有失利，

图 1.10　溪州铜柱
（图片来源：柳肃教授提供）

臣服于楚，但楚仍授彭士愁为溪州刺史，继续管理锦、奖、溪等州，彭士愁与楚划江而治，酉水之南归楚，酉水之北归彭士愁。溪州战役后，彭士愁仍为溪州刺史，在政治上合理化了自己的势力，名正言顺地拥有了自己的领地，为彭氏政权对溪州八百余年的统治奠定了基础。"溪州铜柱"（图 1.10）盟约中规定：溪州虽受楚羁縻，但不向朝廷缴纳赋税、不提供兵源、不互掠土地和人口、不阻挠交通、不强买货物，楚王朝不干涉溪州内部的事务。双方长期的混战就这样结束了。双方和解的局面，对溪州地区社会的安稳和经济文化的繁荣发展提供了有

利条件。

后周显德二年(956年),彭士愁命其长子彭师裕承袭下溪州刺史都誓主,为永顺司之祖,次子彭师呆守保靖,为保靖司之祖。

《宋史·西南蛮夷传》中记载:"彭氏,世有溪州,州有三,曰上、中、下溪,又有龙赐、天赐、忠顺、保静、感化、永顺州六,懿、安、远、新、给、富、来、宁、南、顺、高州十一,总二十州,皆置刺史。而以下溪州刺史兼都誓主,十九州皆隶焉,谓之誓下。"其中提到的二十州则为现今的永顺、龙山、保靖、古丈诸县,还包括如今湖北省、贵州省的部分地域。宋初时,隶属溪州的地域范围并未有所变动,宋开宝四年(971年)仍有关于二十州的管辖记载,系为彭允林所承袭。《宋史·西南蛮夷传》中记载:"至道元年,高州、溪州并来贡。"但到宋淳化、至道时期(990—997年),形势有所变化,彭氏对南州、高州等地的统治逐渐失控,各地开始独自向朝廷纳贡,宋王朝与溪州土司开始争斗。《宋史·西南蛮夷传》:"景德二年(1005年),夔州路降蛮首领皆自署职名,请因而命之,上不许,第令次补牙校。是岁,辰州诸蛮攻下溪州,为其刺史彭儒猛击走之,擒酋首以献,诏赐儒猛锦袍、银带。儒猛自陈母老,愿被恩典,诏特加邑封。"北宋天禧元年(1017年),宋内郡发生大规模饥荒,溪州刺史彭儒猛看此机会难得,便随机起事反宋。北宋立即派兵进行镇压,同时俘虏了彭儒猛的儿子彭仕汉,并将其作为人质带回都城汴京(今河南开封),命人严加看守。之后顺州(今湖北省宣恩县)刺史田彦安在北宋王朝及彭儒猛之间斡旋,双方各自派遣使节同至明滩,缔结盟约,和好如初(注:溪州铜柱上补刻的一些名字就是为了记载这一事件)。宋仁宗至和二年(1055年),彭仕曦继任溪州刺史,势力遍及誓下十三州,慢慢开始独立,不再受宋王朝的限制,自封为"如意大王"。北宋调动数以千计的精兵强将对其进行征讨,不想军队却被歼灭大半。北宋仁宗嘉右三年(1058年),宋王朝又派出两个大将雷简夫、窦舜卿进行镇压,面临大军已至城下的险峻局面,彭仕曦只得与宋军议和,为言明守信,立《明溪新寨题名记》于岸(现已不存)。南渡后,宋廷无力经营,因此彭氏的世袭统治仍然维持下来了。

元王朝同宋王朝一样,对土家族首领采取招抚政策,委以土司官职,建立土司制度。元朝"勤远略、疏内治",中央成立"宣政院"作为统属诸土司之机构,对西南各部的强宗大姓,委以安抚、宣抚、宣慰等土官职衔,至元十六年(1279年),彭恩万作为现任溪州刺史,主动向元朝臣服,被赐封号武德将军。至元二十一年(1284年),土家族人民为反抗元朝而起兵,白崖峒(今施溶溪)首领田万倾和楠木峒(今回龙)首领孟再恩对辰州发动了攻势。元朝政府恩威并用,一面派兵征讨,一面升白崖峒为施溶州,委田万倾为知州事。万倾不降,元攻之不下。元贞元年(1295年),元政府指示行政枢密副使刘国杰进行镇压,于正月向明溪发起进攻,田万倾、孟再恩、鲁万丑等合伙进行反抗,元军千户崔忠、百户崔尔相继死在战场上。十月,刘国杰率兵攻打桑木溪(今镇溪桑木村),鲁万丑召集了千人反抗,一直到十一月还是因为寡不敌众,最后兵败,田万顷、孟再恩、鲁万丑三人去世。事后,当地鲁、谢、杨三姓土民在镇溪建立了"鲁大王"庙,以示怀念。庙门前石柱上刻有对联:"何以酬庇佑恩,崇兹庙貌瞻遗像;揾不住英雄泪,洒向江心涌怒涛。"战后,元王朝加强了对永顺安抚司的控制。延佑七年(1320年),彭胜祖为永顺安抚司使,其子彭万潜于至正九年(1349年)袭安抚司使职。

"恃文教而略武卫"的政策被元、明两朝所推崇。明朝为兴盛文教、促进文化的繁荣,出台了一系列的规章制度,其中一条就包括土司后辈必须进修汉文化。[4]据《永顺县民族志》记载:"明洪武年间,在永顺建立了书院,施州建立了五卫学。"明朝为了进一步完善土司制度,做出了相应的规定,例如土司的建置、承袭制度、征调、朝贡等。同时任命彭万潜为安抚司,并给予印信。明洪武二年(1369年),彭万潜不幸逝世,安抚司一职由他的儿子彭添保承袭。[5]《明史·卷三百十·列传第一百九十八》:"洪武五年,永顺宣慰使顺德汪伦、堂崖安抚使月直遣人上其所受伪夏印,诏赐文绮袭衣。遂置永顺等处军民宣慰司,隶湖广都指挥使司。领州三,曰南渭,曰施溶,曰上溪;长官司六,曰腊惹洞,曰麦著黄洞,曰驴迟洞,曰施溶溪,曰白崖洞,曰田家洞。"明洪武五年(1372年),在永顺设立宣慰使司,受湖广指挥司管辖。领三洲,共设置六长官司,其下又设有五十八旗和三百八十峒,这片区域囊括了今天的永顺、古丈、龙山以及桑植县的局部地区。其中"五十八旗"的"旗"是指朝廷在土司统治地区设置的基层机构,旗的长官称为旗长,旗内设有常规军和骑兵两种兵种。旗兵属于当地特有兵种,安定时兵转为民,过着平民百姓的生活;一旦战事起,便可手握兵器团结御敌。峒为地方基层单位,旗是土司政权兵民合一的组织。据《永顺府志》(乾隆版)记载:"土司有存城五营兵丁,每营一百名,一以备悍卫,一以供役使。"土司以舍把两名、头目十名、兵五十名,驻防永安哨,又以舍把两名、头目十名,驻防强虎哨,以防御外来的侵略。兵丁每名每月领工食银三两六钱,米三斗六升。弘治十四年(1501年),永顺土司彭世麒听说北部边疆常有外族入侵,请求朝廷同意他带土兵一万奔赴延绥去帮助讨伐。《明史·卷三百十·列传第一百九十八》："正德元年以世麒从征有功，赐红织金麒麟服，世麒进马谢恩。五年，永顺与保靖争地相攻，累年不决，诉于朝，命各罚米三百石……七年，刘三等自遂平趋东皋，宣慰彭明辅及都指挥曹鹏等以土军追击之，贼仓卒渡河，溺亡者二千人，斩首八十余级。"

明朝时重新任命溪州土司彭氏一脉和原下属的州、长官司等为刺史、宣慰司、宣抚司、州知州、土巡检等官职。[6]宣抚司设有同知、副使、佥事、经历等不同品级的人员，并设儒学，派有教授、训导等官职，均由流官担任。且土司的职位准其世袭，无子弟袭，侄亦准承袭，其承袭有长幼嫡庶之分，不得擅越。明王朝规定土司的承袭、升降、裁革和机构的废置，都必须听命于朝廷，土司亦乐于接受皇帝的封号，使自己的统治更为合法化。

关于永顺土司向明王朝进贡的事宜，在《明史·卷三百十·列传第一百九十八》载有："九年，永顺宣慰彭添保遣其弟义保等贡马及方物，赐衣币有差。自是，每三年一入贡。永乐十六年，宣慰彭源之仲率土官部长六百六十七人贡马。"永顺土司在一般情况下是三年一进贡，主要进贡的物品有贡马、珍贵的草药以及永顺地区的土特产等，与此同时，明王朝也会赏赐给土司名贵衣物钱财等。《明史·卷三百十·列传第一百九十八》记载："正德十年，致仕宣慰彭世麒献大木三十，次者二百，亲督运至京，子明辅所进如之。赐敕褒谕，赏进奏人钞千贯。十三年，世麒献大楠本四百七十，子明辅亦进大木备营建。诏世麒升都指挥使，赏蟒衣三袭，仍致仕；明辅授正三品散官，赏飞鱼服三袭，赐敕奖励，仍令镇巡官宴劳之。"《明史·卷三百十·列传第一百九十八》记载："四十二年以献大木功再论赏，加明辅都指挥使，赐蟒衣，其子掌宣慰司事，右参政彭翼南为右布政使，赐飞鱼服，仍赐敕奖励。四十四年，永顺复献大木，诏加明辅、翼南二品服。"

土司之兵，原来只有守土之责，无征调任务，随着土司制度的逐渐完备和中央王朝对土司控制力度的加大，征调土兵的次数开始增多。明代面临着"南倭北虏"的形势，对土兵尤为倚重。《明史·湖广土司志》云："每遇征伐，辄荷戈前驱，国家赖以张伐，故永保兵号为虓雄。"《明史·卷三百十·列传第一百九十八》："三十三年冬，调永顺土兵协剿倭贼于苏、松。明年，永顺宣慰彭翼南统兵三千，致仕宣慰彭明辅统兵二千，俱会于松江。时保靖兵败贼于石塘湾。永顺兵邀击，贼奔王江泾，大溃。保靖兵最，永顺次之，帝降敕奖励，各赐银币，翼南赐三品服。"《明史·卷三百十·列传第一百九十八》："先是，永顺兵剿新场倭，倭故不出，保靖兵为所诱遽先入，永顺土官田菌、田丰等亦争入，为贼所围，皆死之。议者皆言督抚经略失宜，致永顺兵再战再北。及王江泾之战，保靖猗之，永顺角之，斩获一千九百余级，倭为夺气，盖东南战功第一云。"王江泾之战，保靖的土兵与永顺的土兵形成猗角之势进攻敌人，斩获敌人首级一千九百多个，倭寇大伤元气，被誉为"东南战功第一"。为嘉奖土家族人抗倭有功，嘉靖皇帝御赐石牌坊，并写有钦赐的"东南第一功"五个大字。土兵频年被征调，对加强各民族之间的交流，对民族地区的文化发展，也带来了一些好处，但频年征调，给土家族人民增加了沉重的战争负担。

土司统治等级森严，用等级确定权力和地位，土地按等级分配，土司占肥田沃土，舍把、头目，可分平地，土民只能在山坡上开一点贫地。《永顺县志·杂事》云："原旧土官衙署绮柱雕梁，砖丽鳞次。百姓则叉木架屋，编竹为墙。舍把头目许竖梁柱，周以板壁。皆不准盖瓦。违者即治僭越之罪，俗云：只许买马，不许盖瓦。"土司出巡，仪卫颇盛，土民见之皆俯伏道旁，否则"以谴责诛杀勿论也"。历代土司，横征暴敛，对土民实行野蛮的掠夺、残酷的刑罚，是土司实行野蛮统治的重要手段。土司可以任意杀人，俗云"土司杀人不请旨"，其刑罚有断首、宫刑、断指、割耳、挖眼、杖责等。土民有罪，小则知州长官治之，大则土司自理。

彭氏统治以永顺为主的溪州，时达800余年之久，使这个地方得到较长时期的稳定，对农业、手工业、商业的发展起到了一定的作用。五代以前，溪州地区虽开始农业生产，但仍处于"刀耕火种"状态，伐木烧畬、播种杂粮，不施肥、不灌溉，待地方不肥时，又转移他处。种植粗放、所获粮食不多，还得以渔猎和采集野生食物为生活资料的补充。后来由于逐步接受了汉族地区的先进生产技术和先进的生产工具，刀耕火种的生产方式逐步得以改进。宋代以后，溪州地区普遍使用耕牛，平坝开垦田亩，种植水稻。河旁溪畔，筑坝开沟。山坡岩角隙处，种植小谷等旱土作物。明代以后，苞谷、薯类等农作物的种类增多，肥料逐渐施用，并能根据气候、土壤的不同条件进行种植，农产品的收入有所增加。土家族先民还利用山区的自然条件，饲养家禽家兽，养蜂和养蚕事业也逐渐发展起来。油桐、油菜的种植于明初传入，由点灯、食用逐渐发展成为商品。农产品和农副产品的发展，也促进了手工业的发展，"女勤于织，户多机声"的家庭织布工业发展很快。木匠、竹匠、石匠、裁缝、机匠、铁匠之属，各有专司，一些手工业者,逐渐脱离农业了。农副产品加工及手工业的发展,也促进了商业的发达。如王村地处酉水东安,汉代就曾是酉阳县城,是溪州最早的货物集散之地,桐油、茶油产量的增加,更促进了王村码头的繁荣兴盛。福石城即老司城(2015年列入世界文化遗产),自南宋绍兴年间就是土司衙署的所在地,是土司统治时代的政治、经济中心,曾经出现过"城内三千户,城外八百家"的繁荣。石堤西、列夕、猫子坪、龙家寨、松柏场等在明末清初,就都已是土家族的墟场(即市场)。

领主制经济是土司统治最主要的一种经济形式。这种领主制经济都是基于土地制度之上,以此来剥削奴役底层民众的。土司作为其领地内的最高统治者,所拥有的山田林地在没得到允许的情况下,土民不能动其一草一木。[7]土司有大量的平坦、肥沃土地,称为"官田""官土""官山",还有鱼塘、菜圃、花园、别墅等。土司把土地按等级分赐给各级土官,广大土民和农奴只有"零星犄角之地",准其垦种,但不得典卖、转让,有使用权,无所有权。土民还有为土司、舍把、头目服役的任务。土人生男生女,报名于册,长则当差。土司对土民除收取地租、劳役之外,还用种种名目对土民进行榨取。各级土官私征滥收,任意勒索,名目繁多。土司长期用"蛮不出境,汉不入峒"的禁令,禁止民族之间的贸易和文化交往,使溪州长期与外界隔绝,也延缓了新的技术和文化在双凤村所在区域的传播。

4. 从清代到新中国成立前夕

清初,沿袭明制,各地土司只要表示"归顺",清廷即准袭职。顺治四年(1648年),永顺司彭弘澍内附,清廷赐予印信,土司政权如故。及至康熙、雍正年间,清廷统治秩序得到巩固,政治、经济、军事等方面的力量也更为强大。《清史稿·列传二百九十九·土司一》:"至雍正初,而有改土归流之议。"废除土司制度,建立高度的中央集权,对西南各少数民族地区进行直接的统治,统一国家疆土,已是势在必行,这是历史发展的必然趋势。

清雍正四年(1726年)、雍正五年(1727年),邻近的桑植、保靖两司先后改土归流,永顺司彭肇槐深感唇亡齿寒,迫于大势所趋,乃于雍正五年率子景煌及三州六长官的土官,同赴沅陵于辰靖道王柔处献舆图、上降表,请王柔转奏"改土归流"的请求。《清史稿·本纪九》:"六年冬十月丁亥,诏:'湖广土司甚多,供职输将,与流官无异,该督抚勿得轻议改流。'"《清史稿·列传二百九十九·土司一》记载:"雍正六年,宣慰使彭肇槐纳土,请归江西祖籍,有旨嘉奖,授参将，并世袭拖沙喇哈番之职，赐银一万两，听其在江西祖籍立产安插，改永顺司为府，附郭为永顺县，分永顺白崖峒地为龙山县。"《上谕》中有记载雍正六年十一月的圣旨："前据湖广督抚合词奏称，永顺土司彭肇槐请愿改土为流，使土人同沾王化，朕念彭肇槐恪慎小心，恭顺素著，抚辑土民遵法度与流官无异。又恐各土官勉强效法，则不胜其烦，原不欲从其请。适因辰沅靖道王柔来京引见。朕详细询问王柔，面奏彭肇槐之意慎属诚切，且奏伊有许多万不得已之情。朕因王柔深知永顺土司情形，故勉从听请，加以特恩赐以世职，并赏给万金，为立产安居之费。又据王柔奏称彭肇槐抚绥苗众素得其心，恳请授以武职即于新设流官地方补用，管辖苗人实有裨益等语，朕亦准王柔之请，将彭肇槐授为苗疆参将。此皆今年春间事也。今据王柔折奏，臣历桑植永顺地方驻劄数月，见彭肇槐才具平庸，性耽安逸，且不谙兵法纪律。若仍留彼地恐致营务废弛，不若将彭肇槐移于内地，隶督抚提镇标下暂为借补，裨其学习军政，卑臣先经冒奏今理合检举等语。朕从前之允彭肇槐改土为流，复授为苗疆参将者，皆因王柔之奏。以为伊必确有所见，故从其请也。今王柔又称彭肇槐不宜苗地之任，请改内地武职。朕思武弁职掌，各有攸司。将来倘以不能供职而落处分，朕心实为不忍而国法又不可废，岂非两难。王柔此奏既前后不同，则从前在京之代奏者或亦有不符之处。著湖广总督迈柱巡抚王国栋会同辰沅靖道王柔，将朕意明白宣示彭肇槐，备悉询问伊原系恭顺之土司岂必改土为流始为向化？若从朕本念仍旧复其土官，为国家抒诚效力，以受朕恩，朕亦嘉悦。倘以伊意必欲改土为流，亦著该督府询问，伊自度才力可居何等武职？不妨据实陈奏，朕另调用或伊愿回江西祖籍闲居，则给与世职俸禄以瞻仰之，务期安协，俾该土司永承国家渥泽，以副朕加恩优待之至意。钦此。"

彭氏土司始于后梁开平四年(910年)，历经北宋、南宋、元、明、清各朝代，终于清雍正七年(1729年)，末代土司彭肇槐顺应改土归流的制度，共计819年的土司统治就此结束了。

改土归流之初，清政府很注意少数民族地区的建设，土司原来占有的大量土地，一部分以"赐田"的形式留给土司属下的土官，一部分没收为官田，以供官员俸禄，大部分则给土民耕用，除每年向朝廷缴纳粮银外，其余皆归耕种者所有。废除土司时代的种种弊政陋规，取消无理的苛捐杂税，并准许田土自由买卖，这些措施，对减轻人民负担、调动广大农民的农业生产积极性有着良好的作用。清廷还废除了"蛮不出境，汉不入峒"的禁令，允许民族之间互相交流交易。

自此，大量的汉族农、工、商者涌入原土司统治的地域，为他们带来了先进的文明、技术和工具，致使农作物品种增多，产量增高，促进了土家族地区的生产力发展。与此同时，为不断提升永顺地区土家族人的文化水平，推动汉文化的传播，清廷在此创办书院、设置义学、倡导私塾。雍正八年（1730 年），湖南巡察唐继祖、巡抚赵宏恩为选择县城地址，亲来永顺境内视察，决定了新县城地址。乾隆二十一年（1756 年），中枢名宦、时为湖南巡抚的陈宏谋，亲来永顺地区视察，查看牛路河架桥工程。经过勘测，提出改修牛路河大路的建议，并指示地方官员把发展地方交通作为开发的要事抓好。清廷对地方官员的选用，也很认真，如永顺府第一任知府袁承宠、第一任知县李瑾，都是当时的地方名宦，在他们的任期内，确实为地方办了不少实事。知府袁承宠在革除土司弊政陋习方面，甚为认真得力；知县李瑾在他三年的任期内，定城址、修城垣、清田赋、丈田亩、行保甲、修街道、兴学校、建祠宇、开河道、设义渡、造桥梁、置邮筒、考察民情、革除弊政，还修了永顺建县后的第一部《永顺县志》。

改土归流的实施，在客观上顺应了历史潮流，符合人民的要求，促进了永顺政治、经济、文化的全面发展，无疑是进步的。但是清廷实行的是一种自上而下的改良，目的是巩固其统治地位。在改土归流后，土家族人民受压迫、受剥削的地位并未得到改变。随着清王朝的日益腐败，人民的苦难也随之加深。鸦片战争后，帝国主义势力逐步深入，他们大量倾销商品，大肆掠夺廉价原料，严重破坏了土家族地区的自然经济。清末，双凤村所处的永顺地区普遍种植鸦片，致使农田与粮食锐减，还严重残害了人民的身心健康，社会秩序也开始动荡起来。商品经济的繁荣，又刺激了土家族地主阶级扩大财富的贪欲，他们兼营工矿商业，扩大剥削利润，大量购置土地，造成良田沃土高度集中在少数地主手中。农民则因破产，沦为地主的佃户或雇工。至此，阶级矛盾愈加尖锐，清咸丰四年（1854 年），土家族秀才彭盖南率众起义，攻克永顺县城，知府谢鹤龄、知县陈其昌仓皇出逃，都司蒋培基逃至观音岩，渡河时被淹死。起义军后来虽被镇压，但土家族人民对清政府的不满情绪却日益加深。

清廷的统治在辛亥革命中被推翻了，持续了两千多年的封建社会就此终结。但推涛作浪的帝国列强、隐藏伪装的封建余孽，又使中国很快陷入了军阀混战的硝烟里。[8]永顺县山高林密，交通闭塞，形成了官、匪、霸一体的政权，与前清统治者相比，有过之而无不及。加之天灾连年、鸦片遍地，永顺的土家族人民生活于水深火热之中。

5. 从 1949 年到现在

1949 年 10 月 1 日，中华人民共和国的成立，开启了我国民族团结、平等的新纪元。

新中国成立初期，党和政府多次派遣民族识别调查组到双凤村调查。自1952 年起，先后由潘光旦、向达、严学宭、汪名玙等民族学、历史学、语言学专家，率调查组来双凤村及湘西各县土家族聚居区进行认真的考察、研究。1956年，中央民族事务委员会领导谢鹤筹又到永顺县双凤村进行了一次访问。1957年 1 月 3 日，中央正式确认土家族的单一民族成分。

半个多世纪以来，党和政府对少数民族地区和人民实施了一系列的扶持、照顾政策，以尽快提高少数民族地区的经济、文化水平，改善人民生活。《中华人民共和国民族区域自治法》在 1984 年 10 月 1 日颁布实施以后，少数民族地区的各项事业均得到了全面健康的发展。党和政府还在此后的 30 多年中，在双凤村所属的土家族地区推行了一系列的具体政策和措施，比如"粮棉赊销""扶贫攻坚""以工代赈""退耕还林"等，都是明显优惠的帮扶政策。这些政策的实行，使双凤村人民的生产和生活条件得到了极大的改善。

1.2.3 文化形态

双凤村所属的湘西地区的文化在历史长河中与外来文化碰撞、交融，从而得以不断发展。在这之中，影响湘西文化最为深远的便是南面的百越文化以及东北面的汉文化，原因无他，主要是湘西的地理位置处于这两个文化圈的交界点上，与两者往来密切。在得天独厚的大环境中，各文化体系在此聚集交流，进而促使湘西文化形成了自身独特的体系。

永顺土家族历史悠久、源远流长，在创造了极其丰厚的、有形的物质财富的同时，也遗留下了绚丽多彩的精神财富，这些珍贵的传统文化艺术，是土家族人繁衍生息的历史沉淀，是他们精神碰撞的火花，是他们战胜邪恶、讴歌英雄的心灵赞歌。

1. 文学

土家族是一个只有语言而没有文字的民族，因此，土家族文学的发展依赖汉文化的输入。汉文化在双凤村所属的土家族地区的传播经历了两个阶段，在改土归流前，官办的汉文化教育只针对土司及其贵族子弟，普通土民没有接受教育的机会，汉文化只在上层社会中传播；改土归流以后，普通土民可以接受汉文化教育，同时民办的私塾也开始逐步发展，汉文化开始在普通民众中快速传播。

土家族文学的发展也经历了两个阶段，第一个阶段是吸纳和模仿汉文化，第二个阶段则是在吸纳汉文化的基础上，创造出了自己的文学体裁——溪州竹枝词。

南宋绍兴十九年（1149年），湘西土家族地区建成历史上第一座汉文化书院——东洲书院。这座位于泸溪县武口洲的汉文化书院是由当时的辰州府尹、泸溪郡令以及进士王庭硅三人合办的，其奠定了汉文化在土家族中传播的根基。元朝至元二十八年（1291年），朝廷颁布了一系列的规章制度，《元史·选举志》中提道："江南诸路学及县学设小学，选老成之士教之。或自愿招师，或自受家学于父兄者，亦从便。"又有"先儒过化之地，名贤经行之所，与好事之家出钱粟赡学者，并立为书院"。在《元史·世祖本纪》中同样记载道："书院之设，莫盛于元，设山长以主之，给廪饩以养之，几遍天下。"元朝大德年间，湘西土家族地区汉文化书院的建设再次兴起，位于大庸（今湖南省张家界市）天门山麓之东（今三岔乡水洋池村）的天门山麓书院系大德八年（1304年）永顺土家族人田希吕提议并带头创办的。[9]

土司政权统治时期，中央王朝为加强对土司的控制，要求土司子弟必须学习汉文化。根据《大明一统志》记载，朱元璋明令："诸土司皆立县学……培养土官及其子弟学习文化。"明弘治十四年（1501年）朱裕樘下令："土司土官子弟凡要承袭土职的必须入学，不入学者不得承袭。"由于中央王朝的这个硬性规定，从明代起的土司中有较多颇通文墨。如明天顺六年（1462年）承袭、明弘治五年（1492年）卸任的土司彭显英，便在猛峒坪修了座猛峒别墅，用于与骚人墨客咏诵。在地方志中还有土司彭明辅、彭元锦曾就读于酉阳和沅陵书院的记载。明万历年间，彭元锦在永顺老司城设立"若云书院"，召集土司子弟入学，请外地名师为之讲授。在土司政权时期，土司土官进学读汉文，而对其领地内的平民百姓，则实行愚民政策。土司规定土民不准读书识字，"违者罪至族"。土民学习汉文，会招致杀身之祸，故当时大量的土家族人都没有接触汉学的机会。

从明代到清代的土司中，彭显英、彭世麟、彭世麒、彭明辅、彭宗汉、彭宗舜、彭翼南、彭永年、彭元锦、彭弘澍、彭廷椿、彭弘海、彭肇槐及南渭州土知州彭凌高等，都是颇通文墨，且能写诗咏诵之人。但是，由于书面资料遗失，除个别土司留有作品外，其余很少有作品流传于世。例如，清朝彭世麒曾著《永顺宣慰司志》:"其一:古洞爽开处,藏春别有天,百壶酬胜赏,一笑了尘缘。""其二:偶与仙人游,邀我洞中宿,夜久月明孤,风吹岩下竹。"

改土归流后,清朝廷取消土民不准入学的禁令,且多次给地方官下达"饬土苗子弟入学"的诏令,指示地方把兴办学校作为新区施政的一项要务。杨昌鑫的《湘西土家族苗族自治州教育志》中写有:"应先设立义学,择本省贡生生员,令其实心教诲,量予廪饩。"("贡生"即地方官学生考选贡入国子监肄业者,包括捐买此衔者)清雍正年间(1723—1735年),朝廷意识到汉文化在湘西土家族地区的普及度不高,有意加大汉文化在此地的传播力度。从此,湘西土家族地区普遍设立塾,朝廷分别在永顺、保靖、龙山、桑植及大庸共建了12所义塾。清雍正七年(1729年),朝廷又在湘西地区追建10所义塾,分别为保靖4所、永顺3所、桑植3所。《永顺府志》(清乾隆版)记载道:"清雍正十年,在县里建有义学四所,雍正十一年建桂香书院,私塾在县境内次第设立。"

清乾隆三年(1738年),在永顺县城设立考棚。《永顺府志》记载:"乾隆五年,详准永顺府属之永顺县设义学三处,保靖县设义学四处,龙山县设义学二处,桑植县设义学三处。"清政府开科取士,朝廷开始在湘西区域开设贡院,按期开科取士,县学、州学、府学也随之兴盛。《永顺府志·卷四》(清乾隆版)言:"永顺虽新辟之地,而汉土子弟读书应试无殊内地",前征应试者"不下千有余名"。与此同时,朝廷针对湘西土家族地区提出"土三客一"的招生政策,以每招收三名"土童"则招收一名"客童"为录取原则,来勉励土童入学。[10]朝廷非常重视土家族地区的教育情况,在了解到当地有增加学额需要的情况后,立即批准了相关奏请,同意扩招,将府学招生名额扩大至12名、县学招生名额扩大至8名,并注明原有的"土三客一"招生原则不变。[11]永顺、保靖、龙山、桑植、大庸县这些土家族聚居区域在1755—1775年的20年间里,在当地政府和地方乡贤的努力下,投资建设了18所义塾,供寒门子弟读书学习。义塾建设可谓遍地开花,考虑到办学质量,官方明文规定要聘用名师,"以补义学之缺,广学校之泽",由于当地名师资源供不应求,名师大多来自外地。

双凤村所属的永顺地区接受"改土归流"后,"蛮不出境,汉不入峒"的禁令也随之取消,大批学识渊博的有志之士来到这里,感受到当地人学习汉文化的强烈意愿后,便开始开设私塾,广收学童。伴随着私塾制度的兴起,形成了私塾、教会学校、公立学校三足鼎立之势,奠定了永顺县区域初等教育的网架。[12]

随着汉文化的传播,双凤村所处区域的土家族书面文学开始兴起,取得了较大的成就。在史学方面，编撰了大量家谱、志书，较为有名的有永顺土司修的《彭氏族谱》及《永顺宣慰司志》；除此之外还写了不少史学著作，如永顺土司彭明道著的《逃世逸史》。在散文方面主要有《万全洞记》《晴田洞记》等。在诗歌方面，成绩则尤为突出，永顺县地区不乏在诗词上卓有成效的土家族人。如清咸丰年间的黄瑟庵，著有《题宗第河清、家清先后殉难后志感》：

人生自古谁无死，蔓草离披长已矣。拼将热血喷同袍，吾家信有奇男子。
秋水横腰双佩刀，海涛飞立阵云高。嗟吾志斋年十七，待父出征庸禅劳？
道州斗大贼烽煽，蠢兀云梯纷火箭，开门揖盗大将军，不念孤军当一面。
一面难当城已倾，卞壶父子战有声。父谓汝行吾且死，子言父死儿不生。
仰天垂泣天欲黑，叱咤风云都变色。小丑何敢伤吾亲，手刃虎头掷城北。
突围缒下势仓皇，泥涂荆棘尤难当。以身负父行业止，千生万死来潇湘。
湘城之危如累卵，花卿鹘眼生风火。见贼愈多身愈轻，已甘马革将尸裹。
此际仙源荷战来，盖棺掩骨不胜哀。子弟行役今若此，那堪目断单于台。
豪哉终军才弱冠，旋待征鞍入襄汉。汉水冷冷湘水波，呜咽鸧原歌急难。
铁衣远戍久酸辛，霏霏雨雪作归人。归方匝月羽书至，再执干戈扫逆尘。
城阙秋风愁似昔，对亲欢娱背亲泣。寒声刁斗正凄清，桑邑狼烟连告急。
老谋卓识旧知名，上峰借箸重遄征。直入虎穴探虎子，斛律年少奋先鸣。
从古立功人所忌，英雄况复悬危地。肯以小丑遗君亲，讵料身亡心不遂。
兄弟先后各捐躯，不殊当年盻与盱。剧怜萱草北塘哭，椿枝又复嗟桑榆。
有弟有弟尚童稚，有妹有妹方待字。一家骨肉痛萦心，魂分归来尽留意。
忆昔儿时昆仲行，长君文弱次君强。或跳地上作彪虎，或采吾弟长美好。
兰斩玉摧竟如斯，泪洒洒风蔓春草。人寿几何到百年，克全忠孝即神仙。
煌煌天题焕竹册，崔巍杰阁图凌烟。

清同治年间的彭勇行写有《老司城怀古》，共四首：

其一：

四塞关河落日昏，弹丸形胜至今存。带围一水双龙合，剑插群峰万马奔。
荆莽欲封隗嚣寺，风雷犹护赵陀村。断垣历乱炊烟里，碧瓦朱甍认戟门。

其二：

驰檄群推喻蜀才，平蛮昔日有高台。锦车使节唐朝授，铜柱封疆晋室开。
巨鹿几人奔命至，椎牛诸部听盟回。赵家忠义光前后，天遣边州食报来。

其三：

朝命连番锡玉章，节衙终古控金汤。极边烟瘴开盘瓠，分野星缠界夜郎。
二十州中都誓主，卅二传是颛顼王。只今福石城头月，化作灵光殿畔霜。

其四：

皇图万里拓金瓯，稽首图呈斗大州。王会远开秦郡县，世家详记鲁春秋。
刘伥只是降王长，孙皓仍归故国侯。屈指百年风气改，铜陀寂寞卧松邱。

作有《凤滩七古》：

彭勇行还

溪水汹汹平地注，束以群山控不住。削壁划开千仞岩，洪涛啮就千寻路。
断峰蹴水水怒号，湿云漠漠雪山高。水上一线天容窄，脚底万雷地脉摇。
两岸巉岩如削铁，三里五里一曲折。纤悬鸟道山腰穿，蒿点蜂窝石眼裂。
长坡头落多急滩，凤滩三叠尤险艰。利牙刺水蛟龙伏，竖刃劈流刀剑攒。
扁舟一叶随掀舞，盘旋如磨急如弩。岸边眩转过耳风，蓬背飞洒淋头雨。
前滩直下马奔途，后滩陡折蚁穿珠。撇波桨如拳瓜鸳，没水舷似濡尾狐。
舟子大呼客失色，船舱摇簸樯竿折。沙雨浑浑日不红，浦云黯黯天都黑。
可怜性命争呼吸，毫厘千里嗟何及。入坎出坎心始安，往寒来寒神犹悸。
安得力士六甲神，削平叠嶂铲嶙峋。百里安流无险阻，棹歌款乃五溪春。

清同治年间的彭勇功著有《雨》：

当窗三日雨，对面一峰晴。花有消魂色，莺无出树心，
井蛙争客语，秋水学琴音。折竹教童试，前溪几尺深。

清同治年间的彭施铎写有《送孝廉心荃春闱北上》，共两首：

其一：

晴逐梅花早占先，轻波新上孝廉船。香分棣萼当正月，富有才华喜妙年。
此去饱经红杏雨，别来遥望绿杨烟。定知车到长安候，春色三分到日边。

其二：

置身须到凤凰池，莫漫空存温饱思。战北我惭经叠次，斗南君望重当时。
家风无恙留铜柱，文字有灵奏碧墀。预卜蕊宫高捷报，榴花红处盼红旗。

清光绪年间的彭施涤著有《步侯懋斋韵》：

诛佞何由请上方，长上筹策动金闾。当权朋党攻牛李，报国文章愧马杨。
笃谊欣同苏轼辙，巍科敢拟汉贤良。祖宗世德滋培厚，文宪风流共芬芳。

彭施涤还著有《在观音崖登玉皇阁》：

登临破我古今愁，栏畔蒙茸草似秋。地险危崖随雾锁，天昏怒浪逐鱼游。

寺钟遥透青山外，牧笛横吹紫陌头。醉眼遐观增逸趣，风云十万指间收。

清同治年间的唐仁汇的《司城怀古》，共两首：

其一：

殿阁高耸碧云烟，威振边疆八百年。水绕山环形胜古，龙盘虎踞势天然。

河山带砺恩波厚，铜柱标名德泽宣。自古英雄岂有种，安知后世无前贤。

其二：

回首彭家霸业销，节衙空落古旌旄。秋风城阙鸟飞散，夜月风高虎怒嗥。

破庙犹存新俎豆，沉沙难埋旧方刀。空余八百余年事，付与灵溪咽暮诗。

唐仁汇又作有《溪州铜柱》，共两首：

其一：

蛮烟瘴两马前空，日月初开一片铜，高排酉山云向北，俯临辰水浪潮东。

倚天紫气分长剑，扑地苍崖拥短虹。想见土酋环柱泣，铙歌鼓角满西风；

其二：

当年王号籍南陬，姓氏居然在上头。半壁云山悬霸业，千秋峒户控溪州。

中原无主乾坤破，竖子成名乳臭留。土宇只今天作界，不须铜柱补金瓯。

随着土家族文学的不断发展，在吸纳汉文化的基础上，永顺土家族终于在清代中后期创造了自己的诗体——"溪州竹枝词"。万树曾在《词律》中写道："'竹枝'之音，起于巴蜀。唐人之作，皆言蜀中风景。后人因效其体于各地为之，非古也。皇甫子奇亦有四句体。所用'竹枝'、'女儿'，乃歌时群相随和之声。"可以看出，竹枝词起源于古代巴渝地区，属于民间歌词，极富节奏感和音律美，有独唱、对唱、联唱等多种表演形式。

竹枝词的体式有七言四句、七言两句等类型，其中七言四句的竹枝词最为常见，流传广泛，存世较多。七言四句的竹枝词在诗的体式上虽类似于七言绝句，但却没有严格的音律限制和词调的区分，它能够在律体、古体、勘体三者间随意转变，更显灵动；且竹枝词在诗的格调方面，兼具诙谐和通俗的特色。[13]而在《西湖竹枝词》中记载道："王渔洋答刘大勤问，谓《竹枝》咏风土，'琐细诙谐皆可入。大抵以风趣为主，与绝句迥别'。佘兹所为百首，意在矫从前作者之偏，不肯堕纤佻一路。又或感怀记事，直举胸情，故往往近于绝句，非复《竹枝》之体。脱稿后复视，深愧自乱其例。"这几句话从风格方面叙述了竹枝词与七言绝句之间的不同。所以竹枝词是诗非词，但又不同于律诗、绝句等，是拥有自身完备体系的诗体。

在竹枝词的发展、演变过程中，许多文学大家也参与其中，比如唐代的刘禹锡等。在《旧唐书·刘禹锡传》及《新唐书·刘禹锡传》中均有记载："叔文败，坐贬连州刺史，未至，贬朗州司马。地居西南夷，土风僻陋，举目殊俗，无可与言者。禹锡在朗州十年……为新辞以教巫祝。故武陵溪洞间夷歌，率多禹锡之辞也。"刘禹锡被贬为朗州司马后，在朗州待了十年。刘禹锡有时参与少数民族的祭祀活动，每次祭祀，人们都会敲着鼓跳舞，唱着竹歌，借此机会，他新学了具有土家民族特色的竹歌，并结合原有学识，将两者融合，稍加修饰，写了新的竹枝词教给巫祝，用以传唱。刘禹锡的《阳山庙观赛神》（又名《风门山》）中也写有："汉家都尉旧征蛮，血食如今配此山，曲盖幽深苍桧下，洞箫愁绝翠屏间。荆巫脉脉传神语，野老婆婆起醉颜。日落风生庙门外，几人连蹋竹歌还。"表明当时在祭祀活动中歌唱竹枝词这一活动十分盛行。竹枝词在经过唐代文学家顾况、张籍等人的仿制后，成为当时流行的一种通俗文学形式。

至清朝中后期，双凤村所在的永顺区域的土家族文人创作了溪州竹枝词，以其通俗、生动的诗句，回顾了土家族的漫长岁月，描绘了土司制度废除之后的永顺土家区域的土民劳作、生活娱乐的场景，具有重要的历史意义和很高的研究价值。[14]溪州竹枝词与其他竹枝词的不同之处在于：它嵌入了土家族民间乐器、土家语称谓、土家族日常生活用品、土家语地名等词汇，极具民族特色。

撰写"溪州竹枝词"的土家族文人中，最具名气的诗人有彭勇行、向晓甫、唐仁汇、彭施铎、彭勇功等，还有些佚名诗人所作的竹枝词亦流传至今。保留下来的竹枝词基本上是以记录在地方志中，或是以手抄本和口口相传的形式存于世间。

（1）描写土司时代历史的竹枝词：

董民分隶长官衙，算到田土共六家，五十八旗分辖处，而今惟见野藤花。

野藤花缦土王祠，旧姓相沿十八司，除却彭家都誓主，向田覃冉亦男儿。

（2）描写永顺县境内的山川和景物的竹枝词：

玉屏山上草萋萋，玉屏山下水渐渐。大乡城郭图难画，山外青山溪外溪。

北河流绕大乡西，下界明溪上泗溪。两岸青山似眉黛，锦鸡飞过野鸡啼。

山顶开田田自耕，山腰开路路同行。田多不过金鱼铺，路好无过喜鹊营。

小西门外碧波澄，点点渔火到天明。春雨如油落不住，山光水色映山城。

白岩洞畔住侬家，茅屋竹篱三个叉。早上爱听雀鸟噪，春来喜看杜鹃花。

每逢路转见炊烟，犬吠鸡鸣别有天。指甲花开茅屋外，画眉啼到竹篱边。

离城十里夕阳斜，云里鸡声雾里花。过往行人休问姓，山村处处是王家。

（3）描写土家族人捕鱼、打猎、农作场景的竹枝词：

鸳鸯戏水双双飞，斜日王村打桨归，争报码头新涨价，茨相花落茨鱼肥。

沿山打猎风雪天，随狗奔趋急转弯。获猎归来真得意，烧香默默敬梅山。

料峭小寒春暮时，轻风剪剪雨丝丝，千山万岭桐花白，正是农家下种时。

新垦荒山土脉胶，微风细雨过花期，嘱郎仔细看皇历，立夏棉花社日荞。

释担归来日夕阳，放牛晨起上山岗，近来一月忘梳洗，割麦折禾又采桑。

金鼓喧阗薅旱苗，歌声亲切语声嘈，新词最爱孟姜女，不识红牙与六么。

男扶犁来女负筐，桑麻农事细商量，耕田种地无他事，古风尚忆古羲皇。

（4）描写土家族人热爱劳动的竹枝词：

阿巴阿甫年几何，彼此今年七十多，屡次劝他事莫管，锁门又上对门坡。

食罢中餐执牛柯，直从小径上高坡，归来不惮生柴重，压肿肩头还唱歌。

临盆恰值十余天，清早牵牛入碧川，无奈呱呱啼不住，背笼挂在柳荫边。

谁家妇女学犁田，叱犊声高四野传，转弯抹角全学会，犁坏瓦盍陇头烟。

2. 神话传说

双凤村流传至今的神话故事大多是口口相传，少有文字记载，这些故事题材广泛，内容丰富，风格多样。土家族神话产生于渔猎时代，在原始农耕社会得到发展，在封建社会继续延伸，直至今日仍得以留存，大多是展现土家族人民的聪明智慧和爱憎分明的情感世界。以下是笔者根据田野调查的结果，整理出的流传于双凤村土家族的神话传说。

涨齐天大水的传说

传说古代出了八个狠人，他们都有孝心，娘害了三年六个月的病，想吃雷公肉。兄弟们想主意把雷公骗下凡捉住，娘十分欢喜，叫儿子们分头把亲戚朋友都请来，分吃一块雷公肉，分喝一碗用雷公肉熬的鲜汤，分头上街买佐料。狠人们有一个弟弟叫罗子，一个妹妹叫罗妹，等狠人兄弟们出去后，雷公利用罗子罗妹的年幼无知，讨得了水和火，熔化了铁柜铜锁，逃得性命，上天到玉皇大帝处哭诉，要求报仇。玉皇大帝听说凡间有敢吃雷公肉的狠人，也十分恼怒，决定要涨齐天大水，把凡间的人淹没。这时，太白金星出来讲情，说要把救下雷公性命的罗子罗妹留下来，于是种下了一个神奇的葫芦，葫芦种下七天七夜后长得很大，等到罗氏兄妹钻进葫芦后，雷公便施法降下十天十夜的倾盆大雨，涨起了齐天大水，将凡世间的一切都淹没了，只剩下躲在葫芦里的罗子罗妹。后来他们听了神人的劝告，历经滚魔岩、破竹子、烧两堆火等种种苦难，经过乌龟先生做媒，在一颗苦李树下成亲了。三年六个月后，生了一个肉坨坨，背到古王界上，砍成许多块，用细砂子合拌撒出去后成了客家人，用泥巴合拌撒出去后成了土家族人，用嫩树苗拌合撒出去后成了苗家人。撒在田里的是田家，撒在象身上的是向家，撒在树莲蓬里的是彭家，撒在黄泥巴里的是王家……从此世界上有了人类。

这个神话在土家族中流传很广，土家族有一个民俗活动叫"玩旱龙船"（就是用彩布扎成龙船的形象，由人抬着在陆地上表演），旱龙船的神座上供着的就是罗子罗妹的神像，因为兄妹成亲是个丑事，所以哥哥的脸上是红的。"玩旱龙船"的民间艺人一进屋，人们就给神像烧香、点烛、烧纸、上红布、上花鞋，对"玩旱龙船"的民间艺人好好招待，艺人出门时，还送钱、送米、送粑粑。双凤村的老人们总是说："他两兄妹不成亲，现世界上哪里会有人。"

太阳和月亮的传说

传说玉皇大帝看到世界上的人又多起来，就放下十二个太阳，想把人类都晒死。那时十二个太阳日夜不停地晒，地面晒得糊焦焦的，一百二十姓，晒绝了二十姓。有个卵玉秀才，眼看人类有灭绝的危险，便爬上马桑树，用桃弓柳箭，对准太阳嗖嗖嗖地射了起来，一箭一个，一共射下十个。其中有个太阳掉到了南门的热水坑，所以那里的水是热的。剩下的两个太阳吓得发抖，卵玉秀才正待射剩下的两个太阳，眉毛草一见慌张了，太阳都射下去了，世界黑沉沉的，怎样生活？他来不及劝说，一跳跳到卵玉的眉毛上挡了卵玉的视线，这样两个太阳才保住性命。卵玉又给两个太阳分了工，哥哥是男子汉，叫他走夜路，改个名字叫月亮。夜里走路很寂寞，卵玉又叫许多星星陪着他走夜路。妹妹仍然叫太阳，叫她走白天。太阳是个美丽的姑娘，脸儿红红的，她一露面，凡间世上的人都看她、笑她，说："乖姑娘来了！乖姑娘来了。"笑得她不好意思了，只好向卵玉诉苦，卵玉赐她一包神针，说："谁若是再瞪着眼睛看你，你就刺谁的眼睛吧。"从此再也没有人瞪着眼睛看太阳了。

八部大神的传说

八部大神本是八兄弟，他们都有非凡的本领，帮助他们的妹夫打退了外寇的入侵。他们的妹夫是个皇帝，请八个哥哥出征时，讲尽了好话，说是打退了敌人就给八个哥哥分封疆土。可是敌人被打退后，妹夫不理睬八个哥哥了，八个哥哥无家可归，和妹夫商量借个安身之处，讲尽好话，妹夫却总是推三阻四不肯借。这样八个哥哥只好怀着一肚子的气回到老家。他们越想越气，越气越恨，在路途中叫燕子带个火种，把妹夫的"金銮宝殿"放火烧了。这熊熊大火一烧，妹妹顿时哭天喊地，妹妹的哭声传到八个哥哥的耳朵里，他们念妹妹一母所生之情，动了不忍之心，由大哥向金銮宝殿喷了三口水，把大火扑灭了，金銮宝殿烧了一半，留了一半。后来妹夫请钦天监卜了一卦，才晓得是八个哥哥放的火、灭的火。这样妹夫就封他们八兄弟为八部大神，八兄弟成神，威灵显应，保佑土家族人家发人兴，所以人们年年在摆手堂敬八部大神。

阿密玛玛的传说

很久以前，在土家村寨里有一位勤快的姑娘，她18岁的时候，有一天照常去河边洗衣服，突然看到顺着河水有一朵非常艳丽的红色的花漂了过来。她十分好奇，便捡了起来，拿在手上把玩，但是一不留神把花吃进了肚子里，肚子突然一下子就鼓了起来。她十分惊恐，立刻跑回了家里。由于她还没有结婚便有了身孕，这在寨子里是非常丢人的，因此女孩被父母严厉地指责，没有办法，她只有跑到婆婆洞躲藏。后来，她变成了负责给新婚夫妇送来子女、庇佑小孩茁壮成长的神明，被称为阿密玛玛。时至今日，土家族人家里若有了小孩，依然会做一个红色的小纸人贴在橱柜上，祈祷孩子能获得阿密玛玛的保护，健康成长。

梅山神的传说

梅山神据说曾经是村子里的一位著名的女英雄，人们叫她梅山阿大（阿大即阿姐）。梅山自幼聪慧，在她八岁的时候就能帮助她妈妈纺织布匹，到了十五岁的时候，在村里就非常有名气了。坊间传闻梅山亲手做的铺盖与众不同，铺在床上冬暖夏凉，十分舒适。白鼻子土司王听闻此言，来到梅山家，扬言过些年要娶梅山。梅山坚决不同意这门亲事，她的母亲也不同意，梅山的父亲就想了个主意，让梅山先在这几年练就一身过硬的本领，于是带着她上山打猎。梅山非常有天赋，很快就掌握了狩猎的本事，每次进山都能满载而归，有一次还消灭了一个吃人的妖怪。因此，村民们越来越喜欢和爱戴她。就这样过了几年，土司王开始谋划怎样把梅山夺过来，但是由于梅山变得英勇善战、武艺高强，土司王不敢强取豪夺，可是又始终不甘心，蠢蠢欲动。最后土司王耍了个阴招，将梅山在山里害死，并将梅山的衣服也撕碎了，然后对村民们撒谎说，梅山触犯了天神，遭到了天谴。梅山牺牲后，村民将她尊为猎神，但凡入山打猎，都要先来祭拜她。

观音的传说

曾经有一个国家叫妙香古国，国王膝下并没有儿子，只有三个女儿，分别叫作妙音、妙言和妙善。姐妹三人成年后，妙言和妙音都选了驸马成亲。但是妙善从小就一心向善，吃斋念佛，看破红尘，不愿意完婚。而国王恰恰与妙善相反，并不相信佛教，看到女儿这样，国王不禁勃然大怒，下旨要赐她红绫让其自尽。

下旨的那天是农历六月十九，下旨之后，天色立刻就变了，瞬间乌云密布，狂风大作。国王见此情景吓得胆战心惊，但仍然执意要处死妙善。但此时妙善已脱离肉体凡胎，区区红绫已经奈何不了她了。

几个月后，到了九月十九，妙善仍然住在皇宫里，不同的是，此时的妙善比从前更加虔诚地烧香礼佛。国王听闻后火冒三丈，下定决心，一定要处死妙善，于是下令让500个侍卫在妙善所居住的白雀寺周围摆满干柴，一声令下，火光冲天，大火瞬间吞没了白雀寺。这场火一直烧了三天三夜，国王暗自认为妙善这次必定葬身于火海之中，然而，这场火只是烧掉了她的肉身，而她的灵魂却升上天空，成了佛。

这次国王恼羞成怒，下令处死这500个侍卫，以泄心头怒火。500个侍卫很快被烧死了。但万万没想到的是，国王身上长出了500个萝卜疮，十分难受。国王看遍了医生都毫无效果。无奈之下，只好贴出告示，寻找能人异士治疗此病，并承诺若能治好，便赏金银无数。妙善得此消息后，化身一老神医下界，说自己能治疗此病，官兵便将她带入皇宫，妙善进宫看了国王之后说，此病非同寻常，要治此病，需要用亲人的手、脚还有眼睛来做药引子。国王便向两个女儿和两个女婿求助，但是他们都拒绝了。国王感到心灰意冷，这时候，妙善开口了："那你用我的吧"。而一直在旁边的王后突然听出了妙善的声音，便开口问道："你不是三姑娘吗？"妙善默不作声，将自己的手和脚切下，又把眼睛挖了出来，将国王治好，然后又腾云飞向天上。从那时候开始，国王的态度完全转变，诚心皈依佛门，并允许在当地传播佛教。

观音岩的传说

很久以前，南门外的石林丛中隐藏着一条妖龙，这妖龙时常为害人间，有时天旱数年，赤地千里，草木不生；有时又降暴雨，带着虾兵蟹将，横身拦截猛洞河，上游百里，一片泽国。一日，观音老母驾一朵祥云路过此地，听得百姓哭声震天，便动了恻隐之心，落下云头，见南门外妖雾弥漫，便决心斩除妖龙，为民除害。观音老母变成一个白发老太太，手提花篮，径直向南门外的石林丛中走去。妖龙得知观音到来，先派一条鳖鱼，横拦在猛洞河中，河水陡涨，准备拦阻观音来路。观音用手一指，口称"善哉""善哉"，那鳖鱼瞬间毙命。妖龙自知凶多吉少，忙运来石山，把观音来路挡住，观音吹出一口仙气，霞光万道，轰隆一声巨响，石山裂开一道石门。妖龙自知不敌，准备驾云逃走，观音用手一指，化出一座石城，按八卦图把妖龙围住。妖龙困在八卦图中，晕头转向，无法逃遁，只得跪下哀求菩萨饶命。观音老母是个慈悲的善良之神，不愿丧妖龙之命，便用手向猛洞河对岸石壁一指，裂开一个石洞，喝道"去吧"，便把妖龙囚禁在洞中了。

妖龙降伏后，观音洒下几滴甘露，使这里的树木四季常绿，花果飘香。为了永镇妖魔，观音指石化成自己的圣像，高过十米，眼、耳、鼻、面、发髻、肩、身俱全，端然坐于峭壁之上，周围苍松翠柏，头上白云缥缈，脚下绿水长流，头顶光圈，身披袈裟，腰缠玉带，栩栩如生，宛如观音坐莲。妖龙看到观音法相在此，只得蛰伏洞中，再也不敢轻举妄动。这就是观音岩的传说。

向老官和田好汉的传说

摆手堂的神位上，中间供的是彭公爵主，左右陪祀的是向老官和田好汉，他俩是彭公爵主打江山的帮手，向是文、田是武，向和田又都是彭的儿女亲家。向老官能讲会说，讲了不切实的话，被客王（客家族的王）用酒毒死，现在酉水河畔的石马潭的岩壁上还留有他那匹白马的身影。田好汉帮助彭公爵主打江山，彭公爵主为酬谢他让他骑马跑三天，跑到哪里管到哪里。谁知那匹马跑山地跑惯了，尽跑些高山野地，所以现在田家的人多在高山坡地。

科冬毛人和鲁里嘎巴的传说

科冬毛人和鲁里嘎巴传说都是家住在灵溪河两岸的土家族人。他俩共同的特点是喝了神水，有一龙二虎九牛之力。在抵御客家兵入侵时，他们用神力把客家兵打得溃不成军。他们还随土王打过倭寇，征过辽东。总之，土司多次出征，两位勇士都随同，立下了赫赫战功。科冬毛人和鲁里嘎巴可以说是土司时代武功的化身。

牛路河的滚滚急流中，横亘着三块房屋大小的石头，传说是科冬毛人和鲁里嘎巴年轻时搭的过河脚岩蹬，他们两人一手提一头大水牯，在岩蹬上踩来踩去。灵溪河畔有一个高好几米的独立大岩桩，人称"将军岩"，传说是鲁里嘎巴死后的化身。科冬是个土家族聚居的村寨，这个村的摆手堂，还留有一顶70多斤的大铁帽、170多斤重的大砍刀，传说是科冬毛人的遗物。村子后有一座乱石山，传说这是科冬毛人的坟墓，每逢清明节，都有到那里挂清(祭祀)的人。

土司王的传说

在很久以前，土家族有一代土司王，他手下有一位文官和四位武将，文官叫作向老官，武将的名字分别是田大汉、可努毛人(意为从岩洞里走来的野人)、喜可耶喜(意为一顿能吃七升米的人)、努力嘎巴。一次与吴国爆发了战争，土司王的军队和吴王的军队交战，吴王的军队异常强大，土司王吃了好几次败仗，因此十分着急。于是他赶紧找部下商量对策，很快他们就想出一条计策，让当地的能工巧匠用草编出一尺多长的非常大的草鞋，接着让士兵用这种特制的草鞋在路上按出脚印，用这种非常大的脚印来欺骗敌人，让吴王的军队误以为这里有巨人。此外他们还将泥巴、糠、灰面等混合物装在竹筒里，挤在路边，伪装成巨人的排泄物，还让手下的官兵在岩石上凿出巨大的拳头和马蹄印。吴王率大军来到这里，果然被骗，以为这里住满了巨人，不敢向前一步，只得收兵回府。

覃垕王的传说

相传覃垕王的母亲去世后埋在了活龙地(风水学上指有龙气的地方)，覃垕天生背上就有龙形图案，大家都说他是真龙天子。当时暴君当政，民不聊生，覃垕便生了率民起义的念头。覃垕的嫂嫂却跟别人说覃垕背上的龙是画成的，并不是天生就有的。这之后，他的嫂嫂又到处说覃垕密谋篡位，导致覃垕谋划了三年多的起义计划不得不提前六个月实施。随后皇帝带兵镇压，在混战中覃垕射出的箭并没有射死皇帝，自己的人马反而死伤无数，至此起义失败，最终覃垕被皇帝处死。现在双凤村流传的俗语也有和覃垕的传说有关的，一句是"覃垕江山败，只因嫂嫂害"；又一句是"三年都等了，却等不得六个月"。现在过"六月六"节也是纪念覃垕王的。永顺县砂坝乡仙鹤峪传说是埋葬覃垕母亲的风水宝地，这座古墓至今还保存完好。

溪州铜柱顶盖遗失的传说

有一年，有个歪嘴知府卸任而归，当他的船过会溪时，看到青光闪闪的铜柱，知是稀世珍宝，便想把这宝物偷走。他指挥手下人挖的挖、掀的掀，正在这时，被一个挖药的土家老汉看见了。他急忙敲起铜锣高喊："有人偷铜柱呀！"一时惊动了四乡八处的土家族人，他们听到喊声，有的拖梭镖，有的搬锄头，向会溪坪飞奔而去。知府看到情况紧急，叫人赶快把铜柱顶盖运走。等保护铜柱的人群赶到时，知府已扬长而去，追也来不及了。知府偷得顶盖，满怀欣喜，因为顶盖上嵌了七颗夜明珠，是个无价之宝。在船上，知府一边喝茶，一边和师爷们品评这个宝物。猛然间，大地漆黑，雷电交加，风狂雨骤，落下倾盆大雨，酉水河里，恶浪滔滔。官船在狂浪上颠簸，一船人哭天喊地。知府太太晓得这是因偷盗铜柱盖惹下的滔天大祸，抱着知府的腿又哭又闹，又吼又跳。在这生死攸关的时刻，知府也不管什么宝不宝了，急忙命手下人把铜柱顶盖抛到酉水河中。顶盖抛下后，河里突然隆起一个沙洲，这沙洲中间隆起，四面低垂，酷似铜柱顶盖，这就是今天的双溶沙洲。双溶沙洲十分神奇，水枯洲不长，水大洲不淹。

鲁班修祖师殿的传说

祖师殿与观音阁都在灵溪河下游，与老司城相隔两三里。建观音阁的是苏州请来的高手木匠，建祖师殿是一老师傅和一个小徒弟。建观音阁的师傅日夜不停，砍呀、刨呀，忙个不停。而建祖师殿的师徒两个天天坐在木头上晒太阳、捉虱子。眼看立屋的吉日快到了，这两师徒还在晒太阳、捉虱子，好像没事一样。立屋的头一天，建观音阁的已开始排扇（立屋架）了，祖师殿这里还是一堆原木料哩。谁知这天晚上，风大雨大，从祖师殿那里猛然传来砍木声、刨木声、锯料声、立屋架的吆喝声，好像有千军万马。第二天早上大家跑去一看，只见祖师殿已乖乖地立在那里了。这座新祖师殿气势雄伟，飞檐翘角，而观音阁还没有立上去呢！只是这两师徒不知到哪里去了，后来人们传说这个老师傅就是鲁班。

神仙打眼的传说

有个老神仙从老司城云端经过，看到老司城的老百姓冬天过灵溪河，冰水刺骨，实在可怜，就和徒弟们商量给老司城的老百姓建一座架在灵溪河上的桥。他叫一个小徒弟在灵溪河边听鸡叫，鸡一叫他们就回天庭。于是老神仙就和徒弟们忙了起来，打眼的打眼，运岩石的运岩石，大家忙个不停，想在鸡叫前把这座桥修好。谁知道那个候鸡叫的小徒弟，蹲在河边，河风大，又冷又困，实在等得不耐烦了，他便用手合着嘴学鸡叫，这一叫不要紧，引得灵溪河沿岸的鸡都喔喔地叫了起来。老神仙正和徒弟们忙得起劲，忽然听见鸡声四起，只好起身转回天庭，可工程只完成了一半。他叹气说："老司城的老百姓该受苦啊，今天的鸡也叫得太早了些。"

土司王锁飞牙角的传说

老司城周围山山岭岭，人称万马归朝，有一天土司王和社巴头人观看山景，土司王对他们说："山都朝拜老司城，可见老司城是个帝王居住之地。"正说话间，土司王猛抬头看到西北方的飞牙角，这飞牙角像一匹野马，头朝四川，后腿踢向老司城。土司王一见，怒不可遏，指着飞牙角高声吼道："这飞牙角太可恶了，偏偏不向我老司城，应该把它锁起来。"土司王的话，谁敢违抗，于是调来铁匠造铁缆子，调来岩匠在飞牙角山上打石洞，忙了三年六个月，石洞打通了，铁缆制成了。土司王召来三州六长司的土官和三百八十洞的洞主，都来老司城看锁飞牙角，大炮三声，铁缆的一端钩住飞牙角的鼻孔，一端在老司城的铁柱子上，土司王对大家说："飞牙角不服我管，我把它锁起来，你们也像飞牙角吗？"大家都跪着说："不敢，不敢，归顺王爷。"这就是土司王锁飞牙角的故事。

九龙庙的传说

很久以前，有个人小名叫精明佬。他是双凤村人，家里很穷，只好给有钱人当长工。有一天，他到山下做工，收工回来时，太阳已经西斜。他坐在山坡上朝双凤村看，边看边抽烟，越看越来神，越看越有味，看着看着，看出了门道。发现双凤村的山生得有些奇特，从第一个山包数起，一、二、三、四……数出了九个包，最后那个包又高又大，恐怕有七八百尺高，连起来看就像九条龙。这是宝地！他想。于是，他许愿如果发了财，就要买一千挑田（古代土家族计量田亩时用的计量单位是"挑"，也就是汉族的"担"，这里指年产量1000担的田地），并在最高的山上修一座庙。

时间过了十年，精明佬果真发了财，也买了八九百挑田了，日子过得很好。突然有一天，他没出阁的十八岁的闺女双目失明了。什么问题呢？精明佬就到一个庙里去问和尚，和尚告诉他，过去许的愿没有还。

回家之后，精明佬想啊想，终于想起来了：我买了一千挑田以后，要修一座庙呀！这时的精明佬已是发家致富，钱多势大了，他决定到九龙山去修庙。精明佬召集村里的人来家里吃饭，边吃边说："我决定到九龙山修庙，今天就开始。"大家都很愿意帮助他，这时，坐在绣楼上的女儿突然看得见了。大家更是高兴，马上动工。木工请来了，雕工请来了，瓦匠也请来了，没多久，大庙修好了。烧香拜佛的人越来越多。每年农历二月十九、六月十九、七月十九，人们都来庙里拜佛。平时，人们也到庙里避暑。

奇怪的是，庙修好了，山下大井村的狗也不吠了，鸡也不啼了。大井村的人就怪大庙把山的龙脉压住了，要求移庙。怎么办呢？大家商量之后，大井村的人和双凤村的人一起把庙往后山移。完工后，大井村的狗也吠了，鸡也啼了，虽

然新庙没有老庙大了，但香火却是永顺县最旺的。[12]219-225

可努毛人力大无穷的传说

村里有句老话说："可努毛人，咸皮咸皮；喜可耶喜，忽撒忽撒。"它的意思是说，可努毛人劲很大，扯起兰竹来像扯大蒜一样，（"咸皮咸皮"就是"快扯快扯"之意）。喜可耶喜的劲没有可努毛人大，扯兰竹费了很大劲也没扯出来，（"忽撒忽撒"就是"嘿哟嘿哟"，费很大劲之意）。

相传土家族有一次遭遇敌人的侵犯，正当紧要关头，喜可耶喜想将兰竹拔起来迎击敌人，可是他力量不够，试了好几次都失败了。这时候，可努毛人走过来了，他一手夹着他的母亲，另一个手随手一扯就将兰竹拔了出来，用力向敌人打过去，持续了好几个来回，敌人终于退散了。于是他将母亲放到地上，看到母亲正咧着嘴在笑，他向母亲抱怨自己都快累死了，为什么她还要笑，但是却没有听到母亲的回应。他这才明白母亲原来没有在笑，而是因为他力气太大，母亲被夹得龇牙咧嘴，都快断气了。

根据上述的田野调查，可以发现：双凤村流传的神话传说，大多产生于远古时代，主要反映土家先民们对自然、天象的朴素认识以及人与自然界顽强斗争的坚强信念。双凤村流传的神话传说主要分为四类：

（1）人类起源神话。主要有《涨齐天大水的传说》，族源神话解释了土家族祖先最早的来源，是对人类起源的探索猜想、对氏族部落繁衍的追忆。

（2）有关洪水的神话故事。这一类的神话通常是描述人类与洪水和自然灾害等做抗争的故事，体现出了土家族人民对美好生活的向往和与恶劣的自然环境做斗争的顽强精神。比如《太阳和月亮的传说》。

（3）氏族神话。双凤村的氏族神话较多，较有代表性的有《八部大神的传说》《阿密玛玛的传说》《梅山神的传说》等，主要是歌颂氏族首领的丰功伟绩，并将他们异化成神仙，以求得祖先的庇护。

（4）外来神话。很多神话都不是土家族自己的传说，而是"改土归流"以后，随着汉文化和汉族宗教传播进来的，如《观音的传说》和《观音岩的传说》中就包含了许多汉族的神话元素，而道教中的神仙玉皇大帝、太白金星等出现在土家族的人类起源神话《涨齐天大水的传说》中，这就更加说明了汉族文化和宗教对双凤村村民宗教信仰和精神世界的影响。

双凤村流传的神话传说反映了土家先民们的生活方式和宗教信仰，也体现了他们原始朴素的心理结构和思维方式，即借助于想象对社会和自然进行不自觉的艺术加工。[15]

双凤村流传的故事传说所涉及的大都是永顺土家族人，比如彭公爵主、向老官、田好汉、科冬毛人、鲁里嘎巴、鲁大王等。科冬毛人和鲁里嘎巴是灵溪河畔的，鲁大王是镇溪乡的，至于彭公爵主、向老官和田好汉则一直生活在老司城。但是，《鲁班修祖师殿的传说》等又明显是汉族文化传播后形成的。

3. 歌舞

辛勤和英勇是土家族人的优良品德，热爱生活的他们，人人都能歌善舞。土家族的歌舞是土家族人情感的寄托，歌舞表达了他们细致而复杂的思想感情，歌颂了平日的劳作与生活。双凤村人民也不例外，其歌舞文化源远流长，从他们的歌舞中可以感受到他们对生活的热爱以及积极乐观的生活态度。

"土家族人民爱唱歌，开口一唱一大箩。"双凤村村民人人都是歌手，其歌谣注重情趣，讲究韵脚，追求思想性，有较为高妙的技巧。土家族山歌历史悠久，歌词曲调极具民族特色和当地的生活韵味。题材、形式多变，内容包罗万象，有哭嫁歌、迎门歌、情歌等多种类型。双凤村中最有名的莫过于哭嫁歌与迎门歌。哭嫁歌主要是土家族姑娘即将出嫁时，女性亲戚来看望新娘时所唱，内容多为"哭父母""哭姐妹""哭哥嫂"等。迎门歌则是双凤村村民们迎接贵客时唱的，一般由村中德高望重之人领唱，气势恢宏，场面隆重。土家族山歌多为轮流独唱，或者一人领唱多人接唱，现今的山歌歌词已发展成为土家语夹杂着汉语，配乐自由随意，一旦唱起便热闹非凡（图1.11，图1.12）。[16]

图 1.11 寨门迎客
（图片来源：作者自摄）

图 1.12 哭嫁表演
（图片来源：作者自摄）

土家族舞蹈主要有摆手舞、毛古斯舞。摆手舞主要分为大摆手和小摆手两种，小摆手在双凤村中表演得更加频繁，舞蹈动作的灵感来源于村民的农事活动和日常生活。表演的具体内容有开头辟地、迁徙定居、耕作劳动、自卫抗敌、扫堂关架等多个部分，主要表现土家族先民跋山涉水、迁徙繁衍、农事活动、日常生活、战争场面等场景。舞蹈时人们围成多层圆圈，一个领舞，众人随跳，即兴性很强。按其舞蹈形式，可分为"单摆""双摆""回旋摆"等。摆手舞节奏鲜明，表现风格粗犷大方（图1.13）。

图1.13　摆手舞

（图片来源：作者自摄）

毛古斯舞是土家族特有的祭祀性舞蹈，不同于摆手舞，毛古斯舞有自己的故事情节，可以说是舞蹈与戏剧的结合。毛古斯舞自古以来都由男性表演，女性不参与其中。毛古斯舞的表演顺序依次为借地、扫瘟、众毛古斯出场、做阳春、狩猎、卖兽皮、挖葱、抢亲，这八个小情节最终构成一个内容完整的故事，表演过程中歌舞与对白相互穿插。整场舞蹈表演完毕，给人一种慷慨激昂、粗犷豪放的震撼感。毛古斯舞是土家族最为原始的古典舞蹈，代代相传、经久不衰，在漫长岁月中不断完善，日益重现昔日的光彩并呈现出恢宏的气势，被列入第一批国家非物质文化遗产名录。

4. 乐器

土家族人能歌善舞，伴奏用的乐器自是必不可少，品种繁多，极具民族特色。双凤村的民间乐器主要分为吹奏乐器和打击乐器。

吹奏乐器包括木叶、土唢呐等。吹木叶是土家族人最喜爱的音乐形式之一，在双凤村中亦是如此。吹木叶方法简单，随手摘来一张檀木叶或其他树叶放在嘴里，靠嘴唇间气息的大小、强弱、快慢冲弹叶边，便能吹出有高有低、起伏流畅的音乐来（图1.14）。

图1.14　吹木叶表演

（图片来源：作者自摄）

　　土唢呐是从汉族传入的，但土家族的土唢呐比汉族的稍大，演奏时多与打溜子合奏，很少单独表演，主要出现在红白喜事以及逢年过节中。

　　双凤村土家族的打击乐器有鼓、锣、钹等。鼓在土家族人中的用途很广泛，在表演摆手舞时就需要鼓来控制节奏，鼓也出现在吉庆、丧葬等仪式中。[17]

　　钹（也称溜子）是一种古老的民间打击器乐，由头钹、二钹、马锣、大锣四件组成，其中马锣总指挥，大锣压节拍，头钹、二钹最为活跃，也最具技巧。

　　打挤钹，又叫打点子、打溜子，土家语称"家伙哈"，这是双凤村土家族人十分喜爱的器乐演奏形式。每逢婚嫁、祝寿、建房、过年过节、玩龙舞狮,都必须请来溜子队,演奏打挤钹,以示隆重(图1.15)。

图 1.15　打挤钹

(图片来源:作者自摄)

第 2 章
族 源 与 语 言

双凤村是著名的土家族民族村,所有村民都是土家族。我国划分民族最重要的依据是语言,土家族作为一个单一民族,其族源问题众说纷纭,至今未形成统一的结论。在土家族的发展过程中,主要形成了"毕兹卡""孟兹黑南""廪卡"和"南客"这四大分支。因此,研究双凤村的民族传统文化,首先要弄清其族源和语言的脉络。

2.1 土家族的族源

关于土家族的族源问题，半个多世纪以来，学术界进行了很多的探索和研究，结论尚未统一。目前比较有影响力的有以下几种推论：

第一，1955年，《北京大学学报》上曾经发表潘光旦教授的《湘西北的"土家"与古代的巴人》一文，该文认为土家族为古代巴人的后代。土家族人自称"毕兹卡"，其中"毕兹"与"伏羲""虎戏"一样，都是对"虎"的称谓，白虎是古代巴人的图腾。潘光旦教授以自己搜集的许多资料典籍论证了"土家"应该是古代巴人，而不是瑶，也不是苗和獠。潘光旦教授对他们的姓氏、自称、语言、信仰等几个方面进行了考察和深入论证，证明了巴人与土家的连续性。他还考察了古代巴人从川东鄂西向湘西进行迁徙的过程。[18]

第二，人民出版社1981年出版的《中国少数民族》一书，在论述土家族时，提出了一种观点，认为土家族是古代乌蛮后裔。后来有不少学者发表文章表明赞同他的观点。比如罗维庆的《土家族源于乌蛮考》以及王承尧的《古代乌蛮与今天的土家族》等，都是支持该观点的代表作品。[19]

第三，著名文史专家徐中舒先生在《巴蜀文化续论》中提出了"濮人说"。[20]颜勇先生在他的基础上进一步扩大了濮人说的地域范围，并在《土家族族源新探》一文中提出："土家族是湘鄂川黔接壤地带的土著居民和以后进入的巴人、汉人等融合而成，其主体部分是当地的土著居民——濮人。"

第四，彭官章先生的观点为"氐羌说"，1981年，他在《从语言学角度谈土家族源问题》一文中指出："土家语是古羌人氐族部落方言——巴语的基础上发展起来的。土家是以古羌人的一支——巴人为主体的，又融合了其他民族成分的混合体，土家是古羌人的后裔。"[21]

第五，谭其骧先生在《近代湖南人中之蛮族血统》一文中提出"土著先民说"，指出保靖还有永顺的彭姓土司的血统是土生土长的"蛮人"血统。[22]

第六，刘美裕先生则推断"蛮蜒是土家族早期先民"，并在他的《试溯湘西土家族的族源——兼探土家先民"蛮蜒"与楚、巴、濮等的关系》一文中提出该观点。[23]

第七，何光岳先生撰写《虎方·白虎夷的族源和迁徙——论土家族主要的一支先民》一文，在文中详细分析并描述了从虎方(虎方是黄帝系统的六个胞族之一，最早是虎氏族，也是一个古老的方国）—东夷—白虎复夷—土家的全过程。[24]

第八，近年来，邓和平先生在全面研究土家族族源的基础上提出了一个新观点——"毕方、兹方说"，并且在《松滋土家族史考》及《土家族源流研究》中再次表述了他的这一观点。

第九，《从彝语支土家族族称看僰及乌蛮源流问题》一文中，其作者——中央民族大学的朱文旭教授则利用比较研究的方法，从比较民族语言学、语音学、语义学等方面，得出了一个结论："毕际""毕兹"就是"僰人"，土家的起源来自"僰"，而不是源于"巴"。[25]

第十，马寅先生在编写《中国少数民族》一书时，提出土家族形成于唐末五代的论点。

笔者认为潘光旦先生的"湘西土家族是古代巴人后裔"的论点最具说服力，原因如下：

1. 与巴人有关的神话故事（一）

《山海经·卷十八·海内经》中最早出现对巴人的相关记载："西南有巴国。大皞生咸鸟，咸鸟生乘釐，乘釐生后照，后照是始为巴人。"《路史》记载："伏羲生咸鸟，咸鸟生乘厘，是司水土，后生炤，后炤生顾相，逢（降）处于巴。"古代有传说表明伏羲生于成纪，位于今中国西北部的甘肃省天水市秦安县。《山海经》中的"大皞""咸鸟""乘釐""后照"，与《路史》中提到的"伏羲""咸鸟""乘厘""后炤"是一一对应的，也就是说巴人的发源地在西北，后来从西北发展到了西南。

2. 与巴人有关的神话故事（二）

《水经注·卷三十七·夷水注》："每乱，民人室避贼，无可攻理，因名难留城也，昔巴蛮有五姓，未有君长，俱事鬼神，乃共掷剑于石穴，约能中者奉以为君。"又有《后汉书·南蛮西南夷列传》记载："巴郡南郡蛮，本有五姓：巴氏、樊氏、瞫氏、相氏、郑氏。皆出于武落钟离山。其山有赤黑二穴，巴氏之子生于赤穴，四姓之子皆生黑穴。未有君长，俱事鬼神，乃共掷剑于石穴，约能中者，奉以为君。巴氏子务相乃独中之，众皆叹。又令各乘土船，约能浮者，当以为君。余姓悉沉，唯务相独浮。因共立之，是为廪君。"最开始建立的巴国并不是只有巴氏一个部落，而是由巴氏、樊氏、瞫氏、相氏、郑氏这五个部落组成，且这五个氏族部落皆发祥于武落钟离山，位于湖北省宜昌市清江境内。武落钟离山中存在赤、黑二穴，《晋书·李特载记》："昔武落钟离山崩，有石穴二所，其一赤如丹，一黑如漆。"殷商时期，廪君建立巴国夷城，樊氏、瞫氏、相氏、郑氏部落皆臣服，廪君死后，魂魄化为白虎，因而巴人崇拜白虎，并以白虎为图腾。

《世本》："乃乘土船，从夷水至盐阳。盐水有神女，谓廪君曰：'此地广大，鱼盐所出，愿留共居。'廪君不许。盐神暮辄来取宿，旦即化为虫，与诸虫群飞，掩蔽日光，天地晦冥。积十余日，廪君伺其便，因射杀之，天乃开明。"廪君巴务相想要开疆拓土，便带着部众乘坐土船，从夷水(今湖北长江支流清江及其上游小河)抵达盐阳。盐阳就是盐水之阳，《水经注·涑水》载："涑水又西南，迳临盐县故城。城南有盐池，上承盐水。水出东南薄山，西北流迳巫咸山北。"《汉书·地理志》："山在安邑县南……其水又迳安邑故城南，又西流，注于盐池。"又有《汉书·地理志》："盐池在安邑西南。"臧励酥等编《中国古今地名大辞典》："盐水，一名白沙河，又名巫咸河，隋都水监姚暹浚此，遂称姚暹渠。"可见，与巫咸及廪君有关的古盐池、盐水，是在今晋南运城至永济之间，"盐阳"当在今姚暹渠以南地带。

3. 以下按朝代先后列举一系列的巴人移徙活动

《尚书·周书·牧誓》："王曰：'嗟！我友邦冢君御事，司徒、司邓、司空，亚旅、师氏，千夫长、百夫长，及庸、蜀、羌、髳、微、卢、彭、濮人。称尔戈，比尔干，立尔矛，予其誓。'"商周之际，至少有八个族类的人分布在当时的大西南，与周人合作，灭了商纣，就是庸、蜀、羌、髳、微、卢、彭、濮。又有《华阳国志》："周武王伐纣，实得巴、蜀之师，著乎《尚书》。巴师勇锐，歌舞以凌殷人，前徒倒戈。"所以周武王伐纣的合作队伍中有巴人的身影。

巴人在初期要想进一步发展，当然不能不受到这种环境形势的限制。《左传》："秋八月辛未，夫人姜氏薨。毁泉台。楚人、秦人、巴人灭庸。"到春秋时期，文公十六年(前611年)，巴人在与秦楚的合作下，将庸灭国。巴国西面向四川东部发展，鱼复(今奉节)原是庸国的属邑，灭庸后归于巴人。向北，巴人也尝试发展过，庸灭国后与秦、楚平分战果，直接与秦为邻。《华阳国志·巴志》："是后，楚主夏盟，秦擅西土，巴国分远，故于盟会希。"从春秋末年起，秦、楚崛起称霸，均在巴国的东北方，移民拓境无望。

《十道志》："施州清江郡(今恩施)……春秋时巴国，七国时楚郡。"到春秋战国时期，巴人已进入川东。《华阳国志·卷一·巴志》："其地，东至鱼复，西至僰道，北接汉中，南极黔涪……"又有"涪陵郡，巴之南鄙"。《华阳国志》大致描述了巴人的活动范围，表明到战国初期的后半期，巴国的版图达到了鼎盛。
"东至鱼复"的"鱼复"是春秋时期庸国鱼邑的秦置县，今为重庆奉节东白帝城，
这就意味着巴人散居区域最东至奉节东白帝城；"西至僰道"中的"僰道"即今四
川宜宾县西南安边镇，"北接汉中"中的"汉中"为今陕西省西南部的汉中市；
"南极黔涪"的"黔涪"可能分别指"黔"与"涪"，为两个古代地名，其中"黔"所
指的地域较模糊，由于地名更变以及此地名所指范围在朝代更替中不断变动，
黔州辖境相当于当今湖南沅水澧水流域、湖北清江流域、重庆黔江流域和贵州
东北一部分，"涪"是今重庆市涪陵。

大量的巴人聚居在川巴陕鄂这一大片区域内，主要以川东鄂西为主要根据
地。巴人因为生存环境等各种原因，不断向外开辟新的领地，在此过程中，与外
族的交错融合时有发生，也有不幸被迫迁徙至异乡的；再到战国时期，巴国被秦
攻灭，巴人散落的地理区域逐渐扩散；之后历经隋唐两朝，汉族的影响力不断扩
大，散落的巴人在此大环境中被逐步汉化，慢慢地不再以"巴人"自称，至此
"巴"淹没于历史长河之中。

《华阳国志·巴志》："巴子虽都江洲，或治垫江，或治平都，后治阆中，其
先王墓多在涪。"巴国的国都开始定于江洲(今重庆市江北区)，接着迁至重庆合
川，又迁至重庆丰都，后迁至四川阆中，巴国先王多葬在涪，表明国度最后又迁
到重庆涪陵，这一系列的迁都迹象表明巴人正从清江上游向西逐步迁徙至川南。

《史记·秦本纪》："楚自汉中，南有巴黔中。"公元前361年，楚国已经夺取
了原属于巴国领土的黔中、汉中，两郡一南一北呈现夹击之势。《益部耆旧传》：
"楚襄王灭巴子，封废子于濮江之南，号铜梁侯。"商周之际直到战国，巴人想要
向外部发展扩张，在正南方向(今湘西北所在区域)遭遇的阻力相比其他方向的
都要小，当时这片区域只生活着少量苗瑶人，在战国初期，"三苗"主要集中在
洞庭彭蠡之间。

北宋《太平御览》引《十道志》记载："楚子灭巴，巴子兄弟五人，流入黔中，
汉有天下，名曰酉、辰、巫、武、沅等五溪，各为一溪之长，故号五溪。"《太平寰
宇记·卷一百二十》的内容也与《十道志》的记载相似。巴子兄弟五人指的是结
盟的五姓拜把兄弟，因为巴国被楚国所灭，他们只能南下，攻下了位于清江的夷
城，逃到五溪地区立足。这些记载很清晰地描述了廪君及他的部族南迁到五溪
地区的原因和过程。[26]

《隋书·卷三十·志第二十五·地理中》："自汉高发巴蜀之人，定三秦，迁

巴之渠率七姓，居于商洛之地，由是风俗不改其壤。其人自巴来者，风俗犹同巴郡。"刘邦定三秦，曾利用巴人所组成的军队，事后，有的遣回，有的则留在渭南（今陕西关中渭河平原东部）。

《后汉书》："建武二十三年，南郡潳山蛮雷迁等始反叛，寇掠百姓，遣威武将军刘尚将万余人讨破之，徙其种人七千余口置江夏界中，今沔中蛮是也。"《后汉书》又载："和帝永元十三年，巫蛮许圣等以郡收税不均，怀怨恨，遂屯聚反叛。明年夏，遣使者督荆州诸郡兵万余人讨之……大破圣等。圣等乞降，复悉徙置江夏。"这两批移民在鄂东、豫东南、皖西南等地区的发展十分迅速，因此，直到现在，鄂东都有不少地方的地名带"巴"字，比如巴东县等，这些都是巴人迁徙路线的明证。[27]

《晋书·卷一百二十·载记第二十》："李特，字玄休，巴西宕渠人，其先廪君之苗裔也。昔武落钟离山崩，有石穴二所，其一赤如丹，一黑如漆。有人出于赤穴者，名曰务相，姓巴氏。"《晋书·卷一百二十·载记第二十》："汉末，张鲁居汉中，以鬼道教百姓，賨人敬信巫觋，多往奉之。值天下大乱，自巴西之宕渠迁于汉中杨车坂，抄掠行旅，百姓患之，号为杨车巴。"其中"巴西宕渠"在今四川渠县东北。在东汉末年，川东渠县的巴人有北迁汉中（今陕西南郑）的。汉末流入陕西南（汉中与略阳）的巴人，到了晋惠帝年间，又因天灾人祸，生活困难，沿着旧路，回到了四川。巴人之外，又有氐人，又有羌人，总共数万家，"散在益梁，不可禁止"。这批流民，在巴人李特的领导下，与当地巴人合作，终于建立了一个国家，即成汉。成汉国维持了五十多年（303—357年），当时的国境包括今四川全省、陕西南部、云南与贵州的北部。这些巴人，无疑都是已经接受了汉族文化影响的，《华阳国志》的作者常璩就是李氏的一员文官。《水经注·沔水》："汉水出于二水之间，右会磐余水，水出南山巴岭上。""洋水导源巴山、东北流，迳平阳城。"汉中盆地的南面、北面都有巴水、巴溪、巴岭山、巴山等地名。巴人称"赋税"为"賨"，所以其被称为"賨人"，从东汉到南北朝时期，和"巴人"之称一样通行。

唐代李吉甫的《元和郡县志·卷二七》载有："昔羿屠巴蛇于洞庭，其骨若陵，故曰巴陵。"《元和郡县图志·卷三十》："卢溪（今泸溪）县卢水，在县西二百五十里……有巴蛇，四眼，大十围，不知长几里。"今湖南岳阳县城南隅有座小山，称巴丘山或巴陵山，所以这一地方自古便称巴丘，晋代设县，直至民国初年才名巴陵县。

到了唐朝灭亡之后，从五代十国时期开始，这些地区的巴人从史籍中逐渐销声匿迹了，取而代之的是被称为"土司""土人"或"土家"的这样一个族群。一直到了宋朝以后，巴人大部分都与汉族融合在了一起，只有活动在湘、鄂、川、黔交界地区的少数巴人，因为所处环境地形险峻，山高林密，与外界的联系不多，仍然还传承着古老的生活习俗和民族习惯。

明末清初时期，顾炎武编写的《天下郡国利病书·卷七五》中说到的鄂西偏北的秭归、巴东、兴山一带的少数民族，无疑是一些巴人后裔。

从地理形式上看，巴人的起源、发展、迁徙，都离不开鄂西、湘西北这一片区域。清江流域的南北，他们可以自由流播，自由往来。直至清代初年，在"改土归流"之前不久，鄂西、湘西北的"土家"土司之间还在互相往来、通婚。

4. 以下列举的《全唐诗》中有关湖南省境内巴人的诗句，充分说明在唐朝时，有大量巴人居于洞庭湖流域及其西南的大片土地上，东至岳阳，西至沅陵

（1）尹懋《秋夜陪张丞相赵侍御游灉湖》：巴俗将千迳，灉湖凡几湾。

（2）常建《空灵山应田叟》：湖南无村落，山舍多黄茆。淳朴如太古，其人居鸟巢。牧童唱巴歌，野老亦献嘲。泊舟问溪口，言语皆哑咬。土俗不尚农，岂暇论肥硗。莫徭射禽兽，浮客烹鱼鲛。余亦罘置人，获麋今尚苞。敬君中国来，愿以充其庖。日入闻虎斗，空山满咆哮。怀人虽共安，异域终难交。白水可洗心，采薇可为肴。曳策背落日，江风鸣梢梢。

（3）刘长卿《赴巴南书情寄故人》：南过三湘去，巴人此路偏。

（4）刘长卿《重推后却赴岭外待进止·寄元侍郎》：却访巴人路，难期国士恩。白云从出岫，黄叶已辞根。大造功何薄，长年气尚冤。空令数行泪，来往落湘沅。

（5）韩翃《送李中丞赴辰州》：巴人迎道路，蛮帅引旌旗。

（6）顾况《竹枝词》：帝子苍梧不复归，洞庭叶下荆云飞。巴人夜唱竹枝后，肠断晓猿声渐稀。

（7）窦庠《酬韩愈侍郎登岳阳楼见赠·时予权知岳州事》：巨浸连空阔，危楼在杳冥。稍分巴子国，欲近老人星。……莫辞今日醉，长恨古人醒。

（8）刘禹锡《洞庭秋月行》：洞庭秋月生湖心，层波万顷如熔金。孤轮徐转光不定，游气濛濛隔寒镜。是时白露三秋中，湖平月上天地空。岳阳楼头暮角绝，荡漾已过君山东。山城苍苍夜寂寂，水月迢迢绕城白。荡桨巴童歌竹枝，连樯贾客吹羌笛。势高夜久阴力全，金气肃肃开星躔。浮云野马归四裔，遥望星斗

当中天。天鸡相呼曙霞出，敛影含光让朝日。

(9) 刘禹锡《阳山庙观赛神》：日落风生庙门外，几人连踏竹歌还。

(10) 刘禹锡《晚岁登武陵城顾望水陆怅然有作》：星象承乌翼，蛮陬想犬牙。俚人祠竹节，仙洞闭桃花。城基历汉魏，江源自賨巴。……孤臣本危涕，乔木在天涯。

(11) 李涉《岳阳别张祜》：十年蹭蹬为逐臣，鬓毛白尽巴江春。鹿鸣猿啸虽寂寞，水蛟山魅多精神。山疟困中闻有赦，死灰不望光阴借。半夜州符唤牧童，虚教衰病生惊怕。巫峡洞庭千里馀，蛮陬水国何亲疏。……岳阳西南湖上寺，水阁松房遍文字。新钉张生一首诗，自馀吟著皆无味。策马前途须努力，莫学龙钟虚叹息。

(12) 李群玉《自澧浦东游江表·途出巴丘·投员外从公虞》：短翮后飞者，前攀鸾鹤翔。力微应万里，矫首空苍苍。谁昔探花源，考槃西岳阳。高风动商洛，绮皓无馨香。……巴歌掩白雪，鲍肆埋兰芳。骚雅道未丧，何忧名不彰。饥寒束困厄，默塞飞星霜。百志不成一，东波掷年光。……朱门待媒势，短褐谁揄扬。仰羡野陂凫，无心忧稻粱。不如天边雁，南北皆成行。男儿白日间，变化未可量。所希困辱地，剪拂成腾骧。

(13) 李群玉《洞庭驿楼雪夜宴集·奉赠前湘州张员外》：昔与张湘州，闲登岳阳楼。目穷衡巫表，兴尽荆吴秋。掷笔落郢曲，巴人不能酬。是时簪裾会，景物穷冥搜。……不逐万物化，但贻知己羞。方穷立命说，战胜心悠悠。不然蹲会稽，钓下三五牛。所期波涛助，焯赫呈吞舟。

由此可见，虽然土家族的族源一直是学术界探讨的问题，至今仍没有一个准确的定论，但是我们依然可以从这些文献中，窥见土家族族源的一角，推定土家族与古代巴人有着千丝万缕的联系。

2.2 双凤村原住民的族源

土家族在发展过程中形成了四大分支：一是属于北支的"毕兹卡"；二是属于南支的"孟兹黑南"；三是在 20 世纪 90 年代末才被归于土家族的"廪卡"；四是"南客"，主要分布在渝东南和黔东北。

"毕兹卡"属于北支土家族，分布于湖南省湘西州、张家界市，湖北省恩施州、宜昌市，重庆市东南部和贵州省东北部，自称"毕兹卡""毕基卡""密基卡"等。

"孟兹黑南"属于南支土家族，仅分布于湖南泸溪县境内的潭溪镇。自称"孟兹黑"，其语言为孟兹语（南部土家语），现只有泸溪县的两千余土家族人使用。

"廪卡"支土家族主要分布在湖南省凤凰县，当地自称"廪卡"的人以"具有强烈的民族认同感"为由申报为土家族，最后他们在20世纪90年代末期也被认定为土家族。

图2.1　双凤村岩洞

（图片来源：作者自摄）

结合历史文献和当地民族学者的考证，笔者认为双凤村的土家族属于"毕兹卡"一支，而且是本地土著逐渐发展而成的，原因如下：

1. 从县内出土的文物看

新中国成立后，湖南省、湘西州文物考古工作队，多次沿酉水沿线开展考古发掘工作，有大量的古代文物在永顺境内的王村、毛坝镇、杨公桥、不二门等处被发掘出土，另外还发现了古人类活动的遗址和古墓群。文物考古工作队的工作人员在对这些文物进行考察论证之后，认为新石器时代前在永顺县境内就有人类居住。从县内的土地、气候、溪流、日照等自然条件来看，在远古时期，这里是人类最理想的居住和活动场所之一。由于没有发现足以灭绝人类的自然灾害的痕迹，在这里生活的古人类不会整体迁徙到别处或集体死亡，同时县内也没有历史记录和相关的传说，因此曾经生活在这里的那一批古人类必然长期生存于此。

2. 从土家语言看

语言是人类交流思想的工具，语言出现于民族形成之前，因此，语言不仅是一个民族最重要的特征，也是研究一个民族历史、社会、文化的宝贵资料。土家族有自己的语言，其语音、词汇、语法都有不同于其他民族的特点。改土归流前，县境内的土家族人以土家语为唯一的语言，外地人入境，清乾隆年间《永顺府志》记载："土语钩轴格磔，卒难入耳，立谈之间，瞠目莫辨。"现在县境内的土家族人有两万余人以土家语言为母语，由此可知，土家语在土家族中的流传已有很长时期了。在流传的土家语词汇宝库中，还可以看出古代土家族人采集和渔猎生活的情景。从土家语的使用、流传、保存情况来看，土家族人在这块土地上生活的历史是十分久远的了。

3. 从县境内的地名看

地名学在众多学科中是一门比较边缘的学科，但它与许多学科有着非常密切的关系，比如地理学、历史学、语言学、民族学等。[28]同一类别的人，最初共同开拓了一块地方，或者在一块地方居住久了，必然在这块土地的山川泉石上留下一些与自己族类相关的叫法，这些命名就是地名，从地名中可以探索一个民族定居或迁徙的历史。永顺和邻县的龙山、保靖、桑植、大庸、古丈一样，留下了大批的土家语地名，根据全县地名普查资料上的记载，永顺县有一半以上以土家语命名的地名，如首车、泽窝、泽西拉、泽必条、泽那土、泽那恶、泽家湖、泽猛他、泽比、泽海、泽树、湖炮、乜车、不尺湖、撒那苦、塔卧、那丘、冬格、雨咱、科比、富且、卡科、咱竹、麻料、石堤西、勺哈、列夕、树西科、若西、米马土、乜布苦、苦比他等，举不胜举，还有些因汉字记音不准而变其原意的地名，双凤村就是如此。原对山乡有34个自然村，以土家语命名的有29处；原列夕乡有49个自然村，以土家语命名的有34处；至于山沟野地高山溪谷，以土家语命名的就更多了。

4.从民族传统活动看

民族的传统活动反映了这个民族的发展过程，也反映了这个民族的传统心理。摆手活动是盛行于土家族聚居区的一种传统活动，这个活动在今天的永顺县境内仍长盛不衰。

摆手活动于每年的元宵节前举行，其活动的内容有祭祀祖先、跳摆手舞、唱摆手歌、跳毛古斯舞等，所有的歌舞都是表现其祖先在这里狩猎和初期的农事活动的情景。

5.从一些谱书记载看

在一些谱书记载中，攀附某些历史名人，以提高其姓氏的身价地位，这样的谱书，本无足取。但有些姓氏的谱书中记载的地方历史、事件，却往往有一定的佐证、参考价值。永顺县《王氏谱书》（现存于永顺县档案馆），在记其始祖初来永顺的情况时，细微生动，对永顺土家族的研究，实在有难得的史料价值。谱书中叙说其祖因避秦乱，溯酉水进入蛮地。当他来到"深山修竹之间，两岸鸟兽成群"的古代王村，看到这里"地势开朗、溪流湍急"，乃"结草为庐，羁息于此"。这个姓王的远方客人，在这里定居后，看到周围的山峒、树林里，有一些蛮人，"长发赤足、披树叶兽皮，啾啁如鸟兽语"。"公渐与习，乃探其巢穴，效其语言，教以礼义，习以耕凿。"王公受蛮人尊重，尊为"墨着冲"（土家语，墨着是很大的意思，冲是首领、头人之意）。从王氏谱书的这段记载看，在秦始皇统一中国的混战年代里，这里已有许多穴居野处、不着衣服、操本地语言的部落人群了，这些人是什么人？从他们用自身语言给王公的尊号看，无疑是当地的土家族先民。

根据笔者在双凤村的田野调查，村民们一致说村头的一个岩洞是他们祖先"毕兹卡"曾经生活过的地方（图2.1），祖先开始是在岩洞中生活，后来才到地面上建立了村子，而且每逢年节祭祀时，还有不少村民会到岩洞处用香烛纸钱祭拜，以表达对祖先的敬意。这些都从侧面证实了双凤村在古代是有本地土著生活的。

综合以上论证，可以推断：双凤村所在区域在远古时代就有原始人生产和生活的痕迹，这个原始族群并没有迁移，一直到秦朝末年还在此地生活。结合土家族的族源分析，唐代时，此地有巴人迁徙与生活的历史记载，唐诗中也有关于此地巴人活动的吟咏，这就充分说明，双凤村民的族源应该是本地土著居民与迁徙至此地的巴人。

2.3 土家语

土家族有自己独特的语言，也就是土家语，其一直在土家族人中口口相传。土司政权时期，仅土司、土官懂得一些汉语，但仍以土家语为主，从很多的土家族名讳可知，大多数土家族人是不懂汉语的。改土归流后，汉文化大量传入，土家族人开始学习汉语，使用汉语，但日常交流仍以土家语为主。《永顺县志》(乾隆版)载："土语钩朝格磔，卒难入耳，立谈之间，瞠目莫辨。"清光绪丁酉科举人彭施涤留学东洋，供职京都，后在北京、湖南各地办教育，是国内有名的教育家，他的汉语水平是很高的，但他回乡与家乡父老交谈时，仍使用土家语。两百多年来，由于文化、教育、经济、交通的不断进步，土家族与汉文化的接触日渐频繁，汉语在土家族地区的使用范围逐渐扩大，这导致仍使用土家语的地区逐渐缩小，使用土家语的人数也渐渐减少。[29]

1950 年 10 月，由永顺青年教师田心桃发音，原中科院语言研究所所长罗常培教授等专家组成员鉴定，确认土家语属于汉藏语系藏缅语族土家语支，是比较接近于彝语的一支独立语言，语法完整，词汇丰富。土家语在句子中的基本语序是"主—谓""主—宾—谓"，名词和领格代词定语在被修饰语之前：如"我吃饭"，土家语为"natska"，译成汉语为"我饭吃"；又如"你打猎"，土家语音为"nisijie"，译成汉语为"你猎打"。土家语有两种方言分支，分别是北部方言体系和南部方言体系。我们通常提到的土家语，是指其中的北部方言体系，是土家族"毕兹卡"支系使用的语言。南部方言主要在湘西州泸溪县的潭溪乡使用，这里是土家族"孟兹黑南"支系的聚居地。南北两种方言体系之间存在较大的差异，不能互通。

在永顺县境内，土家语的普及率极高，只要稍稍往前追溯到清朝晚期和民国初年，便可知道，它是土家族人交流思想、交流感情的统一工具。在那个时候，双凤村还几乎没有汉语渗入。男丁犁田打柴、挖葛打蕨、逢场赶集，老少之间的交流全部都用土家语；女人在家挑花、绣花、结麻、纺纱、织西兰卡普，姑嫂之间、婆媳之间也全都用土家语交流。

土家语在双凤村流传了千百年之久，而且是过去双凤村土家族人交流的唯一语言，所以它是一种极富生命力的语言工具，且从各个方面都显示出其系统性、完整性、独立性。

1. 语音

土家语语音分为声母、韵母、声调三个方面，其中声母分为双唇音、舌尖音、舌面音和舌根音几种。韵母分开尾韵母、无音尾韵母和鼻音韵母。声调也有第一声、第二声、第三声和第四声之分。

2. 词汇

土家语的词汇丰富，构词灵活多样，可分为单音词、双音词、多音词三种。

3. 词组

土家语的词组比较多样，永顺境内常见的有联合词组、主谓词组、述宾词组、述补词组、状心词组、同位词组、连动词组、兼语词组等。

4. 句子

土家语句子的主要成分有主语、谓语、宾语、定语、状语、补语等。但是它的语序跟汉语的语序不同，它的句式有单句和复句两大类。

5. 称谓

双凤村土家族的称谓，跟湘西州境内其他地区的土家族一样，明显不同于其他兄弟民族的称谓，这一点正好显示出土家族独有的语言特点。

例如亲属称谓(音译)：

曾祖父称"业替拢铺"，曾祖母称"业替阿巴"。

祖父称"拔铺"，祖母称"阿巴"。父亲称"婆爬"，母亲称"阿业"。

伯父称"阿起"，伯母称"捏起"。叔父称"安摆"，叔母称"阿捏"。

哥哥称"阿可"，弟弟称"阿矮"。姐姐称"阿大"，妹妹称"阿米"。

儿子称"卵必"，女儿称"必优"。孙儿称"惹必"，孙女称"惹必优"。

土家族人从祖父到重孙辈的五代称谓中，只有父母这一代内外有别，而祖父祖母一代不分内外分别称拔铺和阿巴；同辈人中的哥哥、弟弟、姐姐、妹妹在称呼上也不分内外；还有儿子、女儿、孙子、孙女以及重孙男女，在称呼上不分内外。由此可见，双凤村的土家族还保留着一些母系社会时代的先民习俗，没有受到汉文化的影响。

表2.1～表2.4是笔者根据在双凤村的田野调查，并参考《永顺县民族志》，整理的土家语发音和主要名词的表格：

表 2.1　声母表

发音部分			塞音		塞擦音		擦音	鼻音	边音
			不送气	送气	不送气	送气			
双唇音		清	p	ph				m	
		浊							
舌尖音	舌尖前	清			ts	tsh	s		
		浊							
	舌尖中	清	t	th					
		浊							l
舌面音		清			tb	tbn	b	h	
		浊							
舌根音		清	k	kh				x	
		浊					r	j	

表格来源：根据笔者在双凤村田野调查的结果以及参考《永顺县民族志》自绘。

表 2.2　声调

调　次	起讫点	调号	词　　例		
第一声	55	ㄱ	tha^{55}（接住）	phu^{55}（买）	ta^{55}（滴水）
第二声	35	ㄣ	tha^{35}（烘干）	phu^{35}（补衣）	ta^{35}（穿衣）
第三声	21	ㄴ	tha^{21}（扶起）	phu^{21}（捆柴）	ta^{21}（下坡）
第四声	41	ㄱ	tha^{41}（织布）	phu^{41}（少）	ta^{41}（缺少）

表格来源：根据笔者在双凤村田野调查的结果以及参考《永顺县民族志》自绘。

表 2.3　韵母表

韵头	开尾韵母								鼻音音韵母		
开口	l	a	o	c	ai	ci	au	cu	an	cn	oj
齐齿	i	ia	io	ie			iau	iu	iao	in	
合口	u	ua			uai	uei			uao	un	

表格来源：根据笔者在双凤村田野调查的结果以及参考《永顺县民族志》自绘。

表 2.4　土家语主要名词表

汉字	发音	汉语同音字	汉字	发音	汉语同音字
天	（me^2）	（墨^2）	今年	（loj^3 pai^2）	（龙^3 败^2）
太阳	（lau^3 tshi^3）	（牢^3 尺^3）	去年	（loj^2 loj^2 pai^4）	（弄^2 弄^2 摆^4）
月亮	（su^3 su^3）	（叔^3 叔^3）	明年	（la^3 kho^3）	（拉^3 壳^3）
打雷	（me^2 uoj^3 u）	（墨^2 翁^3）	月	（si^4）	（死^4）
闪电	（me^2 li^2 la^4 pie^4）	（墨^2 玉^2 拉^2 撇^4）	日	（lie^4）	（业^4）
风	（^{2}ze^2 su^1）	（热^2 书^1）	今天	（lai^4）	（乃^4）
下雨	（me^2 tshe^2 rshe^3）	（墨^2 则^2 则^3）	昨天	（phu^3 li^3）	（卜^3 宜^3）
霜	（pu^1 li^4）	（补^1 里^4）	明天	（lau^2 tbi^1）	（劳^2 几^1）
冰雹	（ti^1 tsao^1 pu^2 li^2）	（的^1 早^4 布^2 利^2）	后天	（mi^2 le^4）	（命^2 业^4）
下雪	（su^2 su^2 tsi^2）	（树^2 树^2 至^2）	白天	（shan^1 lau^4）	（天^1 鸟^4）
云	（me^2 la^2 uoj^2）	（墨^2 拉^2 翁^2）	早上	（tsau^4 ku^4 te^4）	（早^4 古^4 爹^4）
露	（so^4 tshe^3）	（梭^4 泽^3）	夜里	（lan^3 tbni^1）	（南^3 其^1）
泥巴	（pa^3 tbi^2）	（八^3 吉^2）	现在	（mu^2 lan^2）	（木^2 南^2）
土	（zo^4）	（若^4）	从前	（ti^4 ka^4）	（抵^4 嘎^4）
地	（li^4）	（里^4）	前年	（tan^1 loj^1 pa^4）	（颠^1 龙^1 摆^4）
水	（she^3）	（泽^3）	人	（lo^4）	（卵^4）
土坎	（tha^2 kha^4）	（他^2 卡^4）	男人	（lo^4 pa^4 te^4）	（卵^4 八^4 爹^4）
水沟	（tshe^3 la^4）	（泽^3 拉^4）	女人	（ma^3 ma^3 te^4）	（麻^3 麻^3 爹^4）
山	（khu^4 tsa^4）	（苦^4 咱^4）	客人	（po^4 tsho^3）	（波^4 撮^3）
岩头	（a^3 pa^3）	（阿^3 八^3）	老人	（pho^3 pha^1 tshie^1）	（婆^2 帕^1）
坳	（khe^1 xao^1）	（客^1 好^1）	朋友	（a^2 ko^4）	（阿^2 果^4）
水井	（tshe^3 mkj^1）	（泽^3 猛^1）	汉族	（pha^1 khe^4）	（帕^1 卡^4）
森林	（kha^3 kho^3）	（卡^3 可^3）	学生	（tshi^1 thu^1 ma^4）	（疵^1（特五）^{1} 马^4）
路	（la^4）	（拉^4）	哥哥	（a^3 kho^4）	（阿^3 可^4）
屋场	（tshuo^4 sta^4）	（挫^4 咱^4）	祖父	（pha^3 pau^2）	（拔^3 铺^2）
田	（si^3 keu^4 li^4）	（时^3 沟^4 里^4）	祖母	（a^4 pa^3）	（阿^4 八^3）
河里	（xu^3 phau^2）	（湖^3 炮^2）	姐姐	（a^2 ta^2）	（阿^2 大^2）
寨子	（lo^4 iau^1）	（卵^1 由^1）	父亲	（pho^3 pha^1）	（婆^3 帕^1）

续表 2.4

汉字	发音	汉语同音字	汉字	发音	汉语同音字
水潭	$(tshe^3\,phoj^2)$	$(泽^3彭^3)$	母亲	(a^3lie^4)	$(阿^3业^1)$
竹园	(mu^4kho^4)	$(母^4可^4)$	弟弟	(a^4ai^1)	$(阿^4哀^1)$
菜园	(ou^1lu^3)	$(窝^1六^3)$	妹妹	(zoj^4)	$(冗^4)$
年	(loj^3)	$(龙^3)$	好人	(lo^4tshai^2)	$(卵^4采^2)$
儿子	(lo^4pi^3)	$(卵^4必^3)$	坏人	$(lo^4tai^2kha^1)$	$(卵^4得^2概^2)$
兄弟	(a^1ai^1)	$(阿^1哀^1)$	丈夫	(lo^4pa^4)	$(卵^4八^4)$
小孩	$(tbhen^2li^3)$	$(庆义^2)$	妻	$(tshu^1le1lo^4)$	$(处^1业^1卵^4)$
耳朵	$(uoj^3tbhuie^2)$	$(翁^3且^2)$	簸箕	(tha^2khe^1)	$(他^2客^1)$
额头	$(kha^1thi^3khe^1)$	$(卡^1替^3客^1)$	稻谷	(li^2pu^2)	$(立^2布^2)$
胡子	(ia^2pha^3)	$(拉^2拔^3)$	芝麻	(bie^4pu^3)	$(写^4布^3)$
头发	(sa^2tbhi^1)	$(沙^2其^1)$	酒	(ze^2)	$(热^2)$
脸	(ku^2)	$(故^2)$	菜	(xa^1tshie^1)	$(哈^1车^1)$
脖子	$(khoj^1ti^3)$	$(空^1的^3)$	油	(si^3si^2)	$(时^3时^2)$
眉毛	$(lo^2pu^2bi^2kai^1)$	$(洛^2布^2细^2介^2)$	种子	(le^1lan^1)	$(捏^1南^1)$
喉咙	$(khoj^1ti^3)$	$(空^1的^3)$	黄豆	$(tbhi^2pu^2)$	$(七^2布^2)$
眼睛	(lo^2pu^2)	$(洛^2布^2)$	盐	(bi^1la^2)	$(西^1拉^2)$
眼泪	(lo^2tshe^3)	$(洛^2泽^3)$	豆	(to^4pu^3)	$(多^4不^3)$
肩膀	$(pie^2thi^1khie^1)$	$(拍^2替^1客^1)$	小谷	(u^1so^1)	$(乌^1梭^1)$
手	$(tbie^2)$	$(杰^2)$	高粱	(uoj^1pa^1)	$(翁^1八^1)$
鼻子	(uoj^2tbhi^1)	$(翁^2其^1)$	茄子	$(kha^4le^1tbhi^4)$	$(卡^4列^1起^4)$
胳膊	$(tbie^2si^1phie^1)$	$(杰^2司^1拍^1)$	肉	(si^3)	$(时^3)$
嘴巴	(tsa^2tbhi^1)	$(咱^2其^1)$	大麦	(loj^1mu^4)	$(龙^1母^4)$
手指	$(tbie^2mi^3thi^3)$	$(杰^2米^3提^3)$	萝卜	(la^1pie^4)	$(拉^4白^1)$
屋	$(tsho^4)$	$(挫^4)$	芋头	(li^1pu^4)	$(你^4补^4)$
火床	$(xuai^4loj^4ka^3)$	（方龙嘎）	前面	(tsi^1ke^1)	$(之^1格^1)$
屋里	$(tsho^4uo^3thu^2)$	$(挫^2恶^3（特五）^2)$	后面	(se^3lau^2)	$(色^3闹^2)$
屋外	$(tsho^4uo^3tha^2)$	$(挫^2恶^3他^2)$	里面	(uo^3thu^2)	$(恶^3（特五）^2)$

汉字	发音	汉语同音字	汉字	发音	汉语同音字
屋后	(tsho^4 the^2 toj^2)	(挫^4 贴^2 痛^2)	外面	(uo^3 tha^2)	(恶^3 他^2)
猪栏	(tsi^4 tsho^4)	(子^4 挫^4)	椅子	(khuai^3)	(快^3)
阶沿	(pha^2 tbnie^4)	(怕^2 且^4)	厕所	(se^3 ku^3 tso^2)	(色^3 古^3 坐^2)
柱头	(kha^3 thoj^2)	(卡^3 痛^2)	磨	(po^1 tso^4)	(波^1 左^4)
板凳	(tshe^1 khe^1)	(车^1 客^1)	牛栏	(u^2 tsho^4)	(戊^2 挫^4)
耳环	(uoj^1 ku^3)	(翁^1 古^3)	枕头	(tshe^1 khe^1)	(车^1 客^1)

表格来源：根据笔者在双凤村田野调查的结果以及参考《永顺县民族志》自绘。

第 3 章
宗教信仰与精神世界

双凤村土家族人普遍信奉以万物有灵为基础的多神信仰体系，在社会发展进程中，这种宗教信仰体系尽管经历了外来文化长期的冲击和融合，但是依然保留着原始宗教的显著特征。在道教与佛教传入后，原始的宗教形态经过冲突与交融，伴随着村落的发展而传承至今，为村民的伦理道德、价值观念提供了恒常的取向，并将村民的个体行为纳入了文化的特定运行轨道，对村落的民族文化、民族心理、经济社会的发展产生了深远的影响。土家族特有的宗教信仰和民族文化铸就了双凤村村民的精神世界，形成了独特的民族心理和思想观念。

3.1 村落宗教信仰

双凤村土家族人信仰多神，崇拜各种神灵，除了供奉祖先，他们还在村中供奉了保佑收成的土地神、管辖水源的井神、保护孩童平安的树神和保佑打猎收获的梅山神，除此之外，还有四官菩萨、雨神、灶神、火神、白虎神等。双凤村所处区域自古以来楚巫氛围浓厚，村民的生产生活贯穿着较为浓郁的宗教意识，随着汉族及其他民族宗教的传播和影响，双凤村的宗教信仰呈现出更加多元化的状态，从该村九龙神庙(于"文革"时期被毁)中供奉的神像，就可以看出土家族原始宗教与外来宗教的相互交流融合。

3.1.1 多神崇拜的土家族原始信仰体系

土家族原始宗教以祖先崇拜为中心，有着相当庞杂的神灵体系，其主要特征是多神崇拜。[30]土家族没有固定的单一宗教，信仰的多神性表现在对自然、图腾、祖先的崇拜中，灵魂不死、万物有灵的观念贯穿其中。双凤村土家族人普遍信仰祖先神、自然神以及社会生活中的多种神灵，因而构成了开放而庞杂的信仰体系(图3.1)。

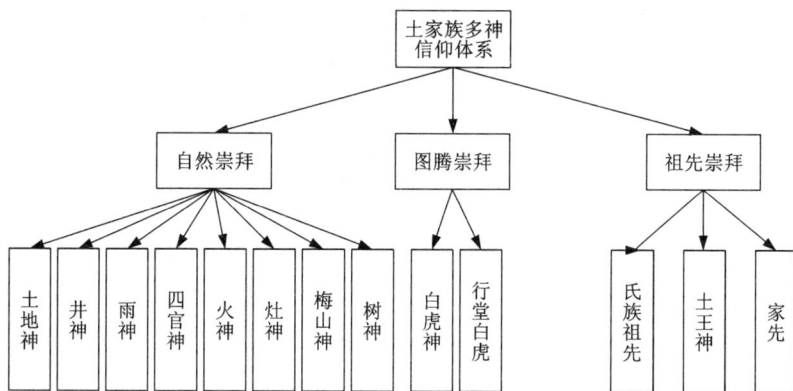

图 3.1　双凤村土家族信仰体系框架图

(图片来源：作者自绘)

3.1.1.1　自然崇拜

在人类的宗教信仰文化中，自然崇拜是一种普遍的文化现象。人类对自然的崇拜，出于对自然的依赖之情，寓意着人们对超自然力量的信仰。而自然崇拜的内容则体现出了人们所信仰的大都是和生产生活相对抗的力量。[31]正如马克思和恩格斯所说："自然界起初是作为一种完全异己的、有无限威力的和不可制服的力量与人们对立的，人们同它的关系完全像动物同它的关系，人们就像牲畜一样服从它的权利，因而，这是对自然界的一种纯粹动物式的意识（自然宗教）。"[32]因为原始先民的心智所限，人们将自己与自然等同起来，认为万物皆有灵，从而将各种自然力量加以人格化。

作为农耕民族，土家族将土地视为最重要的生产资料，人们对土地的依赖性比较强，也因此在他们的观念中产生了对土地神的敬仰。因此，他们将对五谷丰登和六畜兴旺的期望普遍寄托于对土地神的祭祀活动中。土地神有多种，双凤村先民会根据自己的需求来祭祀不同种类的土地神：天门土地，主管风调雨顺；街坊土地，主管生意买卖，不许街上人用大秤小斗欺骗乡下人；桥梁土地，专管孽龙过江，保护桥梁；当坊土地，专管一个村寨的吉凶祸福，黑白无常索人、豺狗拖猪，都得此神开口；山神土地，专看五谷杂粮，野兽不伤五谷，虫害不伤庄稼，端赖此老保护；菜园土地，专门看管蔬菜；冷堂土地，类似下了台的乡约保正，没有事做，无人敬奉，经常捉弄人。

雨情在农业生产活动中起着重要的作用，雨水和人们的生产生活紧密相关，因此雨神崇拜得到了农耕民族的重视。双凤村土家族世代信仰雨神，雨神也被称为龙神，在他们眼中龙神被认为是主管降雨和生水的神灵，由此民间流传着很多与龙神有关的神话。[31]131龙自古被认为能够兴云布雨，因此得到人们的崇敬。但是，土家族人对于龙的态度并不是崇敬、敬畏的。为了求得雨水，土家族人常采用"斗龙求雨"和"龙潭求雨"两种方式。而汉族人对待龙的态度与土家族人截然相反，一般都是祭祀龙神，用好的东西来取悦龙神，以求早日降雨。土家族求雨崇拜中的形式反映了与汉文化中截然不同的对龙神崇拜的特征。

火对人们生产与生活的重要性不言而喻，所以火神信仰普遍成为许多民族（包括土家族在内）的信仰形式。土家族敬奉火神，但并未设置神像和建造庙祠，他们将火神视为家财兴旺的象征，表达出祈求火神保佑，使家人能够趋吉避凶的愿望。

双凤村土家族人将火神供奉在厨房后壁的右上方，为了使火神保佑火塘里的火种常年不息，在此处会常年烧有三炷香。火塘里面的火种用灰掩埋，因其常年不息，故需要用火时，使用火钳刨灰来引火即可。村民们普遍相信火神还能够保佑小孩子从出生到成长的整个过程，因此，他们会通过给火神上香、烧纸钱来敬奉火神，以求火神保佑小孩子身体健康，顺利平安。

梅山神被土家族人信奉为猎神。双凤村土家族人居住在地形险峻、森林环绕的山区，狩猎成为其生产活动中的必不可少的部分，故猎神崇拜的风气一直持续至今。

土家族多信奉梅山神，将其称为"梅山娘娘""梅嫦"等。相传，梅山神擅长狩猎。某一次，她在和一只老虎搏斗许久之后，浑身衣服已被抓烂，最终将老虎打死，人们发现她时，她已经倒在老虎旁边。因此她被人们视为英雄，并奉为猎神。双凤村的梅山神位由三块一尺见长的石头垒砌而成，位于村西北的一座名为"齐力窟"的山坡的东北面。有经验的老猎手在进山打猎之前，会用一张纸裹住三炷香并将其压在石头下面去祭祀梅山神，祭祀时猎手双膝跪地，默默祝祷梅山神的保佑，希望梅山神能把山打开，把动物全部放出来。村民们相信祭祀可以唤起梅山神来帮助猎人辨识方向、围捕野兽，如果打猎有了好收获，为了拜谢梅山神，猎人还会在梅山神位前宰一只公鸡。

在土家族的信仰体系中，对动植物的崇拜很多，最常见的是对树神的崇拜。双凤村村民认为树木与村落风水有很大的关系，相信保护树木对村落环境具有重要作用，村中及四周的山坡上随处可见百年以上的树木。双凤村流传着这样一个传说：很久以前，在双凤村中有三兄弟，分别是枫大、枫二、枫三。兄弟三人，医术卓绝，治好了不少身患疑难杂症的人。病人们为了感谢三兄弟，便询问起他们的住处。枫大告诉大家："我家住永顺双凤村。"后来，有人去双凤村寻找三兄弟，但是村中老人说："双凤村中并没有姓枫的人，只有三棵百年以上的枫树。"于是人们似乎明白，给他们治病的三兄弟，很可能是三棵枫香树幻化而成的，至此之后，村中将三颗枫香树祭拜为树神。

村中还有这样一个习俗：村民们会在古树上挂一条三尺长左右的红色布条，再贴一张红纸，把自己孩子的名字写在上面，这就表示将自己的孩子寄拜给了树神，期望树神保佑孩子顺利成长，像古树一样健康，长命百岁。在村北拉古湖山坡上，沿古老山路有近百棵柏树，树龄都有三四百年，树干上有很多红布条，除了本村村民外，很多外村人也不顾山高路远来此将孩子寄拜给树神，这说明树神崇拜在土家族人的精神世界里有着重要的位置。

3.1.1.2　图腾崇拜

图腾崇拜常常与一个民族的氏族、部族来源有很大的关联。白虎图腾作为土家族较为普遍的图腾信仰，被大多数学者认为是源自古代巴人的廪君神话传说。[31]152如《后汉书·南蛮西南夷列传》所载："廪君死，魂魄世为白虎。巴氏以虎饮人血，遂以人祠焉。"类似记载亦见于《水经注·夷水》《世本》《晋书》等文献史籍中，这些史料有关记载都说明廪君是巴人部落联盟的创始人，具有超人的能力和智慧，死后成为巴人族神。

双凤村土家族人的白虎崇拜包括两个方面的内容：首先是"人虎互化"。土家族的先民把白虎当作部族的祖先，把自己当作白虎的后代，认为人和白虎同为生命体，可以互化。再者是"以人祀虎"，土家族人认为白虎饮人血后力量会更加强大，可以提供神力给本部落的人，使部落人口繁衍兴旺。与"人虎互化"有关的传说记载，秦汉到唐宋时期较为丰富。《搜神记》记载："江汉之间有人，其先廪君之苗裔也，能化为虎。""以人祀虎"是一种原始血腥的祭祀形式，血祭是原始或古代宗教仪典的核心内容。在古时，图腾崇拜中对神的敬仰一般都是通过牺牲贡品来体现的，而人是最受神青睐的，是最好的贡品。[30]194-195杀人献祭白虎的仪式一直持续到清末。

"图腾崇拜实际上是自然崇拜或动植物崇拜与鬼魂崇拜（祖先崇拜）互相结合的一种崇拜形式。"[34]因此，祖先崇拜的情感内容蕴含于土家族的白虎图腾崇拜中，如果说廪君化成白虎成为土家图腾，则土家族对廪君的崇拜属于祖先崇拜。廪君俗称"向王天子"，他是巴人后代的始祖神，也是崇信白虎图腾的半人半图腾的神。但是，图腾崇拜和祖先崇拜有一定的区别。前者属于自然崇拜的范畴，讲求某种物类；后者由鬼魂崇拜形式发展而来，针对的是某个人的灵魂。[35]

3.1.1.3　祖先崇拜

祖先崇拜源于鬼魂崇拜，相信人死后灵魂不灭。"在远古时代，人们还完全不知道自己身体的构造，并且受梦中景象的影响，于是就产生了一种观念：他们的思维和感觉不是他们身体的活动，而是一种独特的、寓于这个身体之中而在人死亡时就离开身体的灵魂的活动。从这个时候起，人们不得不思考这种灵魂与外部世界的关系。既然灵魂在人死时离开肉体而继续活着，那么就没有任何理由去设想它本身还会死亡，这样就产生了灵魂不死的观念。"[32]219-220祖先崇拜，具有范围的规定性，并不是对所有死去的祖先都进行祭祀。从我国古代开始，在规定祭祀对象时，首先会把部族、氏族内有功绩的祖先作为固定的、永远要祭祀的对象。《礼记·祭法》说："夫圣王之制祀也，法施于民则祀之，以死勤事则祀之，以劳定国则祀之，能御大菑则祀之，能捍大患则祀之。"其次，祖先崇拜中，人们非常重视血缘关系。在古代社会，除有氏族、部落的共同祖先崇拜外，还有家庭中的祖先崇拜。在人类发展的历史过程中，各民族、部落中形成了以传说为主的远祖崇拜和以血缘关系为基础的近祖崇拜，祖先崇拜对维护宗法制度、维系族群起着很大的作用。"祖宗崇拜……其功能则更明显地表现在延续维持宗族氏族的存在与整合上，同时也借祭祖仪式以促进宗族亲属群体的和谐，借祖宗崇拜仪式，不但使家系绵延不断，而且使亲属关系和谐均衡。"[36]土家族的祖先崇拜也同样源于鬼魂崇拜，不仅注重族源传说中的人物，也注重血缘联系，祈求祖先神灵保佑后代子孙。土家族的祖先崇拜包括氏族祖先神、家祖神与土王神。

1.氏族祖先神崇拜

土家族的氏族祖先神主要有"八部大神""社巴神"等。八部大神（也称"八部大王"）是湘西土家族普遍信奉的祖先神。相传湘西土家族有八个部落，八部大神分别是他们的首领。八部大神神力勇猛非凡，带领族人们抵御外敌入侵、开拓山蛮之地、保卫家园，为部族做出了巨大的贡献，所以后人将其敬奉为神。"八兄弟施展钻天入地的法术，一眨眼就到了战场。敌人见八兄弟赤手空拳，就嗷嗷叫着，从四面八方围拢来，长矛短刀，乱刺乱砍。这一下惹动了八兄弟的肝火，他们每人拔一株海碗粗的树木，横扫起来，将敌人打得哭爹喊娘，纷纷败走。从此，外敌再不敢入侵了，百姓过上了安稳的日子。"[37]

在龙山、永顺、保靖等县过去都有"八部大神"庙。永顺的庙前设摆手场，庙楼为两层两进，门边两米高的条石上刻有"勋猷垂简篇驰封八部，灵爽式斯土血食千秋"的对联，大门上层嵌有一石碑，四周有神龙盘绕，中间刻"八部大王"四字。大门正对的大道两边则立有石人、石马像。进门后，第二进门边还立有石狮一对。"八部大神"的祭祀活动较隆重，每当春节过后，龙山县、保靖县、永顺县等地的人们就在"八部大神"庙前举行盛大祭典。其祭祀仪式叫"月托"，每年一小祭，三年一大祭。大祭前三天，各寨百姓由本寨主事分派祭祀所需供物，并于祭祀这天黎明一齐抬往神庙。抬送肥猪及供品的人员一路吹吹打打，鸣枪放爆竹，到神庙前比赛过河，前三名为大吉大利者，落后者预示一年不吉利。然后杀猪供神坛，各家煮肉敬神。巫师、村寨舍把、香官带头祭神，众人随之，祭毕跳摆手舞。

在湘西永顺一带生活的土家族人所信奉的祖先神是"社巴神"。敬奉社巴神是旧时湘西永顺土家族人的习俗。社场是举行社巴仪式的地方，社巴庙建在社场内，内设有神像，庙前栽种有"神树"。村民在祭祀仪式上唱歌、跳舞、鸣炮、鸣枪、丢扫把、敲锣鼓、杀猪、烧香等。

2. 土王神崇拜

土家族通过信奉土王神来表达自己对已故土王或土司灵魂的崇敬。历史上土司制度长期存在于土家族地区，双凤村所处的永顺县就是彭氏土司统治的核心区域。彭氏土司的军事实力强大，掌握着政治、军事、宗教大权，受历代朝廷的册封，独霸一方，世代为王，其统治持续了800多年。土王崇拜在湘黔一带广为流传，其中在湘西及黔东北土家族地区流传最早，后来渐渐影响到其他土家族地区。土王崇拜的对象视地区的不同有所差异，各地各姓崇拜的土王都不相同。[31]137-158

永顺县区域的土王神崇拜，主要是祭祀彭公爵主、向老官人、田好汉等人，对土王的崇拜原因有二：一是因为畏惧。由于旧时土司集权，对土家族百姓掌有生杀大权，故百姓因畏惧而祭。清人顾采著《容美纪游》记载："其刑法重者，经斩……次宫刑，次断一指，次割耳。盖奸者宫，盗者斩，慢客及失期会者割耳，盗物者断指，皆亲决。余罪则发管事人棍责，亦有死杖下者。"二是因为尊敬。有些土司生前有德于民，或造福百姓，或守疆有功，百姓加以敬奉。土家族人信仰土司王，土王庙遍布城乡各地。

双凤村土家族人崇拜彭、田、向三姓大王，每年有特定的祭祀日期，彭姓为农历三月三日，田姓为农历三月八日，向姓为农历八月八日。自新中国成立以后，双凤村祭祀彭、田、向三姓大王的日期已没有以前固定，而是在每年新年与重大节日的时候，在摆手堂前跳摆手舞和毛古斯舞之前，杀猪献祭品，由村中比较有威望的老人率村民一起祭祀三姓大王。

3. 家先崇拜

土家族的家先崇拜远远晚于祖先崇拜，始于改土归流后，是随着汉文化的影响，才逐步形成的一种祭祀习俗。民国版《永顺县志·地理志》记载："土司时……并不供祀祖先。"清代雍正年间改土归流以后，双凤村所处的土家族区域才开始兴起修建宗祠、敬奉家先的风气，甚至超过了长期以来祭祀土王庙的风俗。

家先崇拜的形式是祭祀。土家族常年供奉各自家族的祖先，特别是血缘关系很近的先辈，祭祀越频繁则表示后人对家先的态度越虔诚。[30]195-196受汉文化的影响，土家族人在"过赶年"和"七月半"时尤为重视家先祭祀。过赶年祭祀含有请历代家先与后代子孙吃团圆饭之意，七月半祭祀时，后代子孙会为历代家先送钱粮以表孝意。

在双凤村，家先神也叫祖先神，位于各家堂屋正对门内的是木质神龛，即为家先神的神位（图3.2，图3.3）。双凤村每家每户供奉的历代祖先的神龛，是土家族人最重视的神位。供奉的家先一般可以追溯至五代以上。神龛处一般会有一副对联，上联"银台报喜烛生花"，下联"宝鼎呈祥香结彩"，横批为"祖德流芳"。中间是"天地国亲师位"，一行小字分列左右，左边是"×氏堂上历代祖先"，右边是"九天司命太乙府君"。也有一些特殊的，比如上联为"金炉不断千年火"，下联为"玉盏常明万岁灯"，横批"五代其昌"。村民们会在除夕、清明、端午、重阳等重要节日时在神龛前祭拜祖先。

图3.2　家先神龛

（图片来源：作者自摄）

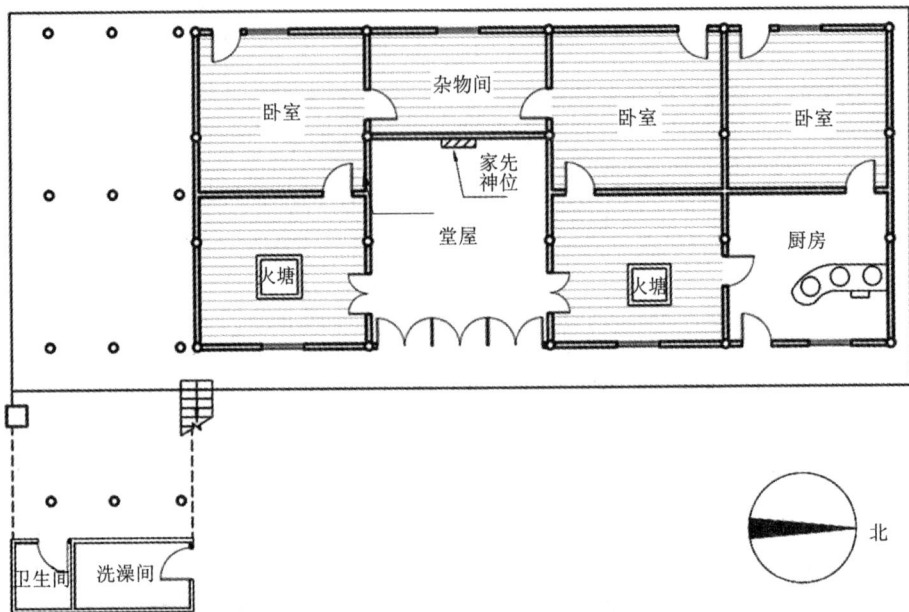

图 3.3　彭英华民居平面布置图
（图片来源：作者自绘）

　　尽管家先祭祀的习俗在土家族中形成的时间比较晚，但是在形成之后，便迅速兴起，并形成了不同于汉族的祭祀习俗。双凤村土家族的家先祭祀每月举行一次小祭，每逢节日举行一次大祭。大祭除了献上酒、纸钱外，还要摆刀头肉祭祀，小祭则需要上香、烧纸钱。"哭辞祖宗"是土家族姑娘出嫁前的一种习俗。出嫁时新娘要跪在神龛前祭祖，向祖宗辞别，请求祖宗保佑自己在夫家生活幸福，新郎方则要用香案在门外迎轿，并派一名主事人和一位比新郎小一辈的男子一起在神龛前磕头，上香祭祀，拜谢新娘的祖先。[38]另外，有些土家族人在吃饭前，先夹点菜放在碗中，再将筷子插在饭碗中敬默一分钟，以表达对祖先的尊敬。婚丧酒席时，众人先盛好饭围站在桌子旁，在长者的带领下敬奉祖先，之后把酒洒在地上，寓意是请祖宗先喝酒，然后才能"开席"。[39]

3.1.2 信仰场所

1. 九龙神庙

双凤村史上最大的祭祀性庙宇是九龙神庙，据传由彭精明修建。相传在明清时期，双凤村村民彭精明嗜赌如命，在回村的路上，路过九龙山，见双凤村被九龙山所包围，犹如九条巨龙缠绕着双凤村，场面十分壮观。彭精明认为，九龙山乃神山，保护着双凤村。于是彭精明将其在赌坊所赢的钱全部拿出，用以在九龙山山顶修建一座庙宇，后人将其称之为九龙神庙。[12]410-411九龙神庙修建在距离双凤村东边二公里处，建筑是三进院落式的形制。据村中老人回忆，建筑为木构承重、青砖青瓦。样式较为复杂，做工精细，屋顶、柱子、门窗等极其精美。第一进大殿中供奉的神灵分别为土地、灵官、祖师菩萨，观音菩萨被置于第二进院落的大殿中，金童玉女分列左右；如来佛则供于第三进院落中的主殿，周围围绕着形态各异的十八罗汉、二十四诸天神(图3.4)。

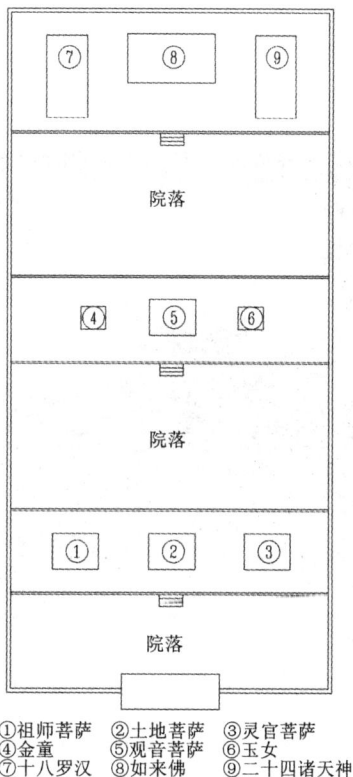

①祖师菩萨 ②土地菩萨 ③灵官菩萨
④金童 ⑤观音菩萨 ⑥玉女
⑦十八罗汉 ⑧如来佛 ⑨二十四诸天神

图 3.4　九龙神庙平面布置图

(图片来源：作者自绘)

九龙神庙在"文革"期间被毁坏了，虽然现在已无从考察，但是从九龙神庙的平面布局来看，第一进院落主殿分布的神灵都属于道教，而后两进院落中主殿布置的神灵都属于佛教，这就说明道教和佛教的神灵已经进入了土家族的信仰体系中。

2. 摆手堂

双凤村历史上曾经有三处摆手堂，其中两个因为种种原因已经遭到毁坏。如今的摆手堂(图3.5，图3.6)位于村中花桥的南面，为2000年移建于此，原址位于村寨东北方的官亭堡顶，为清代建筑。2010年对其进行改建翻修。摆手堂是全村的公共活动中心，气势磅礴，造型古雅，极具民族特色。摆手堂内的主体建筑是土王祠，土王祠内的地上刻着八卦图，祠内供奉着三尊神像："彭公爵主""向老官人"和"田好汉"（图3.7）。摆手堂内的广场每到正月初三都会汇集大量七寨半的人，他们首先要在堂前对祖先进行祭祀活动，然后跳摆手舞、毛古斯舞。祭祖一般由双凤村威望较高的老人替代传统祭祀中梯玛的位置。

图3.5　第三处摆手堂正面
（图片来源：作者自摄）

图3.6　第三处摆手堂背立面
（图片来源：作者自摄）

　　领头祭祀，一般会奉上猪肉、酒、香、纸钱等祭品。祭祖结束后，村民们会在摆手堂前跳摆手舞与毛古斯舞。摆手舞主要是模仿土家族先人们在生产劳作中的动作，而毛古斯舞本身就是模仿土家族先人在以前的生存环境下的生活。从土王祠供奉的神像可以看出土家族人对祖先的崇拜。

　　3. 土地庙

　　双凤村里的土地庙在20世纪50年代以前一共有三处。位于村西"齐力窟"的东坡山脚下有一处；位于村北"甲廓卧鲁"（土家语，意为"竹林园圃"）的山坡顶上坐落着第二处；而村东北凛凛堡北坡的山脚下则坐落着第三处。令人惋惜的是，在"文革"时期，这三处土地庙均已遭到毁坏。现如今双凤村村民祭祀土地神，均是在土地庙的遗址上进行祭祀，且祭祀的次数已无以前频繁。

图3.7 土王祠内部三尊神像

（图片来源：作者自摄）

4. 梅山神庙

　　双凤村的梅山神庙是由三块一尺见长的石头垒合而成的，其坐落于村西北"齐力窟"山坡的东北面。村民们认为赤膊的男人从庙前经过是非常不礼貌的，因为梅山神是个女神，这样会冒犯神灵。在梅山庙的周围，即便是小孩也不能随意吐痰。人们认为如果在庙前丢弃污秽的东西，将会受到梅山神的惩罚。由于现如今几乎无人去山上打猎，再加上梅山神庙在"文革"时期被彻底毁坏，所以梅山神祭祀活动已经消失。但是淳朴的双凤村村民并没有忘记梅山神在狩猎时期保佑了他们，一般都会在较大的祭祀活动中，立一块梅山神的牌位作为陪祭（图3.8）。

图3.8 梅山神牌位

（图片来源：作者自摄）

3.1.3 信仰活动

宗教信仰活动是宗教信仰者的宗教观念及宗教情感的外在表现。由于信仰者表达信仰的目的及方式不同，于是在宗教生活中便出现了祭祀、巫术等宗教行为。祭祀是土家族宗教生活中具有普遍意义的宗教行为，"献祭是一种以物为象征符号的宗教行为，通过奉献贡物来向神表示虔诚、意愿和祈求，而祈祷则是以特定的言行规范来达到这一目的，它通过信仰者规范化的符号动作表达对神的崇拜"。[40]"当人们认为其行为能够强迫超自然以某种特定的而且是预期的方式行动时，人类学家就把这种信念及其相关的行为利润留成为巫术"。[41]巫术从性质上可以划分为黑巫术和白巫术两类。[42]

1.祭祀活动

双凤村土家族的祭祀形式多种多样，规模大小各异，程序繁简不一，同时随着祭祀内容的不同而千差万别。俗称"大摆手"的祭八部大神，有多族人参加且以一族人主祭，历时三天三夜。其内容不仅囊括了请神、送神、猪祭、狗祭等，还包括跳摆手舞、唱摆手歌、跳毛古斯舞等多种丰富多彩的活动，整个活动被土家族人视为宏大的祭典和文化的盛宴。另外，如祭白虎神、祭土王等，都是大型的祭祀活动，活动时间长，规模大，影响也大。古代祭白虎神主要分为人祭、血祭、牲祭三种形式，随着时代变迁，祭祀白虎神从人祭和血祭逐渐转变成牲祭这一种普遍的形式。牲祭一般会持续三天三夜，通过"椎牛"来还愿，掌坛师（梯玛）将祭品(牛头)置于神坛缶钵之上，缶钵上挂着写有"千千雄兵，万万勇将"字样的幡帜，祝愿廪君（白虎神）多招兵马，保佑族人。[43]双凤村祭祀土王主要是祭祀彭、田、向三位土王神，这是村寨最为隆重的集体祭祀活动，由梯玛主持，时间一般是从正月初三一直持续到正月初五晚，每晚村寨中的男女都会聚集在摆手堂前，高唱摆手歌，敲锣打鼓，跳摆手舞。正如乾隆《永顺县志·风土志(卷四)》所述："又一土俗，各寨有摆手堂，每岁正月初三至初五六之夜，鸣锣击鼓，男女聚集，摇摆发喊，名曰摆手，盖拔除不祥也。六月中早谷初熟，炊新米，宰牲，名曰祭鬼，亦民间荐新之意。"除了集体祭祀土王之外，家庭也会祭祀土王，如"每逢度岁，先于屋正面供已故土司神位，荐以鱼肉，其本家神位设于门后"。

一般的祭祀活动是指为某一家人举办的求神祭祀仪式，主要包括解钱、渡关、求子、回神遣煞等仪式，主人的经济状况往往决定其规模和时间，一般最多不超过三天。解钱是土家族的一种古老的祭祀仪式，又称盖钱。[44]土家族人自古就不忘祖先恩德，每到丰收之年，就请梯玛前来为去世的祖先"送钱"。一般选择农历八月十五以后的一个吉日，请梯玛做一天一晚或两天两晚的仪式。在祭祀时，梯玛身穿八副罗裙、头戴凤冠，左手拿八宝铜铃、右手拿铁制司刀，边舞边跳，表演起堂、请兵、偿兵、解家、见钱、清水等追悼先人的动作，表演之后，即烧掉大量纸钱。做一堂"解钱"活动，富有者杀猪宰羊，一般家庭也要杀鸡。[45]土家族地区旧时驱鬼逐疫，渡关是为了保护小孩除病免灾而举行的一种祭祀仪式。土家先民认为，从小孩到成人，一生存在着许多"关煞"（薄弱环节），其中包括"高坡煞""水关煞""火关煞""树关煞""白虎关煞""山神草鬼关煞"等，而各人的关煞日期无定。若遇关煞，小孩总会心神不定，饮食不佳，因此必须请梯玛祭祀山鬼，以帮助小孩渡过难关，所以简称"渡关"。具体仪式为：将供桌放置于堂屋中央，摆上祭品，梯玛口念咒语，并含酒喷火，每喷火一次，则让小孩从空甑子中钻一次，以示钻过关隘。"渡关"的次数根据主人的需要和巫师的推算来决定。在旧时，土家族青壮年夫妇在长期不孕的情况下，一般会请梯玛前来举行求子祭祀活动，一般在农历八月十五口至口月十五日之间进行。祭祀从第一天下午太阳下山开始到次日或第三天下午结束，由梯玛吹牛角、舞司刀、摇铜铃、唱神歌，祭神求子。仪式结束时，梯玛会从怀中取出一个用糯米糍粑做成的人像，走到主人家的火塘边，表示儿子已经求到，送给主人抚养。做一堂求子活动，经济富裕者要杀猪杀羊，普通家庭也要杀鸡祭祀，并给梯玛一定的报酬。[46]回神遣煞是土家族婚嫁时祭祀神灵以求驱除邪鬼的仪典。新娘花轿抬至男方家门外，梯玛要排香案拦轿施以祭礼，其仪式为：手提雄鸡，用口将鸡冠咬断，作法画符，将鸡血淋洒在花轿周围，驱遣随轿附至的"邪煞鬼魂"，然后，揭开轿帘，请新娘出轿，俗称"遣煞启轿"。新娘跨出轿门，立即撑开伞罩，不让见日月星光，俗称"金钟罩邪"。梯玛手执一白茅蜡叶，中夹爆竹，点烧后噼啪作响，在新娘面前熏烧，俗称"烧四眼"（"四眼"是对怀孕妇女的污称）。旧时认为若有孕妇看见了新娘，就会带来邪煞，不吉利，故须作法熏烧。新娘跨进门槛前须"跨七星灯"（即七支蜡烛或七盏清油灯）。传说"七星灯"是祭请天上七姊妹降临，护送新娘。新娘跨过"七星灯"，梯玛将灯移放至新娘床下，以保夫妻百年偕老，儿孙满堂。[45]216

在双凤村土家族的祭祀活动中，除了对传统的自然崇拜、图腾崇拜、祖先崇拜举行祭祀以外，还有一种求雨仪式，分为龙潭求雨和斗龙求雨，与汉族求雨仪式完全不同。在汉文化体系中，龙是群邪御凶、呼风唤雨的灵物。自古以来，人们就推崇"龙"。农家以二月初二天气的阴晴，预期全年的旱涝情况，民间称此日为龙抬头，是吉日。[47]从双凤村现存的遗迹和资料可以发现，双凤村的祭祀活动在受到佛教和道教的影响后，其祭祀仪式也发生了相应的转变。

2. 道教对传统祭祀的影响

道教对传统祭祀仪式的影响主要体现在梯玛神图与作法之中。梯玛神图是在梯玛作法时张挂的，它是土家族原始宗教与道教结合的明证。梯玛神图将天堂、人间、地狱三界共分为十二层，最上几层皆为天神天仙，基本上属道教神，是梯玛作法必请的护法大神，比如，第一层为"三清"，灵宝天尊居中，其左为元始天尊，右为道德天尊，三清两旁有日月。中间数层为人间诸神，如三元法祖、土地神、十二月神等。九层以下为地狱诸神。图景中都有梯玛上通天庭、下入地狱的各种图景。[48]

梯玛作法念唱某些神时，还特别强调其神通，盛赞其降魔伏妖、驱邪逐怪的法力，而其神通和法力多来自道教神，如老君、三清、玉皇等。

3.1.4　村落宗教信仰的变化

多元化是双凤村村民所信仰的宗教的一个显著特点，无论从外在形式，还是从宗教的具体内容上看，双凤村村民的宗教信仰都不具备系统性，也没有十分严格的要求。各种不同的宗教思想，无论是外来的还是本土的，都在此相互交织。从表面上看，这些宗教信仰似乎很容易改变，但从宗教思想的深层结构上看，其又是很难改变的，而究其原因也许是因为这些思想信仰本身所带有的非强制性。在走访过程中，笔者发现有的仪式消失了，有的仪式简化了，还有些仪式在不断加强其娱乐性，总的来说，从表面上看，双凤村村民的宗教信仰已经发生了很大的变化，但是即便如此，原始的信仰还是顽强地保留着其精神内核。

1. 自然崇拜的变化

自然崇拜是土家族人对自然物和自然现象的崇拜，双凤村土家族人自然崇拜的信仰体系比较多元化，其中包括土地神、井神、火神、雨神、灶神等。随着时代的变迁与发展，信仰对象在不断减少，现在村中已有很多神不再受到信奉，如太阳神、风神、雷神、梅山神等。随着汉文化的不断传入，有些仪式也被汉化，如求雨仪式等。信仰对象的减少导致信仰活动的频率直线下降，现如今的双凤村，只有在重大节日才能看到相应的祭祀仪式。由于双凤村村落"空心化"极其严重，大部分中青年人都迁居到了县城，这也导致一些祭祀活动由于无人参与，而慢慢地消失了。随着科学文明在湘西地区的传播，以及电视机在双凤村的普及，村民们也明白了很多祭祀活动实际上就是迷信，因此很多仪式也被简化或遗弃。

笔者根据在双凤村的田野调查，将自然崇拜的演变归纳如下：

（1）土地神。双凤村土家族人信奉土地神的历史悠久。以前，双凤村土家族人基本上信奉所有的土地神，在不同的时间祭祀不同的土地神，且仪式较为繁琐。现在，双凤村村民对于山神土地、当坊土地的祭祀还是较为频繁，因为其与自己的日常利益最为密切，但对其他土地神就不再祭祀了。祭祀土地神的仪式也由繁变简。以前，土地神的年节祭祀一般要举行三天三夜，由梯玛主持，杀猪宰羊，全村人齐聚于土地庙前，载歌载舞，热闹非凡。现在，土地神祭祀基本上是以家为单位举行，祭祀的规模明显减小，而且祭品也没有之前那么多，只需要杀一只阉鸡供奉即可。尽管祭祀对象减少、祭祀仪式简化、祭祀规模缩小，但是村民们又开始兴起唱"土地戏"（村民们自编的一种歌颂土地公公和土地婆婆的戏曲，详见本书第5章）。虽然这种形式已经不属于祭祀，而是娱乐化的表演，但也从侧面反映了村民对土地神的崇拜。

（2）梅山神。梅山神在双凤村中被称为猎神，是打猎的土家族人经常祭祀的神。在旧时，双凤村的猎户一般在狩猎之前和狩猎之后，都会去梅山神庙祭祀梅山神，因为他们相信梅山神能够帮助猎户围捕猎物。现在，双凤村中已经没有职业猎人，加上年轻人大部分已经迁居县城，村中多年不曾有过打猎活动了，祭祀梅山神的仪式也随之消失。但是，在村民们合跳"毛古斯舞"时，仍然会将梅山神的神位摆出来，作为祭祀环节的一个步骤（详见本书第5章）。

（3）树神。树神是双凤村植物崇拜中唯一崇拜的神。在以前，双凤村崇拜树神的原因有两个：其一是树木与水源有着密切的关系，其二是将小孩寄拜给树神，以求其能健康成长。在双凤村近代以来的发展进程中，树神崇拜，祈求保护水源的成分越来越重，而将小孩寄拜给树神的成分越来越弱。笔者在双凤村田野调查时，彭家珍等一批老人谈到此事时，纷纷表示："寄拜完全是迷信，不可信。树木保持环境倒是对的，没有树就留不住水。"由此可见，科学文明在村中的传播已经能够影响老人们的思想，但是这种影响又处在一种混沌的状态，老人们认为将小孩寄拜给树神是迷信，但又认为祈求树神保护村子的水源是科学的。这说明老人们还是信奉树神有超自然的能力，仍然崇拜树神，只不过因为接触了一定的科学文化知识后，认为树神只有保护村子水源的超自然能力，而没有保佑小孩健康成长的能力。

除了以上所述的对土地神、梅山神、树神的崇拜变化较大以外，其余的自然崇拜的神灵祭祀仪式都发生了一定的变化，如前文所述的祭祀雨神仪式的变化等，有的是简化了祭祀步骤，有的是简化祭品的数量与种类，还有的是参与人数和规模都缩小了。但是，无论怎么变化，双凤村土家族人自然崇拜的精神内核都没有改变。

2.图腾崇拜的变化

双凤村的图腾崇拜就是白虎神崇拜，如前文所述，白虎神崇拜具有图腾崇拜和祖先崇拜的双重特点，双凤村土家族人视白虎神为本族祖先。白虎神祭祀仪式在历史上不断变化，由人祭转变为血祭，最终转变为牲祭。

3.祖先崇拜的变化

氏族祖先神、土王神崇拜、家先崇拜构成了双凤村的祖先崇拜，而其中氏族祖先神主要是指八部大神，其祭祀主要是以跳大摆手舞的形式举行。根据笔者的田野调查，在民国时期，双凤村土家族人还保留着祭祀八部大神的仪式，其场面较为宏大，一般是由好几个村子一起举行，梯玛的数量也达到了十多个，祭祀参与的人数众多，祭品一般是由好几个村子一起准备。近四十年来，双凤村土家族人再没有举办或参加过祭祀八部大神的仪式，而是转而祭祀土王神。双凤村土王神祭祀的对象是彭公爵主、向老官人和田好汉，每年初三至初五，双凤村村民就会聚集于摆手堂前，献上祭品祭土王神，等祭祀完成后，村民们就在摆手堂前唱摆手歌，跳摆手舞。现在，双凤村祭祀土王神的仪式也逐渐简化，而且举办的时间也较为自由，除了每年的初三至初五外，在端午节或者中秋节等节日也会不定期地祭祀土王神。随着政府对双凤村旅游业发展的支持，来双凤村旅游的人越来越多，为了丰富表演节目，双凤村将祭祀土王神的仪式搬上了舞台，仪式变得娱乐化，失去了祭祀的庄严性。双凤村家先崇拜的变化并不大，但是笔者在双凤村走访时，发现很多村民对祭祀家先神已经不再重视，堂屋中的神龛变得杂乱无章，也没有供奉香和祭品。

3.2 村落精神世界

精神世界，从哲学意义上来看，指的是由人们的潜在意识所形成的世界，主要包括两个方面的内容，分别是意识的本身和结果。通俗地说，精神世界是指人们观念思想的形成和通过思想观念的作用来影响人们生活的种种现象。对于传统村落而言，村落的精神世界就是指村民们的思想观念和民族精神。[49]

3.2.1 思想观念

1. 乐观豁达的生死观

丧葬作为土家族人一生中最隆重的仪式之一，由于其独特性，被称为土家族最具代表性的民俗文化。跳丧、歌丧通常是土家族人哀悼逝者、慰藉生者的方式。对于过世老人的葬礼，双凤村村民习惯将其称为"百年归寿"，又叫"白喜事"。因此土家族人打丧鼓往往体现的是哀而不悲的情绪，并且以欢快的歌舞形式表现出来。在逝者面前，疯狂舞蹈、高声歌唱，以此来祭奠亡者、告慰生者，这种悲喜交加的方式成为双凤村土家族人祭祀亡者的一种特殊方式。从另一个方面来说，这体现了土家族人对"入土为安"思想的一种乐观、浪漫的认识。[50]

在双凤村村民看来，一个人生命的终结非但不是一件值得悲痛的事，反而是件值得庆贺的"喜事"，因为重生的开始便是一个生命的终结，人生的"顺头路"便是获得老而善终的结局，消逝的是老态龙钟的躯体，而不灭的是灵魂的火种，一个充满活力激情的新生命又将重新开始。因此，乐观看待死亡，丧事喜办构成了双凤村人根深蒂固的生命观，形成了与其他民族完全相异的民俗传统。对逝去旧生命的离别与嘱托，以及对即将诞生新生命的祝福与庆贺，都被写进了土家族的一首首丧歌之中，反映了他们对原始生命的朴素呼唤和对美好生活的无比向往。土家族人乐观豁达的人生态度在独特的丧葬仪式中得到了充分的体现。[51]

"哭嫁"和"跳丧"是双凤村中最为奇特另类的风俗习惯，两者截然对立，反差强烈。土家族人用"哭嫁"的泣诉来衬托新婚的喜悦，用"跳丧"的欢歌起舞来表达对逝者的悲伤。从人生最为重要的两件大事中，可以看出双凤村人积极乐观、豁达通畅的生活态度。

2.积极进取的人生观

双凤村人世代居住在大山深处,生存环境和生活条件都极其艰苦。但是,在这种艰苦的条件下,村民仍然笑着面对生活。村民们在生活中要是遭到什么打击或挫折,绝不会怨天尤人,埋怨上天的不公,而是首先想到如何克服困难,走出困境。笔者在双凤村调研村民的经济状况时,发现大部分家庭的条件都不好,家庭收入仅仅能维持日常的生活,有些家庭有生病的人,连买药的钱都拿不出,但是并未见其精神颓废,一蹶不振。即便是在极度艰苦的生活条件下,双凤村土家族人也都保持着积极乐观、勇于开拓的优良品质。

3.朴素原始的孝道观

"老有所养"的思想是双凤村土家族人所积极倡导的,因为在族人们看来,什么都比不上造就之恩和养育之恩。客观存在的自然规律决定凡人总有老去的一天,这是不可更改的,幼年之时受长辈的养育,成年之后自然应当以恩报德,倾心抚养,使其老有所依,这既是人伦之常理,同时也是维护社会和谐稳定的重要机制之一。在后辈看来,每个人都会有老的一天,同样每个人都希望自己老了之后也能受到后辈的赡养,获得后辈的尊敬,如此而来,活一日便尽一日的孝义,这既是一种义务也是一种责任。善待老者,就是善待未来的自己,因为每个人都会有老的时候,若期望自己年老之日,后人也孝敬自己、尊敬自己,那么请以自己的言行举止培养下一代,以自己的身体力行影响下一代,通过直接和间接的方式把这种思想观念融入后代的思想意识之中。[50]24

3.2.2 民族精神

土家族是一个主要聚居于湘、鄂、川、渝、黔边的武陵山区中的少数民族。长期以来,土家族人共同的历史传统、生活方式、风俗习惯、宗教信仰、社会经济和地理环境,造就了他们共同的民族精神。

1.勤劳务实、朴实节俭

土家族人勤劳务实、朴实节俭,这种优秀的品质代代相传。马克思说:"任何一个民族,如果停止劳动,不用说一年,就是几个星期也要灭亡,这是每个小孩都知道的。"[32]368 在土家族人心中,一个人勤劳与否与这个人的未来和发展息息相关。正如双凤村的《打猎歌》所记载的:"背铳就往树林走,走进树林去赶猴。拿铳撵猴三整天,猴子跑得屁股冒红烟。公猴母猴胆也大,跑上岩坎就打架。拿起铳来点着药,猴子死在岩坎脚。"从歌词中可以看出,为了保护庄稼、来年喜获丰收，村民们甚至三个整天不间断地赶猴，不休息。此外，从双凤村土家族的劳动号子"八双草鞋穿上脚，八张铁牛八根索。八根打杵手上拿，八个伙计把木托。钉牛蛮虫要转拐，尾巴赶快横起拖。齐心合力把木拖，长龙跟着号子梭"中，可以看出土家族人坚忍顽强、不懈奋斗的精神。勤劳为本是土家族人所推崇的，今天的土家族人所遵循的生存准则仍为用自己辛勤的双手创造财富，"穷人想要富，鸡叫离床铺"。而其中勤劳的代表当属土家族的妇女们，她们人人都能编织"西兰卡普"（土家族织锦），且经常上山打柴，下田割草，十分勤劳辛苦。所有土家族姑娘们都会把自己织的西兰卡普作为出嫁时的重要嫁妆，若是没有便会觉得没有面子。"劳动好，情妹爱，劳动差，情妹弃"，一个人好吃懒做是会遭到土家族人所唾弃的，就连择偶时，青年男女也会把勤劳作为自己择偶的重要条件之一。[52]

由于勤劳，所以节俭，因为一切劳动成果都来之不易，对于这点土家族人都有着非常清楚的认识。在劳动生产力极其低下的条件下，土家族人尽量想办法多种些田地，以便在秋收时能多收一些粮食。据清顾彩《容美纪游》载："司中地土瘠薄，三寸以下皆石，耕种止可三熟，则又废而别垦。"正如他们在劳动中所唱的"耕了一坪又一坪，种了一坪又一坪，耕了一坡又一坡，种了一坡又一坡"，即便有辛勤的劳动，每年的粮食收成依旧十分有限，正是由于劳动成果来之不易，土家族人都十分珍惜收获的每一颗粮食。[53]

2. 勇敢无畏、坚韧不拔

勇敢无畏、坚韧不拔是土家族的又一优良品质，勇敢精神得以充分体现的最重要的方式之一便是战争。土家族人的先民——巴人早在公元前 21 世纪，就在讨伐商纣的战争中将其骁勇善战的品质充分表现出来了。《华阳国志·巴志》中记载："周武王伐纣，实得巴蜀之师，著乎尚书，巴师勇锐，歌舞以凌殷人，前徒倒戈。"特别是在明朝的抗倭战争中，土家兵英勇善战，凡战必胜。"自抗倭以来，获得最大战果"的王江泾之役，将土家族人民的顽强勇敢和为正义而战的勇敢精神淋漓尽致地表现了出来。明代都御史唐顺之谈到该战役时说"王江泾数千倭子乘胜而上，非永、保之兵力挫其锋，则何所不至"，充分体现了永顺县、保靖县土家士兵的顽强精神和勇敢斗志。近代以来，无数土家儿女在反帝反封建的革命斗争当中揭竿而起，抛头颅、洒热血，无数的土家子弟抵御外侮，誓死保家卫国，为中华民族的重振和复兴做出了巨大的牺牲。

3. 诚实守信、善良质朴

在日常生活中，土家族人从来都是言行一致的，绝无欺骗戏谑之言。但凡事情是他们答应去办的，就一定会竭尽全力去完成，正如《华阳国志》中记载："其民质直好义，有先民之流。"坦诚相见、以信为本也是土家族人在待人接物方面的准则。在土家先民的经济生活中，其主要生产方式是开垦农业，谁开垦的土地就归谁所有，只要"插手为界""插草为标"便可高枕无忧，不必担心被他人侵占。[52]对于诚实守信的道德力量他们深信不疑，坚决不做对不起"先人"的事情是他们的原则，因为一个家族立足社会的重要资本就是"诚""信"，而"先人"们正是用"诚实""信用"来规范自己的。这些都反映了土家族人诚实守信、善良质朴的民族精神。

第4章
道德教化与乡贤文化

从社会的层面来看，道德教化是一种社会治理的重要方式，通过道德化民成俗，从而形成良好的集体道德风尚；从个人的层面来看，道德教化对个人的德性养成以及人格培养有着显著的作用。[54]乡贤文化包含着村落治理的智慧与经验，是千百年来促进村落和谐稳定发展的一块基石。道德教化和乡贤文化是村落文化的重要组成部分，对村民的思想方式和人格品质有着很好的教化和熏陶作用。作为一个历史悠久的土家族村落，双凤村有着独特的道德教化方式和乡贤文化。

4.1 村落道德教化

双凤村的伦理道德在其发展过程中表现为从低级逐步演化成高级的历程,内容也由简单发展至丰富。就丰富的程度而言,它不仅从理论上向人们提出了一整套道德体系和道德规范,而且还详细地进行了论证和说明。[55]双凤村的道德教化通过多种方法、途径来进行,主要包括图腾教化、神道设教教化、乡规民约教化等。

4.1.1 图腾与道德教化

图腾文化是湘西土家族文明进化的一个重要标志,表明原始人时代向半人半神的英雄时代以及众神崇拜时代之间的推移。湘西土家族图腾文化以漫长的时间建立起了土家族人最初级的伦理道德观念,使得土家族先民逐渐从自然状态走向道德状态。

图腾崇拜的出现有两个重要的意义,一方面它说明了土家族先民思维的原始性,即人还不能很好地分清自己同其他动植物的区别,另一方面它又说明了土家族先民思维发展的进步性,即他们已经开始主动寻找氏族的起源,并在他们的生活环境中寻找自己疑惑的证据,同时也不自觉地建立了自己特有的文化逻辑。本书第3章已经论述了双凤村土家族人崇拜白虎,并以白虎为图腾,同时他们认为所有氏族成员都是白虎的后代,与白虎图腾存在血缘亲属关系。

图腾的粘合力是极其巨大的,它把氏族成员们紧紧地凝聚在一起,这种粘合力在部落之间起到了纽带的作用,在一定程度上维持了地方的和平、安定,有效地防止了部落之间的冲突。土家族白虎图腾崇拜下的责任和义务是土家族原始道德的行为规范和基本原则。土家族人通过崇拜白虎图腾、祭祀祖先以及举行宗族仪式等行为控制模式来强化集体情感,从而实现土家族族内的道德统治。所以,敬畏图腾和敬畏道德权威从某种程度上来说是一体的。原始宗教通常以道德规范的形式呈现出来,但它本质上是一种世俗力量的转换。通过结合道德和宗教,集体秩序得以规范化。土家族人的白虎图腾带有一定的神性色彩,这种神性的至上权威和力量成为他们道德的支撑点。[56]

4.1.2　神道设教与道德教化

"神道设教"一词出于《易传》。所谓"神道设教"，就是通过宣传天命和"鬼神"等来对普通民众进行道德教化。由于先民生产力水平低下，对自然环境认识不够，神道设教很容易使得村民"因畏而服"。神道设教最为明显的特征是它利用一种外界神秘力量的威慑力来对民众进行教化。

《礼记·祭义》中记载："因物之精，制为之极，明命鬼神，以为黔首则，百众以畏，万民以服。"《史记·封禅书》记载："吾甚重祠而敬祭，今上帝之祭及山川诸神当祠者，以其时礼祠之如故。"双凤村土家先民亦信"鬼神"之教，一方面他们敬服"鬼神"能够带来幸福，另一方面又惧怕"鬼神"会控制自己的前途和命运。就是在这一敬一惧之间，体现了神道设教在教化双凤村土家先民方面的神奇力量。[54]13-15

早期，双凤村土家族人只有语言而没有文字，所以他们的图腾崇拜、神帝祭祀以及一些行为禁忌等，大多是通过神话这一方式来传播的，神话承担了传承土家先民精神的重要作用。

在土家族人的神话里，宣扬的是一些勇敢、勤劳、正义、善良等方面的品质，而批判的则是那些懦弱、懒惰、贪婪、凶恶的行为。可以看出，这正是土家族人自己的是非善恶观的反映。土家族人通过对这些神话一代一代的口耳相传，从而产生了相应的行为规范和道德准则，进而形成了土家族人独特的传统风俗和道德风貌。

在双凤村，神话并不只是一种古老的故事。从深层次的方面来看，土家族人的神话还投射出了土家族人的一些基本处世原则和哲学观念。比如，"廪君—白虎神话"不仅说明了土家族的源起与最初的发展过程，形成了"白虎图腾"崇拜，还对土家族民族心灵和性格特征的形成起着毋庸置疑的哺育与浇筑作用，土家族人崇虎、敬虎、以虎为祖的内在心理特质被一代代传承下来，形成了虎一样刚毅、勇锐的民族性格。《太阳和月亮的传说》反映了土家族人不畏强权、勇敢抗争、追求幸福的处世原则。《阿密玛玛的传说》颂扬了人性的善良和母爱的伟大。《梅山神的传说》颂扬了梅山勇敢、正义、勤劳的美德，批判了白鼻子土司的凶恶和贪婪，并且对这种恶习降下了惩罚，让白鼻子土司丢掉了江山，宣扬了"惩恶扬善"的道德观。

"神道设教"的另一个重要方式就是祭祀。祭祀的本质是为了深化和倡导孝悌思想,在双凤村,孝悌思想始终被认为是伦理道德的基本思想。祭祀的仪式有差异等级,但虔诚的心却是相同的。祭祀的礼仪因部落成员在氏族中的地位以及血缘亲疏的不同而呈现出尊卑有序的等级差异,而且每个人都在无意识地执行。通过祭祀,形成了等级森严的自上而下的权力系统,社会的制度及伦理秩序也建立起来了。祭祀天地和祖先,自古以来就是土家族精神文化的主体,祭祀中的各种礼仪观念逐渐渗透到土家族的思想意识和世界观中,塑造了土家族特有的道德思想。[56]126-130

双凤村土家族的神道设教是以虚妄的鬼神迷信为依据的,所以它必然会存在一定的局限性。随着土家族人逐步加深对自然环境的科学认识,他们了解到了鬼神之说的虚幻和无据,从而,延续了千百年的神道设教自然走向衰微,其威力与影响再也无法恢复了。虽然神道设教走向衰微,但它仍是双凤村土家族历史文化中浓墨重彩的一笔。

4.1.3 乡规民约与道德教化

一直以来双凤村的土家族人都有制订乡规民约的风俗习惯,并且他们会严格执行这些乡规民约。乡规民约并不是传统的宗族族规,它是整个村寨民众一起商量制订并执行的行为准则。一旦乡规民约完成制订,便具有一定的约束力量,无论男女老少都须共同遵守。制订乡规民约时,全村寨的人都会到摆手堂里集中,公推一名办事公道、精明能干、在群众中有一定威望的人为主持人(土家族人叫头人)。首先,头人会说明一下制订这次乡规民约的目的、内容以及具体的措施和惩戒办法,然后,村寨成员们经过认真的讨论和商量,得出大家都认可的统一意见,让头人总结出条款并宣布通过。继而,村寨成员会在头人的带领下焚香磕头祭祀鬼神,头人在神桌上宰断事先准备的雄鸡鸡头,将滴有鸡血的血酒分给每个村寨成员,大家会一饮而尽,表明执行该乡规民约的决心。最后,民众会把写有乡规民约具体条款的大木板或石碑立在村内外的大道旁边,向村寨内外的人展示,要求大家共同遵守。双凤村制订的乡规民约主要有以下几种:

1.封山育林公约

双凤村土家族人认为村子的兴衰与山林之间存在着非常密切的关系,当地素有"山清水秀，地方兴旺；山穷水尽，地方衰败"之说。正因为如此，双凤村民众对山林的保护给予了足够的重视，保护山林的条款也制订得十分详细。封山育林的区域通常都会插上标志，说明封山的范围以及封山的期限。一般封山的期限是十至二十年，也有的山区是永久性的封闭。

自封山育林公约宣布的日子起，封山的范围之内就有大家推举出来的专门人员看护。在封山的范围中不允许割草砍柴，不允许放牧牛羊，不允许铲土积肥，更不允许放火烧山。通常像古庙山林、墓地山林、风景山林以及路边的一些山林也会在封山育林公约的保护范围之内。村民还会在一些比较重要的树木上面插上草标作为标记，这些树木的一枝一叶都是绝对不允许被损害的，违者将会按条款受到较重的处罚。经济山林是公约保护的重点，相应的条款也更具体。所谓经济山林一般指种植桐油树、木油树、漆树等有经济收益的山林，这些树木是不能当作柴火来烧的，即使是山林的主人也不许随意砍伐，一般规定农历的七月十五日前后共三天为统一砍伐的日子，之所以定这三天是因为这段时间枯死的树在外形上最容易辨别。看护山林的专门人员，即看守员会在枯死的树上做好标记，然后敲锣告诉乡亲，乡亲们便上山将枯树背回家。[57]不遵守规定的行为都要受到处罚。看守员是经大家推选的，忠于职守，不徇私情。他执行任务时，发现有人破坏，不管是谁，当场抓住，没收斧头、柴刀，或扣住背笼，然后把情况报到村寨主事人那里。主事人立即召集全村的人，按公约处置，并当众宣布处罚。

据双凤村彭振华老人介绍，村中历代都有封山育林的公约，但具体的文字没有流传下来，现行的《双凤村封山护林公约》是2001年制订的，现摘录这份村规民约如下：

双凤村封山护林公约

为了保护林业和创造良好的自然环境，经村党支部和村委会研究，交村民大会通过，特制订封山护林公约如下：

一、村境内山林全部实行封禁，严禁任何人乱砍滥伐。

二、本村境内禁止烧炭、挖树苑、砍山竹和扯竹笋，不准捕捉野生动物。

三、严禁外村村民进入本村境内砍柴，本村村民只能到自己的责任山内捡柴，未经他人允许，不得随意超出范围。

四、本村风景林区内，严禁砍伐一草一木，不准捡干柴，不许放牧。

五、实行专人看管，群众监督举报，对违者坚决严厉处罚，视其情节，轻者处以罚款，重者依照法律进行制裁。

六、保护森林，人人有责，望大家自觉遵守护林条款，创造美好的环境，造福子孙后代。

双凤村党支部

双凤村村委会

二〇〇一年五月

该公约是双凤村村民在村党支部、村委会的组织下共同商榷制订出来的，其主要目的是保护村中环境以及山林资源。从中可以看出，规定不仅仅针对本村民众，同时对外村民众也提出了需要遵守的规则。

2. 维护地方治安公约

在双凤村历代维护地方治安的公约中，均规定本村寨的人，都必须安分守己、务农耕春，不得参与不正当的活动。在封建社会，如果发现村寨里有不轨之徒，或直接参与盗窃，或有穿针引线的行为，立即捆送官府处治；情节严重、证据确凿者，则就地采取惩治措施，然后报官。相关责任由全村寨共同承担。村寨内谁家耕牛被宰或财产被盗，全村寨的人共同查访、寻觅、破案、捉拿，追还原物，破案过程中的盘缠伙食及其他费用，由全村寨人分摊。村寨里不准打牌、赌博，不准吸大烟，不准开赌场。村寨各户，不准留宿来历不明的人或平素行为不轨的人。如果发现，立即驱除出村寨或捆送官府。谁家违此条款，即按窝藏坏人罪行处理。

在土匪滋扰的年月，村寨里的人相依为命，团结防患。为防止土匪进入村寨，首先在入村寨的要道上挖壕沟，村民在壕沟中集中守夜，由村寨的股实人家负责众丁的夜宵饭菜。如果土匪进犯村寨，则奋力还击，受伤者由村寨负责医治，致残者由村寨赡养，阵亡者由村寨负责安葬，其父母子女由全村寨抚养。维护村寨治安的乡规民约，制订得细致具体，在执行中尤其严格，使双凤村内奸不生、外匪不入。

3. 保护秋收公约

一年辛勤劳动后，在苞谷壳开始由青变黄、稻谷开始吊边之际，为保护劳动果实，双凤村人经过开会商讨，订出保护秋收条款。保护秋收公约写在禁牌上，昭告大家遵循，并公开推选数名护秋人，巡逻护守秋粮。保护秋收公约主要是为了避免牲畜糟蹋粮食，因此规定不准随便放牧，牲畜必须归栏，鸡鸭不准敞放。如果发现牛羊鸡猪等禽畜糟蹋粮食，其主人家必须加倍赔偿；如有屡教不改者，则没收禽畜。禽畜要管制到粮食全部收净之后，即九月重阳后才能解禁。

双凤村自古就有"九月重阳，打破牛栏"之说。在稻谷成熟期间，鸭子不能下田，下田一次罚谷二斤。为防止山粮被盗，条款规定，盗山粮与盗家财、盗耕牛同罪。轻则罚款，重则捆送官府治罪。在苞谷收获之前，不准砍苞谷秆，不准以扯猪草为名，背着背笼进入苞谷地里。除粮食外，辣椒、花生、芝麻等物，都在公约保护之列。唯有打猎人因为驱除了野兽，是保护秋收的有功之臣，烧几个苞谷棒子充饥是特别许可的。但也只准打猎人吃烤熟的苞谷，不许带生苞谷离开。猎手们所烧食的苞谷棒子，用苞谷叶将其吃剩下的苞谷芯裹住，这是猎手们烧食苞谷的标记。所有山粮套上草标之后，都是看守员巡查的地方。如果发现山粮及各种作物有牲畜糟蹋或被人盗窃等情形，由看守员负责追查、破案。如果追查不出，则由看守员负责赔偿。

保护秋收公约的执行使村落的农业收获能达到最大值，这对于地处深山的双凤村人民来说是至关重要的。农作物收成对于村民的生活质量有着决定性的影响，而采取这些措施，正是为了使村民得到最大的收获。

双凤村人按照当地习俗自行制订的乡规民约，讲究礼法，追求诚信，是全体村民必须遵守的自治性行为规范，为村落的安定提供了秩序保障。乡规民约是双凤村村民世世代代生活的总结，与村民的日常生活联系密切，也是村民心目中的合理制度，长期以来，在教化乡民、协调关系、化解纠纷、维护村落社会秩序等方面发挥着重要作用。

4.2 村落乡贤文化

乡贤通常是社会文化精神的倡导者。乡贤文化从某种程度上来说，反映了一个地区的价值取向，对社会秩序的维护起到了非常重要的作用。这些从乡村走出去的精英们，衣锦还乡后，用自己丰富的知识、经验或是专长、技术等参与到家乡的建设和治理中去。他们的思想行为具有一定的文化道德力量，不仅可以教化乡民、凝聚人心，还对本乡村传统文化的发展有很大的促进作用。乡贤们凭着自己成功的人生经历得到了乡民们的认可，为乡民们树立了道德榜样，成为社会稳定的重要力量。[58]

4.2.1 乡贤人物及事迹

双凤村所在的土家族区域人杰地灵、英贤辈出，涌现出了很多深深影响着土家族人道德观念的杰出人物，很多历史人物的光辉事迹至今还在双凤村村民中口口相传，还有一些老人，虽然已经年逾古稀，仍然心系桑梓，为家乡的发展贡献着自己的力量。这些乡贤都为国家和民族做出过重要的贡献，他们成功的人生经历得到了乡民们的认可，成为乡村在道德教化方面的楷模，为当地的文化传承和发展做出了巨大的贡献。

1.抗倭民族英雄彭翼南

彭翼南（1536—1567 年），字晋卿，永顺县老司城人。明嘉靖三十三年（1554 年），其父彭宗舜病死，彭翼南继承了永顺宣慰史一职。当时明王朝的东南沿海地区正受到倭寇的大肆骚扰，彭翼南积极响应朝廷颁布的征调湖广兵民平息战乱的谕旨，主动申请应征。出征前，他严格挑选精兵良将，兵要"骁勇而惯熟战阵，谋勇善著者"方能入伍，官要"能带数千人者，让其为百人之长官，能带数百人者，作十人之头目"；继之以严格的军事训练，教以钩镰枪之技，练熟攻守兼备的"旗头"阵法。嘉靖三十三年腊月，彭翼南亲领土兵三千人，奔赴二千多里外的沿海抗倭前线。第二年年初，彭翼南部与广西瓦氏夫人带领的土兵协作，全歼扎营在集胜墩的倭寇数百名。

由于倭寇连续遭受打击，特别是彭翼南的土兵训练有素、骁勇善战，倭寇不敢与土兵正面开战，于是就四面设伏。永顺土兵将领田菑和田丰，保靖土兵将领彭翅等遭遇倭寇伏击，捐躯疆场。嘉靖三十四年（1555 年）农历五月，总督张经统领保靖的土兵，击退了倭寇五千多人对嘉兴的进犯。倭寇在逃往平望的途中，遭到了彭翼南部的致命性截击，被迫退缩到嘉兴北面的王江泾地区，永、保土兵和广西倈兵四面合围。彭翼南亲领土兵，身先士卒，与保靖土兵将领彭荩臣等共斩敌首近两千余级，可谓"东南第一战功"。明嘉靖三十五年农历八月，彭翼南的永顺土兵及保靖的土兵又一次参与了平息倭寇的战争，一举歼灭了倭寇海盗，从而平息了江浙沿海近三年的倭寇之乱，东南沿海人民的生命财产安全得到了保卫。

战后，明朝廷敕赐彭翼南三品官服，授为昭毅将军。明穆宗隆庆元年（1567 年），彭翼南病卒于老司城。

2. 竭力执教的诗人彭勇行

彭勇行(1828—1884 年)，字果亭，永顺县和平乡大井村人。彭勇行自幼天资过人，所读新书，过目不忘。清咸丰初年与兄勇为同时考中秀才，彭勇行名列前茅，后又拜举人唐仁汇为师，继续深造。彭勇行与兄弟八人，均先后被选为贡生和庠生，世称之为彭氏八勇。彭勇行先后在花垣、保靖等县应聘教学，能因材施教，终日不倦，为被清政府称为"边字号""田字号"的苗族子弟竭力尽心，与学生建立了深厚情谊，博得了苗、汉、土家族人士的爱戴。彭勇行晚年执教于永顺灵溪书院。他在数十年执教生涯中培养了永顺拔贡著名的私塾先生李席珍、举人彭施涤等大批人才。勇行一生爱好诗词，著有《笃庆堂古文辞》二卷和数百首竹枝词。其竹枝词大都描写土家族地区的风土人情，丰神秀韵，具有鲜明的民族特点。

3. 一生心系教育的彭施涤

彭施涤(1871—1947 年)，字惺荃，永顺县和平乡大井村人。七岁入塾，勤奋攻读，经府院考试，以案首入泮。清光绪二十三(1897 年)年参加乡试，中丁酉科举人，后又到长沙岳麓书院继续学习。光绪二十八年(1902 年)，常德太守朱其懿创办湖南公立西路师范学堂，彭施涤与湘西耆绅黄宗浩、熊希龄曾参与筹建。次年由省学务处推荐，彭施涤又得熊希龄资助，到日本东京弘文师范学院学习。彭施涤在光绪三十一年(1905 年)加入同盟会，继而在该年冬季，罢课回国。

光绪三十二年(1906 年)彭施涤与孙镜清等人一起在上海创办中国公学。光绪三十四年(1908 年)彭施涤应邀回湘致力于教育事业。其间担任湖南优级师范学堂教务长、西路师范学堂监督等多所学校管理职务。彭施涤对教育可谓是尽心尽力、无私奉献。特别 1918 年时任湖南省省立第二女子师范学堂校长期间，因战乱频繁，学校难以为继，彭施涤便变卖家产、四下求人，使得学校得以维持。

1922 年 7 月，彭施涤在旧国会恢复后也受邀去北京，但当他发现曹锟因贿赂而当选总统时，就隐居于宣武门，研究佛学、哲学等。1927 年底，应南京国民政府张继电邀赴南京，得知要请他参与撰修国史，他慨然地说："如此政局，还修什么国史！"之后便回北京赋闲。

1937 年，彭施涤被张治中聘为湖南通史馆总编辑。但因战乱，第二年便辞职回乡。1940 年，其女彭娼容任教于湖南省立第八师范学校。彭施涤虽年事已高，仍极为关心教育事业，深入课堂为学生授业解惑。他一生未置田宅，以平日薪金积蓄搜购图书 10 万余册，带回家乡。

4. 爱国实业家李烛尘

李烛尘（1882—1968 年），永顺县毛坝乡人。1897 年在当地私塾读书，赴县城应童子试。1900 年乡试中秀才，1902 年入永顺县第一高等小学堂读书。1905 年考取常德湘西优级师范学校理化科，参加湘江学会。1912 年去日本留学，1913 年考入东京高等工业学校（后称"工业大学"）预科，次年入化学科，专攻电气化学。1918 毕业后回国，1919 年任久大老厂厂长，1922 年与侯德榜轮流值年任永利碱厂厂长，1924 年入永利公司董事会。1932 年任新成立的黄海董事会董事。1934 年 11 月任永利化学工业公司副总经理。1936 年任久大盐业公司经理。1937 年"七七"事变后，华北的久大、永利全部内迁。1938 年任"永久黄"团体迁川总负责人。1941 年任劝募战时公债队长。1943 年与人合作创办中国经济事业促进会，并被选为常务理事，同时任中国工业协进会及迁川工厂联合会常务理事。中国抗日战争胜利后，任全国工业协会重庆分会理事长。1945 年 10 月任国民参政会参政员、永利制碱公司副总经理、久大盐业公司总经理等职。同年12 月在全国民建会成立大会上当选为理事、常务理事。1949 年当选为天津工业会理事长。作为产业界民主人士，李烛尘参加在北平举行的新政治协商会议筹备会以及中国人民政治协商会议筹备会第二次全体会议，当选为主席团成员以及中华人民共和国中央人民政府委员会委员；而后又出席中央人民政府委员会第一次会议，参加开国大典。中华人民共和国成立后，被选为民主建国会全国会务推进委员会常务委员，1950 年当选为建业银行董事。1952 年任全国工商联筹委会副主委、民建中央副主委。1954 年 9 月当选为第一届全国人大常务委员会委员，1955 年任公私合营永利久大化学工业公司董事长、天津市政治协商会议第一届委员会副主席和中国贸易促进会副主席。1956 年任中华人民共和国食品工业部部长，后改任轻工业部部长。1964 年被选为全国政协副主席。1965 年任第一轻工业部部长，代理民主建国会中央主任委员。李烛尘经历了大变革时代的风雨坎坷，为我国化工事业的发展做出了卓越的贡献。

5. 抗日将领向敏思

向敏思（1907—1974 年），字利锋，永顺县高坪乡人。1937 年八·一三淞沪会战时期，任九十八师五八八团团长，奉命守卫宝山前沿阵地。1937 年 9 月 5 日拂晓，日军飞机配合舰炮轰炸宝山县城后攻入阵地，向敏思率部与敌肉搏苦战，坚持到次日凌晨，在战斗中身负重伤。

伤愈后向敏思调任七十六师副旅长兼四五一团团长，奉命挺进敌后，在皖南大茅山敌占区，与陈毅率领的新四军互相配合，对日作战。不久，其被调升十八军十四师少将旅长。

1941年秋，日寇第二次侵犯长沙时，向思敏已升任七十九军九十八师少将副师长兼政治部主任。在长沙洪山庙，他率部配合友军，与日军打了一场遭遇战，打死打伤日军三千余人。1942年冬至1943年春，日军第三次侵犯长沙，他奉命率部队从广西河池的金城江星夜乘火车赶回长沙，在东山、朗梨一带参战，多次击退日军进攻。战后，他升任九十八师师长。

1943年夏，九十八师奉命开赴江西南城驻防，后又奉命西援第六战区，抗击日军。是年冬，日军打过长江，向常德进逼。"虎贲"部队余程万驻守常德，九十八师配合打外围战，击溃日军。1949年底，向敏思在四川郫县率军起义。1955年至1960年，向敏思任山东省政协副主席、秘书长。

6. 无产阶级革命家李昌

李昌（1914—2010年），又名雷骏随，永顺县人。李昌十四岁离家去上海求学，之后考入清华大学。李昌在清华读书期间心系国家，积极组织抗日宣传活动。主动参加了"一二·九"爱国学生运动，后来又参加了由中共北平市委组织的南下宣传团。李昌于1936年4月在清华大学正式加入中国共产主义青年团，组织了"拥护二十九路军抗日"等爱国运动。

1938年11月，李昌当选为中华青年救国团体联合办事处副主任一职，之后先后任晋西北兴县县委副书记、区党委秘书长、晋察冀四纵队政治部主任等职。

中华人民共和国成立后，李昌曾任北京市青委书记、华北团委书记、团中央书记等要职。党的十二大会上，李昌被选为中央纪律检查委员会书记。

7. 民族研究工作者彭武一

彭武一（1928—1991年），永顺县人。1957年9月，湘西土家族苗族自治州成立后，彭武一任州文化科科长，1980年被调到湖南省民族委员会编写《民族志》。他将湖南省民族委员会于20世纪50年代搜集的资料重新整理写成了《湘西摆手舞和活动情况》《土家族的文学艺术》《土家族的文艺和风习》等文章，又整理撰写了《湘西土家族史略》《唐宋年间土家族先民的族属问题》《巴·土·土家》《"土家"这一汉语称谓的由来》《土家族·巴人·槃瓠》《论板楯蛮》《武陵五溪蛮析》《铜柱耀千古》《铜柱铭文语释》《溪州铜柱的历史意义》等三十多篇论文。这些论文在国内有关报刊上发表后，引起了不少专家、学者的关注。1989年，彭武一的论文结集《湘西溪州铜柱与土家族历史源流》，共选八篇论文九万余字，正式出版后获得了湖南省社会科学联合会颁发的社会科学优秀成果奖。

8. "土家族的女儿"田心桃

田心桃(1928—)，女，土家族，永顺县大坝乡人。其外祖母是苗族，祖父母是土家族。新中国成立时土家族尚未被确认为单一的民族，1950年，作为苗族代表的田心桃到北京参加国庆典礼，她所在的代表团团长潘琪向毛泽东主席介绍田心桃时说："她讲的是土家语，与其他民族都不一样。"时任中共中央秘书长的林伯渠，又与田心桃谈了很多关于土家语言、风俗的话题。中央领导的亲切关怀和党的民族政策极大地鼓舞了田心桃，她向党中央提出了"自己不是苗族而是土家族，并且请求确认土家族是一个少数民族"的建议。

1950年10月，团长潘琪向中央有关领导汇报了田心桃的建议。她的建议引起了中央领导的高度重视，派著名人类学、民族学、语言学专家杨成志教授，中国科学院语言研究所所长罗常培教授研究土家族风俗。当月，经田心桃发音、罗常培教授等专家组成员鉴定，确认土家语属于汉藏语系藏缅语族土家语支。

1953年9月，党中央又派以汪明瑀教授为首的中央调查小组到湖南土家族调查。在专家小组赴湘西考察期间，田心桃担任向导，介绍相关情况，收集实物佐证。根据调查情况，时任全国政协民族工作组组长的潘光旦教授撰文《湘西北的土家族与古代巴人》、汪明瑀教授撰文《湘西土家族概况》，从事实上、学术上论证了土家族为单一民族。

1957年，土家族被正式认定为我国的一个单一的少数民族。作为最早向中央提出土家族为单一民族的土家族人，田心桃的心情万分激动，她在1985年撰写的回忆文章中写道："我不仅万分感激党的民族政策，而且也为自己的民族感到自豪。"

田心桃在河南师范大学任教后期，编写了《土家语手册》《确认土家族为单一民族的经过》《土家儿女永远怀念毛主席》等许多有价值的文字史料。2009年，中国民族出版社出版了图书《土家女儿田心桃》，高度评价了她为土家族的民族文化和各项事业做出的贡献。

9. 国家级毛古斯舞传承人彭英威

彭英威(1933—)，永顺县双凤村人。很小的时候，彭英威就跟随父辈们学习毛古斯舞，所以他对整个舞蹈的表演流程较为熟悉。在1997年由永顺县组织的大型"社巴日"活动中，彭英威领演的毛古斯舞刚劲、豪放，将远古时代的原始艺术表现得淋漓尽致，所以他被公认为土家族毛古斯舞的掌门人。之后，彭英威先后培养了百余名徒弟。2004 年，彭英威指导的土家族毛古斯舞在南昌国际傩文化周上获得金奖。2008 年 1 月，彭英威被国家文化部认定为"国家非物质文化遗产项目湘西土家族毛古斯舞代表性传承人"（图 4.1）。

图 4.1　彭英威所获认定证书

（图片来源：作者自摄）

10. 民间舞蹈家田仁信

田仁信（1933—），永顺县大坝乡双凤村人，著名民间舞蹈家。在双凤村，摆手舞是一种家族传承的民间舞蹈。田仁信六岁便随爷爷和父亲学习摆手舞，正是这种家族的熏陶使得田仁信对摆手舞的表演流程了如指掌。田仁信老人曾作为湘西州的代表参加长沙举行的少数民族文艺演出，也曾作为代表上北京参加会演并受到老一辈国家领导人的接见。永顺县文化局于 2000 年特聘田仁信老人给当地艺术团教授摆手舞。田仁信为摆手舞的传承和推广做出了巨大的贡献，被公认为土家族摆手舞的传承人。

11. 民族教育家彭英明

彭英明(1941—)，永顺县大坝乡双凤村人，教授，原中南民族学院院长。1964年7月，毕业于中央民族学院分院(中南民族学院前身)历史系，后留校任教，从事马克思主义民族理论、民族史和中国近代史的教学研究工作。先后出版了《原始群与民族》《民族新论》《马克思主义民族理论与中国民族问题》等著作。他所主编的教材《新编民族理论与民族问题教程》(国家民族委员会"八五"规划教材)于1995年由中央民族大学出版社出版发行。该教材出版后，被所有的民族高等院校采用为民族理论与民族政策课程的教材，前后6次印刷，总发行量达32000册，可以说是全国同类教材中最有影响的一本。1995年以来，他关于民族问题的相关论述也逐渐成为学术界的共识。

从双凤村及周边乡村中涌现出的一代代土家族人杰英豪，为民族解放、祖国建设和服务人民做出了不可磨灭的贡献。乡贤以他们优秀的品行及广博的学识影响后人，积极投身于当地的人文、社会的发展。他们的精神和事迹也将一直在双凤村流传下去，为历史所铭记。[59]

(以上资料由永顺县民族事务局提供，笔者整理所得)

4.2.2 乡贤文化的影响及意义

乡贤文化是乡贤意见、观点的汇聚，对社会秩序的稳定、社会风气的净化以及当地民众的行善行孝等方面都有重要的影响。双凤村的传统乡贤文化归结起来主要有爱国、重教、自信自强这三大要素。

1. 爱国

从抗倭民族英雄彭翼南到抗日将领向敏思，时间跨度有几百年，只要是国家遭遇外侮，土家族人就会毫不犹豫地保家卫国。"王江泾之战"中，"数千倭子乘胜而上，非永、保之兵力挫其锋，则何所不至"，以彭翼南为代表的乡贤顽强勇敢，不畏强敌。八一三淞沪会战中，向敏思率领部下与敌人肉搏苦战，二营全营官兵六百余人均壮烈牺牲，向敏思身负重伤仍然死战不退。爱国实业家李烛尘主持中国最大的化工企业"永久黄"迁川，筹备抗战物资。无产阶级革命家李昌积极组织抗日救亡运动，开展敌后抗战工作。这些乡贤的事迹在双凤村广为流传，他们以自己的实际行动激发了村民的爱国热情，久而久之，形成了双凤村土家族人共同的精神特质。

2. 重教

清代竭力执教的诗人彭勇行、近代一生心系教育的彭施涤、现代的民族研究工作者彭武一、当代的民族教育家彭英明……这些乡贤有着高于普通民众的文化知识和精神素养，有着为官的阅历和广阔的视野，对双凤村的民众生活有深刻的了解。他们都心系教育事业，关心家乡子弟的教育和成长，有些乡贤辞官归故里后，在乡间承担着传承文化、教化民众的责任。比如彭施涤先生曾留学日本，又担任过政府高官，但一生都致力于教育事业，晚年辞官退隐后，用积蓄购买十余万册书籍带回家乡，促进了家乡教育和文化事业的发展。这些乡贤们引领着一方的风气和文化，使尊师重教成为传统，在双凤村薪火相传。

3. 自信自强

"土家族的女儿"田心桃在向党中央提出"请求确认土家族是一个少数民族"的建议时，只有22岁，是一名普通的中学教师；彭英威老人一生务农，却将土家族毛古斯舞推到了国际金奖的高度；田仁信老人没有上过学堂，却将土家族摆手舞带到了人民大会堂……乡贤们认为土家族是一个优秀的民族，土家族的传统艺术有着自己独特的魅力，土家族的传统文化不比其他民族差。正是这种民族自信和文化自信，使得土家族的传统文化能够发扬光大，走上国家级和世界级的舞台。乡贤文化确立了双凤村土家族人的文化自信，增强了双凤村土家族人的民族自豪感，甚至影响到了整个土家族的民族心理，增强了全民族的身份认同和文化自信。

随着时代的发展，人们的价值观逐渐多元化，乡贤文化的延续和发展也遭遇了困境。但是，乡贤作为被乡村民众认可的长者、贤人，依托他们在乡村中的声望，在乡村的社会治理等方面依旧有着重要的积极作用。他们作为楷模和榜样的作用不可或缺，他们传承民族文化的责任比以往更重。

目前双凤村有两种类型的乡贤，一为"在场乡贤"，二为"不在场乡贤"。"在场乡贤"即指那些扎根本土的乡贤，他们传承着土家族的传统文化，如毛古斯传承人彭英威、摆手舞传承人田仁信、哭嫁歌传承人严水花等。还有一种乡贤出去奋斗，有了成就再回馈乡里，如原中南民族学院院长彭英明教授等。外出奋斗的"不在场乡贤"虽然不在家乡，但他们的思想观念、知识财富依旧可以通过各种方式来影响和支持当地的发展。[60]

受我国传统文化的影响，每一位出身乡村的知识分子或普通民众都怀揣着一颗回馈本土的热忱的心，即使身处异地、离家千里，他们对故土深深的思念和认同也是不会因之改变的。虽然如今的乡村发生了翻天覆地的变化，但他们依旧保持着内心的稳定和灵魂的坚守，乡贤文化在很大程度上给予了这些人精神上的慰藉。现今乡村的传统社会秩序正受到外界强烈的冲击，怎样重新构架稳定的乡村社会秩序，这就需要重新提倡乡贤文化。

乡贤文化在推进乡村现代化建设方面同样具有重大的意义。在现代乡村建设中应大力弘扬乡贤文化，充分利用乡贤文化的引导作用，对乡贤文化进行一定的优化与调整，使乡贤文化能够满足村落不断发展的需求。

第 5 章
民俗文化与非物质文化遗产

民族的风俗习惯即为民俗，它是指一个民族在社会生活各方面的传统，其中包括物质文明、精神面貌和家庭婚姻等，是各民族人民历代相沿积久而形成的风尚、习俗。"民俗"这个概念，很早以前便已经在古籍文献中出现过，在《礼记·衣》中提道："故君民者，章好以示民俗，慎恶以御民之淫，则民不惑矣。"《管子·正世》曰："料事物，查民俗。"《汉书·董仲舒传》云："变民风，化民俗。"民俗是在漫长的发展过程中逐渐形成的。大家共同遵循一个相对固定的形式，并在一定区域内互相认可它，这便成了民俗。而非物质文化遗产是指各族人民世代相传并视为其文化遗产组成部分的各种传统文化表现形式。非物质文化遗产不仅是宝贵的、具有至关重要的价值的文化资源，同时更是历史发展的见证。村落民俗和非物质文化遗产凝结并沉淀了村落先民们长期的思考与智慧，是村落文化的重要组成部分。[61]

5.1 村落的民俗文化

尽管民俗只是人们生活中自发形成的一种约定俗成的"民间文化",但是其意义确实异常重要。民俗可以视作一种"集体无意识"的力量,这股力量对社会产生的影响是不可估量的。文化的多样性造就了这个丰富多彩的世界,而文化之间的对抗性则会造成巨大的灾难,所以要尊重不同民族的风俗和习惯。

5.1.1 饮食文化

一个村落的饮食文化,要受到村落的自然地理条件、民族构成及历史积淀的综合制约,因此,每个少数民族传统村落的饮食文化都有其自身的特点,双凤村的饮食文化就具有浓郁的地域特色和土家族的民族风情。本部分主要从日常饮食、特色食品、酒、茶、烟五个方面诠释双凤村土家族的饮食文化。

1. 日常饮食

有一句谚语说"一方水土养一方人"。双凤村地处大山深处,地势高差较大,垂直性气候明显,气候复杂多变,平时湿度较大,夏季十分炎热。由于山里湿热的环境,村民在饮食中经常使用可以除湿驱寒的辣椒、山胡椒、生姜、蒜等佐料,并经常将豇豆、辣子、萝卜干、糯米酸辣子、苞谷酸辣子等食品进行加工。家家户户每年到了秋冬后都要腌制几坛辣品。辣、酸的味道正是土家族菜肴所讲究的,这从双凤村的一句俗语当中就可以看出,"三日不吃酸和辣,心里就像猫儿抓,走路脚软眼也花"。

和全国大多数土家族人一样,双凤村村民也是将猪肉作为主要的肉类,鸡、鸭、鱼等也是他们常用的肉食品。双凤村村民习惯腌制猪肉,将其制作成腊肉后储藏起来,待到以后需要时再拿出来食用,因为这样能够更长时间地对肉类进行保存。大白菜、南瓜、香菇、胡萝卜、莴笋、土豆、包菜、茄子、蒜苗、酱瓜等是双凤村村民主要食用的蔬菜。此外,包括野白菜、笋子、荠菜、鱼腥草、田鸡、野猪、野鸭等在内的一些野生动植物也是当地居民经常端上餐桌的食材。双凤村村民主要使用茶籽油作食用油,因为村里有大量的茶树,出产大量的茶籽。

2.特色食品

（1）炒米。先将糯米用水浸泡一天，然后加点油，再用箅子（蒸笼）去蒸，等蒸透后再拿到太阳下晾晒直到晒干，最后和上油与沙子一起放到锅里炒，炒干之后，用筛子把沙子筛掉，一盘炒米就制作完成了。在过节、结婚或是生小孩等重要日子，村民都要准备炒米共同庆祝。

（2）粑粑。粑粑俗称"年粑粑"，其制作过程是：先将糯米用水淘净，然后用簸箕筛，等到糯米晾干后再将其蒸熟，紧接着放到木槽中舂打，最后将打好的糯米分成块，压平。家家户户每到过年都要用糯米制作粑粑，它是双凤村土家族人非常喜欢的食品。

（3）熏制类肉食。双凤村村民喜食熏肉，包括自宰自食的猪肉、羊肉、牛肉，以及狩猎所得的野猪肉、山羊肉、兔子肉、野鸡等，几乎无肉不熏。熏腊肉，不仅味道好，更关键的是存放时间长，以前双凤村地处山区，交通不便，村民们必须用熏制的方法来保存肉类。

腌制腊肉的方法简单，将新鲜猪肉切成 3～5 斤大小的条块，洒上食盐、花椒、山胡椒粉放在缸内 7 天左右，取出后，穿上棕叶挂在火塘上方，用柴火烟熏两个月，其中以柏、松、茶树枝柴火为上等。从冬月经腊月，到正、二月即可入食。

（4）血豆腐。把豆腐和猪血、猪肉以及各种佐料包括花椒、辣椒等，搅拌成泥状并捋成球状，然后在其下方垫上竹筛放在火塘上进行熏烤，在烤制过程中时时观察，等到颜色变为蜡黄后就可以食用了。

（5）酸制品。双凤村常见的酸制品有酸鱼、酸肉、酸藠头、酸萝卜、青菜酸等几十种，其中以青菜酸最为有名，曾经是清朝的皇家贡品。[12]307-308

3.酒

酒一直以来为双凤村村民所喜爱。妇女爱喝用糯米制成的甜酒，在寒冷的季节，甜酒中加上少量红糖，再用小火烤热，十分香甜可口；男人爱喝烈一些的酒，如苞谷烧（玉米酒）、高粱酒等。凡是红、白喜事，或者邀朋聚首，都必须主饮客醉。

双凤村的"竹筒酒"十分独特，是将正在生长的竹子取其中一节，在这节竹节上部钻一小孔，然后用工具将酿好的白酒灌进去，一个竹节大约能灌一斤左右的白酒，灌满后用塞子将小孔封闭，等待一个月之后，再将竹子砍下，将竹节两端锯平，即可开封取酒，此时白酒的颜色已从透明变成淡黄色，并带上了竹子淡淡的清香。

4. 茶

双凤村有大面积的茶园，这里出产的绿茶曾获得过省级质优银奖。双凤村村民饮茶的习俗很有特色，他们一般不喝纯的茶水，而是喜欢在冲泡茶叶时加入一些其他食品，比如鸡蛋、炒米、蜂蜜、芝麻等，做成蛋茶、炒米茶、蜂蜜茶、芝麻茶等独特的饮品。双凤村村民不仅用茶叶泡茶，还用茶果煮茶。

双凤村土家族人饮茶的习俗保留着唐宋时期的古风。茶圣陆羽在《茶经》第五节《煮》中，专门阐述了煮茶的过程。"初沸，则水合量，调之以盐味，谓弃其啜余，无乃而钟其一味乎，第二沸，出水一瓢，以竹环激汤心，则量末当中心而下。有顷，势若奔涛溅沫，以所出水止之，而育其华也。"先碾压茶叶直到成为碎末状，制成茶团，将茶在饮用时捣碎，添加各种调料包括葱、姜、橘子皮、薄荷、枣和盐等一起煎煮，这是唐宋时代通行的煮茶法。宋元以后，煮茶才逐渐改为泡茶，而且不加入调料。双凤村的茶文化至今还保留着加调料、煮茶的习俗，可见，传统习俗历经千年仍然有着顽强的生命力。

5. 烟

在双凤村几乎家家户户都种植了一些草烟，这里的男子都习惯吸草烟。烟叶收割后先晾晒，等到晒干之后再用稻草包裹，最后挂在通风处。现在纸烟和旱烟是双凤村土家族男人主要吸食的两种烟。村里的烟筒做工精致，外观精美，大部分人都会自己亲手制作吸旱烟的烟筒。旱烟（图5.1）味足劲大，往往是老人喜欢抽的，而大多数年轻人则已经习惯吸纸烟。

双凤村土家族人款待贵宾的传统盛宴是"长龙宴"，一般在摆手堂前的坪地上举办，把饭桌拼在一起，摆成长条状，形如长龙。作为重大喜庆节日款待贵宾的方式，"长龙宴"（图5.2，图5.3）以其隆重、热烈的形式体现出了土家族人朴实、好客、热情的性格。"长龙宴"除了腊肉、豆腐、蔬菜、猪肉、粉丝等食物以外，还会有双凤村村民特制的酸辣子等特色食品。

图 5.1 村民抽旱烟旧照

（图片来源：村委会提供）

图 5.2 双凤村长龙宴

（图片来源：作者自摄）

图 5.3 双凤村长龙宴菜品

（图片来源：作者自摄）

从原始社会到传统农业社会，从食不果腹到丰衣足食，饮食的变化最直接地反映了村民生活水平的变化。自古以来，一代代双凤村人用自己的双手辛劳耕耘，播种粮食，养活自己和家人，在有限的环境下，发挥无穷的智慧和创意，发明出许许多多种食物的保存和制作方法。中华人民共和国成立之后，为了让双凤村村民吃上新鲜的食物，每周固定时间，政府都会派车从山外将新鲜的肉类、水果、蔬菜等食物运进村里（图5.4），改善村民的膳食结构。由于有了新鲜的食材来源，村中不再采用熏制方法大量地制作腊肉，但仍会少量制作来怀念记忆中的风味。

图 5.4　送菜下村的场景

（图片来源：作者自摄）

5.1.2　服饰文化

少数民族服饰文化是中国服饰文化中的璀璨明珠，不同民族的服饰往往风格迥异，能充分体现各民族的特征和个性，同时承载着各个民族的文化传统。

1. 男装

双凤村土家族男子常头戴青丝帕或青布帽，长约七至九尺①。较为古老的上衣称为琵琶襟。老人们习惯穿满襟衣，青年穿对胸衣，满襟衣是没有领子的，而对胸衣是高领子的。衣服的颜色常常以青色为主，裤裆较大，裤脚略短。裤腰以白色为主，青年人习惯把白裤腰露出，并将耍絮和花荷包吊于腰带两侧，因为这是情人赠送给他的信物，故意挂在外面有炫耀之意。而老人们喜欢将烟袋系于腰间，并将火柴盒、卷烟纸等放于烟袋之上，美观且实用。冬天老年人穿双鼻大棉鞋，穿布袜；青年人穿瓦瓦鞋或两节瓜鞋，喜爱打绑腿。雨天穿牛皮钉鞋，

① 1 尺 = 33.33 厘米。

上山一律穿草鞋，夏天以穿多耳麻鞋为时髦。

2. 女装

双凤村土家族女子头包九尺至一丈二尺五寸①的丝帕或青布帕，一层层地裹起来，但不包成人字路。传统的土家族女装的上衣主要有以下几种：

（1）外托肩。没有衣领、绲边，开襟向右，有两条不同的青边在衣襟的袖口且没有贴花条。

（2）银钩。有短衣领，衣襟和袖口缀上一条宽青边，后面再等距离地贴上三五色花梅条，胸襟用彩丝绣钩花。

（3）青蓝布衣。用白竹布绲边，衣服大而长，以盖着臀部为宜。衣袖大而短，古朴而不轻佻。

二月和八月，不冷不热的季节，青年妇女喜穿白竹布汗衣，外套青蓝背褡，俗称"喜鹊套白"。女裤多用青蓝色或紫色，蓝布加青边，青布加蓝边或白边，稍上贴三条等距离的梅条。

最为华丽的要数新娘出嫁时穿着的"露水衣"。衣服开襟向右，长袖摆动，色彩绚丽，下有八幅摆裙或百褶裙。全套银饰被佩戴在新娘身上，光彩夺目，令人目不暇接。头上佩戴俗称"凤冠"的"箍箍帽"。[12]304-305

女鞋很讲究，鞋口绲边，挑"狗牙齿花"，鞋面喜用青蓝色或粉红绸子，上面绣各种花草鱼虫，或蝴蝶、或蜜蜂、或蜻蜓、或虾子等，其鞋式有尖尖鞋、瓦鞋。

每逢做客或喜庆场合时，女子头戴多种首饰，有玉宝针、芭蕉扇、莲蓬，胸面挎扣花、牙签，上系银牌、银丝、银珠等。耳上吊各种耳环，手腕上戴金、银、玉石的手镯，手指上戴各种戒指。这些都是喜庆场合中的特殊装饰，一般时候的穿戴以朴素为主。

发式因年龄而异，少女蓄茶盖头、羊角辫子，十二岁开始留满头，留长辫子，结婚的中青年妇女挽起"粑粑髻"，老年人因头发较少，挽"猪屎它它"。

3. 童装

双凤村土家族小孩的服饰最有特色的是帽子，按时令季节和小孩的年龄来确定帽型。从时令季节上分，二、八月戴紫金冠；夏季戴圈圈帽、小圆帽；冬季戴荷叶帽。这些帽子的帽面，除用五色丝线绣有各种花鸟鱼虫外，还缝有文八

———————

① 1丈=3.33米，1寸=3.33厘米。

仙、武八仙、十八罗汉、小算盘等装饰品。从小孩的年龄上分，满月婴儿，妈妈会用布缝制"金布小帽"；半岁以上的小孩，春季和秋季，戴"虎头帽"、穿虎头鞋。虎头帽的左右两侧有向前张开的双耳，耳上都被绣上"王"字，一尊银制的菩萨嵌在帽子正面，有时也会嵌"福禄寿喜"的字样，同时还会用红绿色的丝线在一块黑色布帕上绣上花并镶在帽子后面，用银链在帽尖处穿过，并镶有 6 个银制的铃铛。戴"虎头帽"的习俗与双凤村土家族的"白虎图腾崇拜"有关，其用意在于把小孩打扮成老虎的模样，避免邪恶的"穿堂白虎"伤害小孩。

"荷叶帽"是将两块荷叶式的布缝制在一起（即相互覆盖在一起）制作而成，别名又叫"扣帽"，布上同样绣花、镶有 6 个银制的铃铛，主要在天气寒冷的季节穿戴。[12]304-305"圈圈帽"和小圆帽则是夏天常戴的帽子。"圈圈帽"通常的制作方法是首先将布条缝制成圆圈状，并将龙图案和花图案用丝线绣上，最后在正面缝上 10 个菩萨，而这些菩萨都是由银子打制的。小圆帽是用蓝色或黑色的布料做成圆帽，并在上面绣上花，把一根丝线编的小辫插在圆帽的顶上即可，制作相对比较容易。[12]305

在双凤村土家族里，小孩子的手腕、手节或是脚腕上，常戴有多种金银圈、金银空心瓜锤、响铃等。颈项上还套有项圈，胸前垂有百家锁，百家锁上镌刻有"长命富贵，易养成人"八个字。小孩衣服上套兜，上绣各种花草。孩子的鞋子也有几类：尚不能走路的幼儿有粑粑鞋、猫儿鞋；能走路的儿童穿长筒鞋、娃娃鞋。婴幼儿阶段的服装并不区分男女款式，三四岁后，男女服饰才渐有区别。

据清雍正《永顺县志》记载："土司时，男女服饰不分，皆为一式，头裹刺花布头巾，衣裙尽绣花边。"[63]结合笔者在双凤村的田野调查和永顺县民族事务局提供的资料，我们可以推断出：在"改土归流"前，当地的服装依然还是以遮盖身体、抵御寒冷作为其主要功能，其服饰的款式并不区分男女性别。雍正年间"改土归流"后，统治土家族地区数百年的土司制度彻底终结，外来思潮迅速涌入当地，土家族人民的生产及生活方式发生了变化，服饰也随之发生了巨大的改变，有了男装、女装、童装的区别。现在，受外来文化影响，双凤村土家族人的服饰改变很大，人们日常主要穿着休闲、新潮的休闲装和朴素、耐用的劳动装，同时多样化、时髦化已成为村民着装的趋势。[64]根据笔者在村中的田野调查，人们对多样、时髦的现代服装认同感较强，在经济条件允许的情况下，大部分人会选择随意、时尚的休闲装和朴素、耐用的劳动装，只有极少数老人还在穿戴传统的土家族服装（图 5.5，图 5.6）。

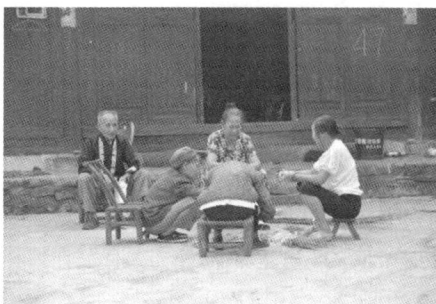

图 5.5　双凤村日常服饰 1
（图片来源：作者自摄）

图 5.6　双凤村日常服饰 2
（图片来源：作者自摄）

5.1.3　婚嫁文化

婚嫁是每个人一生中的大事，双凤村的传统婚嫁习俗具有鲜明的土家族民族特色，无论是婚嫁的条件还是仪式的流程，都集中反映了土家族的传统文化。

1. 婚嫁的条件

一夫一妻制是双凤村的基本婚姻形制，即便是在氏族外婚中，这一原则也必须遵循。婚嫁形式在过去，主要有"姑表亲""坐床亲""衣裸亲""孝堂亲"等几种形式。

"姑表亲"，就是表兄妹之间结亲。在旧时，姑表结亲是双凤村的传统，姑氏之女嫁舅家之子，反过来舅氏之女嫁姑家之子，这种婚姻方式可以使姑舅两家"亲上加亲"，增强家族的力量。由于对遗传学认识不足，在中国古代没有限制近亲结婚的法律，只有同姓不得通婚的惯例，"姑表亲"不仅盛行于土家族地区，在汉族中也很流行。从现代优生学的角度，近亲结婚孕育的后代往往智力低下，残障率高，因此，"姑表亲"实际上是一种陋习。

"坐床亲"是指一家之中若哥哥不幸死去，如果其弟尚未娶妻，兄媳要与其弟成亲，叫"弟坐兄床"。反过来说，如果弟弟死去，弟媳与尚未完婚的哥哥成亲，叫"兄坐弟床"。除了土家族外，"坐床亲"也曾经在其他一些少数民族盛行，《史记·匈奴列传》载："父死，妻其后母；兄弟死，皆取其妻妻之。"当一个女子嫁到夫家时，从此她不仅作为夫家的一个家庭成员，同时也成为夫家氏族中的一个氏族成员。如果丈夫逝去，妻子改嫁，那么她脱离的不仅是夫家，同时脱离的还有夫家的氏族。所以由兄弟去继承她们的婚姻关系，其根本目的是使她们不能离开夫家的氏族，从而把女子留在本氏族之中，所以说"坐床亲"是氏族社会风俗习惯的遗留。"坐床亲"在"改土归流"以后逐渐在双凤村区域消失。

"衣襟亲"就是大家俗称的"指腹为婚"。双凤村土家族人好交结，讲义气，若是两个要好的朋友，其妻刚好同期怀孕，为了友谊长存，即事前商定，若生一男一女，则约为亲家，一诺千金，决不悔改。

"孝堂亲"是双凤村土家族最为奇特的婚姻风俗。孝堂，原本是长者过世后，祭奠亡灵、举办法事的地方，根本不是成亲的场所。但是在土司时期及漫长的封建社会里，大多数土家族人经济困难，尽管为儿女们找了对象定了亲，但在有生之年没有能力为他们成亲，直到生命快要结束时，才不得不向亲朋交代：如果我死了，请亲族出面，让儿子和儿媳在我灵前拜堂成亲，以了遗愿。

改土归流之后，双凤村人的通婚对象只需要双方满意即可，就没有地域或民族方面的限制了。以前，村里对结婚并没有年龄方面的限制和规定，最小的有十三岁就结婚的，大部分人是十七八岁结的婚，20世纪80年代以后，随着婚姻法的全面普及，双凤村土家族人都是按照法定的年龄结婚。

2. 婚嫁议程及习俗

双凤村土家族人传统婚嫁的议程主要分为如下几个流程：

（1）请媒人说亲。双凤村土家族男女如果想要建立婚姻关系就要邀请媒人来说亲，因为在结婚以前，两人都是素未谋面的，如不按此流程就会被视为不守规矩。媒人要想圆满地完成一场说媒，一共需要到女方家三次。具体按如下步骤：第一次，媒人被男方请到女方家说亲。如果男方得到了女方父母的初步认可，女方就会把他们的想法告诉媒人。第二次，这次媒人去女方家，就需要带上一斤肉、一斤酒作为礼物，礼物一定要成双，还有一把必不可少的红伞。因为土家族人认为如果伞撑开了就表示两个人合不到一起来，就会散，所以一路上伞一定是要收起来的，即使是在下雨天也绝不能撑开。红伞的拿法也很讲究，来女方家说亲的时候，伞尖要冲着后面，竖直放在女方家的门口，而在女方家说亲成功后，就要反着拿伞，把伞柄冲后，意思是将女方家的好消息带回男方家。在女方家，如果姑娘的父母同意了这门婚事，就会把礼物收下，同时将其放入女儿的房间内。土家族人所说的"送开口礼"便是这个过程。媒人第三次去女方家，就会询问女方的生辰"八字"，等问到之后，男、女双方的家长就会请算命先生去合他们两人的"八字"。而八字会直接影响亲事的成功与否，合，这门亲就算是定了；不合，就会取消这门婚事。一般合好的八字会被保留在女方家中。媒人说亲成功之后，就会告知男方父母需要建新房子了。在双凤村建新房有一个特别的习俗，就是偷别人家的树用来做新房的主梁。因为在双凤村有这样一个传说：偷来的梁可以旺孩子的前程。偷树的时候并不是蹑手蹑脚，而是故意弄出很大的声响，让被偷的人家发现，被偷的人并不会生气，虽然会破口大骂，假装追赶偷树的人，但是心里却也和偷树的人家一样开心，因为他们觉得自己家的树被人看中了是件荣幸的事。

（2）认亲。婚事定下来之后，男方需要到女方家里去认亲戚，一般都会由媒人领着小伙子一起去。男方在认亲这天，不仅需要准备好各种礼物包括酒、肉、糖、面等，还要给女方的亲属(舅、叔、伯)准备好足够的礼金。准备的礼物视男方家的经济条件而定，但是一定要成双数。女方家的亲属也会给男方回一些礼金或者礼物。男方在认亲当天会和各位长辈在女方家里聊一些家常，并一直等到吃了饭以后再回去。

（3）取"八字"。等"八字"合好并且认完亲以后，男方要再次带上肉、酒以及专为女方缝制的数量成双数的新衣服，去女方家取"八字"。当年过年，男方就会到女方家去拜年，并准备好一些礼物，包括带着猪尾巴的猪后腿。如果猪腿连着猪尾巴被女方一同收下，就意味着女方同意等到来年就结婚。但如果女方拒绝来年结婚，就会把猪尾巴割下来并包裹上红纸，悄悄地放进男方的背篓里面。而媒人等到女方同意结婚之后，还会被男方邀请到女方家里去商量何时过门。由于冬天是农闲，所以这段时间常常会被选为结婚的吉日。再加上婚宴需要准备大量食物，气候在此时比较寒冷便于食物的储存。选日子这件事是不能马虎的，其中同样有非常多的讲究，主要是根据男女双方的生辰"八字"来推算，如果当年没有吉利的日子，就会推迟到来年。

（4）过礼。在男女双方商榷并选定结婚吉日之后，待嫁的新娘就会收到男方做的新衣。一般的规则是婆家做什么样的衣服，娘家就会做与之相配的裤子。而所谓的"过礼"就是指，男方会在结婚的头天晚上带上刚完成的新衣，并挑上猪肉、酒等一担礼物给女方家送去，与此同时，伴随新娘前来的女友们也会收到新郎赠送的糖果。

（5）出嫁前准备。准备出嫁的新娘与她的母亲、嫂子等到了夜晚要唱起"哭嫁歌"，时间自婚期择定之日起到举办婚礼前，少则半个月，多则一个半月，长短不一。陪同新娘一起哭的一般都是女方的母亲、嫂子、婶婶、伯母、姐妹以及朋友等。内容上既有教育女儿如何在夫家相夫教子，同时又有对于女儿离去的不舍之情。

　　新娘家在出嫁前两天要请来厨子和安排新娘出嫁具体事宜的总管，等到出嫁的前一天，新娘家还要操办酒席招待亲戚。这一天，许多亲戚都会过来，新娘家里往往热闹非凡，亲戚们会送来铺盖，帮助整理新娘的嫁妆。新娘家会把几张门板摆放在堂屋外，同时将一层纸铺放在上面，纸上再放上亲戚送来的铺盖。而亲戚们送来铺盖数量的多少，往往就可以反映新娘家的富裕程度。晚上，新郎家会派来执事人，与新娘家商量出嫁的具体事宜。

　　（6）接亲。婚礼当天，男方一般会请家里的长辈做礼官。礼官就是带头迎亲，负责男子婚礼上一切事宜的管家。新郎在家里带上红花，然后向长辈们一一叩首行礼，之后就出发接亲。新郎必须提前准备好压轿鸡、压轿酒、迎亲布和"三茶六礼"等，为接亲做准备。"三茶"是指用红纸包三个钱包，分别给做饭、做菜、烧茶的人，而"六礼"则是指包六个红包，送给四个抬花轿和两个打火把的人。走在迎亲队伍最前面的是礼官，新娘的亲戚会拦门，要求男方的礼官对对子，如果女方被问住，就得搬开桌子，迎新郎进门；如果男方的礼官输了，就只能奉上礼物，求情认输。

　　（7）出嫁。出嫁当天的早饭之后，包括铺盖、箱子等嫁妆就会被女方家全部摆到堂屋的外面。负责打溜子和抬轿子的队伍都由新郎家派来。在娘家，新娘在几个妇女的帮忙下最后一次梳洗干净并打扮漂亮。新娘的头发一般会梳成类似糯米粑粑的形状，即土家族人所称的"粑粑髻"。而所谓的"梳头礼"就是指将包括茉莉针、瓜子针、银针等在内的五根针插在发髻上，同时再将银制的莲蓬样式、芭蕉扇样式的花戴在头上。"梳头礼"象征着女孩从此已经正式成人，即将成为一名贤妻良母。打扮完毕后，新娘会由其兄弟从房里背进堂屋，放在堂屋的板凳上站好，保持脚不能落地的状态。然后，新娘将两把筷子拿在手里，每把八双，左手抓起一把筷子撒向后面，右手抓起一把筷子撒向前面，同时边撒边哭唱："前撒金，后撒银……"这是对娘家的美好祝福。站在板凳上的新娘，还要对背自己的兄弟表示感谢，并祝福自己将来的生活幸福美满。男方的轿子就在堂屋里停着，等新娘唱完后就会被其兄弟背到轿门旁，由站在轿门旁边的婶娘将新娘推进轿子里去。为了防止路途当中的大风吹开轿门，待新娘进入轿子之后，轿夫就会用绳子系住轿门。男方家在发轿前会派来执事人点亮新娘家中神龛上的灯并把香烛装上，同时新郎家还会派来一个比新郎小一辈的男性与执事人一同在神龛下磕头，拜谢新娘家的祖先。拜完神龛之后，堂屋外的人就开始放起鞭炮、敲起锣鼓，在爆竹锣鼓声中，轿夫起肩，吹吹打打的送亲队伍也正式出发了。到了新郎家，在伴娘的搀扶下，新娘走出轿门，走进堂屋。一个左手拿七星灯（在一个灯具上点了七根灯草）的梯玛会站在堂屋里，右手拿一个筛子放在七星灯上，并照向新娘。还有一个火盆会被放置在堂屋中，新娘必须一步跨过去。七星灯和火盆都是为了除去新娘身上的"邪气"，保佑她能够使夫家兴旺发达。

（8）拜堂。新郎结婚当天会穿蓝色长衫，头戴草帽或皮制的博士帽，帽上插有特定样式的银制新郎花。而新娘则会穿上红色的嫁衣，戴上红色的蒙帕。拜堂仪式在新郎家的祖宗神龛前举行，程序和汉族基本一样，都是拜天地、拜父母、夫妻对拜。

（9）抢床。这是双凤村土家族人婚嫁的独特习俗，为了争着去坐新房里的床，新郎新娘双方完成拜堂之后，都会立马抢先冲进新房。因为据说先坐到床上的人将来就有当家的资格。男左女右，以正中为界是"抢床"时的原则。在争夺过程中，聪明的姑娘会冲上去直接坐在界线上，而新郎往往也不甘示弱，如此一来，双方互不相让，场面乐趣十足。

（10）洗"和气脸"。结婚当天家里的所有人都要洗"和气脸"，打来一盆井水，所有人都用这盆水洗脸，表示一家人从此以后和和气气。洗脸的次序也是有讲究的，先从新娘开始，其次是新郎，再然后是家中的长辈、小辈。新娘出嫁前要为男方家所有人做好鞋子，并在结婚当天送出去。参加婚礼的客人们会带上好酒以及刚收的稻谷送给新人，祝福新人长长久久。接下来就是隆重热闹的婚宴。

（11）闹洞房。当天晚上闹洞房，按土家族的俗语"三天不分老少"，即无论年轻人还是老人都可以参加，但是一般是没有老人参加的，因为他们觉得这是年轻人的事情。闹洞房时人们通常都会找新娘要东西，男的喜欢烟，女的喜欢糖。而花生、糖、核桃、橘子、葵花籽等都会被摆在新房的棉被中，意为祝新婚夫妇早生贵子。

（12）回门。到了结婚的第三天，新娘必须要回娘家，这种习俗被村民们称为"三朝回门"。这一天早饭吃完之后，新娘会背着细背篓，并将一把伞以及糖、酒、肉、面、菜等礼物装在里面，或是由新郎相伴，或由男方派一名小辈陪同回去，吃完中餐后再回婆家。新娘回新郎家时，在新娘家被称为"老客"的长辈会跟随一同前往，跟随的老客可以多达三五十人。他们抵达男方家后要寄宿一夜后方会离开，在此期间，男方家会有同辈人相陪，一起聊天吃饭。等到在夫家再住上十天后，新娘又会被新娘的哥哥接回娘家住上两天。新娘这次回娘家必须要带上两瓶酒，然后由新郎在两天后将其接回。[12]161-166

由于受到汉族文化的影响，现在双凤村的婚嫁程序开始逐渐简化。结婚的相关事宜商定好以后，男方只要准备好一些米和油以及几千块钱给女方送过去，合好"八字"后去政府机构办理结婚证，这样就可以正式结婚了。而传统婚俗中只有包括送开口礼、认亲、取"八字"等在内的几个主要环节被保留了下来，"哭嫁"习俗虽然保留了下来，但时间缩短了很多，一般只持续3天。西装、皮鞋成为新郎的结婚礼服，而大红衣裙、高跟鞋则成了新娘的结婚礼服。

婚礼当天的程序也相对简化，有些仪式再没有出现过了，如坐花轿这一习俗已被现代的交通工具所代替。因为现在村中的青年男女大部分在外打工，自由恋爱后结婚，其对象的家可能距双凤村较远。婚礼中"回门"的仪式也简化了许多，一般是在结婚后三天，新郎新娘带着酒、烟、肉等礼品前往新娘娘家，但是所带礼品的数量还是遵循传统，必须是双数，新郎和新娘一般吃完中饭就会回家。传统婚礼中带"老客"回家吃饭的习俗，在双凤村现代婚俗中已不复存在了。

5.1.4　丧葬文化

丧葬是任何一个民族都具有的悼亡仪式和祭祀活动。双凤村土家族的丧葬习俗，常和鼓乐同在，与歌舞同存。跳丧、绕棺、坐丧、闹丧等丧葬仪式均反映了双凤村土家族丧葬的狂欢化倾向。[62]

1. 丧葬形式和过程

悬棺葬、水葬和土葬都是土家族重要的丧葬形式。[12]322在笔者调研的双凤村中，这里的土家族人基本上是采用土葬的形式。在双凤村，12岁以下的小孩子去世，村民们认为这是件极其不好的事情，其家人一般只是找一个木制的盒子将小孩的尸体装好，然后埋葬即可，不会为其举行葬礼。有的家庭可怜自己的小孩，还是会为其举行简单的葬礼，但其形式和规模都会简化许多。与小孩的葬礼相比，如果是年轻人的葬礼，就会显得相对盛大一些，他们的父母会为过世的年轻人准备一口棺材，但是棺材会保持原木的颜色而不会被涂上油漆。而如果是上了年纪的老人的葬礼，其家人就会隆重地举行相应的仪式[12]322。双凤村土家族人操办丧事的主要过程和习俗如下：

（1）报丧。村寨中若有长者病故，忌言"死"字，只能说某某"过身"了，或者说某个家里"老人"了。亡者在咽气前，膝下子女应尽候床前，叫"送终"。其中长子要坐在其后面，双手抱腰，以胸贴背，叫"接后"，意思是传宗接代，金灯长明。一旦亡者落气，应立即烧"落气钱"，另做一个三角形的小布袋将钱灰装入，让亡者提在手上，算是黄泉路上的"盘缠"。随即点燃一挂鞭炮，向左邻右舍报丧。接着会将一把木椅子放在土地庙前，意思是某某过世了，其魂魄坐在椅子上向土地神除名销号，实际上就是向全寨亲朋和过往行人报丧。当然，对于居住较远的亲戚，还得派人传讯。

（2）入殓。老人停止呼吸后，由亡者的长男或长女用竹筒、脸盆到常年取水的井里打水烧热，为亡者洗澡，穿寿衣寿鞋，腰间围一束五色纱线，一岁一根，有多少岁就围多少根，然后将亡者停放在门板上，脸上盖一张纸钱，胸口压一个茶罐盖子，脚边用清油点上"脚灯"，这时最忌讳在死尸边经过。如果亡者上有父母在，则亡者的头上还要戴白帕子。此后，马上将棺材摆在堂屋中，取来火坑灰或香饼粉铺在棺底面，按年龄数排列成行印上酒杯印，而后铺上皮纸，将亡者放入棺材内，这叫"入殓"。

（3）丧礼。在改土归流前，丧葬事都是由梯玛主持的，由梯玛做法事。梯玛把亡者从家里送往土地堂，再送到"天的公""天的婆"那里去，使亡者二次投生做个大富大贵之人。出葬之日，梯玛身穿法衣，手拿司刀，把亡者送到千年万载的安身之处，妖魔鬼怪不能挡道。如果是梯玛死了，则由梯玛的后代做九天九夜的牛角道场，各地的梯玛都要赶来做丧事，唱着把这死去的梯玛送到天庭去，一路上经过多少河、多少山、多少关口，碰到些什么妖魔鬼怪，都会从头唱到尾。

改土归流后，丧葬事逐渐由道士主持。亡者"入殓"后，经过三至七天的停柩后会上山安葬，在此之前会由道士先生念"开路经"给亡者开路。在举丧期间内，堂屋改成灵堂，做成纸匾在大门口挂着"当（當）大事"三个字，说明家有丧事，任何公事私事，都不能对丧家进行滋扰。出柩的前一天为大葬日，在丧家，道士先生会齐聚一堂为亡者诵经超度，替亡者将生前的种种冤孽解除，到了晚上则绕棺解灯，上贡给"十殿阎王"。若亡者是个老人，且是正常死亡者，在停柩期间，每晚都会在灵堂唱丧歌、跳丧舞，以伴亡灵。大葬之日，丧家杀猪宰羊作祭，迎接亲朋至好前来吊唁。

（4）送葬。大葬礼的第二天早上送葬上山。先择好吉地吉时，抬柩出门，沿途丢纸钱，这叫"买路钱"。抬柩所过村寨，家家门口放一个火把，以示这家人对亡者的悼念。孝男孝女手持哭丧棒，匍匐哀泣于途，长子怀抱灵牌，走在灵柩前面。

（5）安葬。将棺材抬到墓地后，道士会先用小米在墓井内画八卦，同时将雄黄酒倒洒，焚烧芝麻秆，然后再小心翼翼地将棺材放进墓穴。孝子孝孙们首先双腿跪在棺材盖上，哭喊着挖三锄，然后众人使用泥和石块砌筑新坟，并将一把纸和一些哭丧棒插在坟头。坟堆砌好后，燃放鞭炮以示安葬结束，安葬之后孝家要连续三个晚上送火把给新亡做伴。[65] 满三朝后，还要带上酒肉香纸，到墓地复祭。七天后亡者回煞，这天晚上，在亡者亡故之处，要用酒肉祭奠，传说这晚是亡者回来看儿孙之时。

父母死后，百日内不剃头，戴孝三年，不看戏、不看灯、不打牌，以表孝顺。

2. 丧歌

丧歌又叫孝歌。双凤村土家族老人过世后，亲人们会请来唱丧歌的歌师，夜晚在灵柩前唱丧歌，有唱一夜的，也有唱两三夜的。丧歌分"歌头""歌身""送骆驼"三部分。夜晚孝男在灵柩前摆一张方桌，桌上摆酒、菜、茶、烟，歌师围桌而坐，边饮酒边唱歌。开始一人用低沉悲凄的声调起"歌头"，主要唱亡者从病到死的经过；"歌身"是唱亡者一生的事迹。然后唱《二十四孝》《教子》《十月怀胎》以及《散花》，也可即兴而作，还可唱历史典故。天快亮时，唱"送骆驼"。

对于长辈们含辛茹苦生儿育女的场景，丧歌都有着细致入微的描述，如《十月怀胎》唱道："一时痛来犹可忍，二时痛来痛钻心。银牙咬断青丝发，绣鞋蹬破一层层。上头喊天天不应，下头喊地地不灵，儿奔生来娘奔死，阴阳只隔一层纸。"这些催人泪下的内容荡人心腑，但凡听者都能感受到生命的来之不易，由此自觉把"行孝"的观念牢记在心，并代代相传。

3. 跳丧

跳丧原称为"跳丧鼓""打丧鼓""撒叶尔嗬"等。跳丧的起源最早可见于唐樊绰撰的《蛮书》："巴氏祭其祖，击鼓而祭，白虎之后也……初丧，击鼓以道哀，其歌必号，其众必跳。"由此可见跳丧是古代巴人丧葬仪礼之遗风。[66]

双凤村土家族人只有在亡者是老人时，才会跳丧，青壮年死后一般不跳丧。双凤村土家族人的长者去世后，一般入殓之后会在堂屋里停放一至三天，每晚都会有人前来跳丧。跳丧时一人一边击鼓一边歌唱，舞者则随着歌声节奏围绕棺材起舞，脚步跟随鼓点。舞者最多可达数十人，一般从四人到八人不等。因为认为"女人跳丧，家破人亡"，所以在双凤村土家族，女人是不允许跳丧的。击鼓者边击鼓边领唱，与此同时舞者随之附和，并且都为高腔俚调，随歌起舞。曲调古老、粗犷，格调明快，而且具有民族特色和浓郁的山乡气息，舞者的头、肩、腰、臂、腿、脚尖、脚跟随着曲调一同动作，千变万化，正所谓"陪亡人热热闹闹，办丧事欢欢喜喜"[67]。

信奉"事死如事生"理念的双凤村土家族先民们认为死亡只是一个短暂的过程，即从阳间到阴间，从现实世界到另一个世界。善待先人的灵魂就是善待先人本身，因为对于先人而言，肉体肌肤消失了，但是尚有先人的灵魂作为先人生命的一部分而存在，善待先人的灵魂是为了尽孝，使自己在阴间的先人有所供养，不至于成为孤魂野鬼而孤苦伶仃。[50]21

办丧事时，场面的热闹气氛是双凤村土家族人非常注重的。在丧礼上，经济富裕的家庭常常会投入较多的财力和物力，而不会觉得可惜和不舍。虽然丧礼的气氛热闹非凡，但是丧歌丧舞所营造的喜庆气氛中往往蕴含着祖辈们所遵循和传承的伦理观和尊卑观，其意义非凡。它不仅表现了对亡者的哀思，还教育了世人，感化了生者。双凤村土家族人有着非常朴素原始的观念，即从繁衍氏族和延续血脉的角度出发，崇拜祖先并感激他们所赐予的一切，而丧葬活动中所传达的核心思想便是"行孝"，在各种仪式例如唱丧歌和跳丧舞中，双凤村土家族人"孝"的观念时时处处都能够得以体现。在这种思想的影响下，"行孝"已经成为一条没有谁能够抗拒的道德条令，因为它的存在犹如一把衡量道德品质的标尺。隆重盛大的丧葬形式往往被土家族人用来表达自己对长辈的感恩，在他们看来，丧葬仪式愈热闹，"行孝"的情感就愈强烈。除此之外，盛大隆重的丧葬仪式还可以将晚辈置身于实事实景之中，这种让人主动体会思考且带有浓厚的情感色彩的教育方式显然要比程序化、模式化的刻板说教强得多，能够起到教育后人的目的。[50]24-25

随着文化的传播与人口的变迁，现如今双凤村的丧葬文化已被简化，传统丧葬仪式表现出来的"孝"的观念也逐渐弱化。笔者在双凤村调研时，发现双凤村的人口空心化较为严重，年轻人基本出去打工，老人独守家中的房子。而老人过世时，亲人很多时候都不能及时出现在身旁，一般都是等老人过世后，经村中人通知，从外地赶回村中，为老人办理丧事。随着经济社会的发展，传统的丧葬仪式在双凤村渐渐被遗忘。双凤村的葬礼上已看不到跳丧舞和唱丧歌，取而代之的是烟花爆竹与哀乐，虽然其热热闹闹为亡者办丧事的核心并未改变，但是传统的丧葬仪式已经改变。由于双凤村的年轻人在外工作等多方面因素影响，双凤村土家族葬礼的时间也逐渐变短，一般为三天，送完葬之后，年轻人基本上就会回到城里去工作了。双凤村土家族葬礼的变化，也说明了在经济发展和文化碰撞的今天，土家族传统文化正处在一个岌岌可危的状态。

5.1.5 节庆文化

双凤村土家族节日纷繁众多，一年四季大小节日几十种，按照时间顺序，"元宵节""土地节""牛王节""端午节""六月六""七月半""中秋节""过赶年"等都是双凤村土家族的重要节日(以上节日均以农历日期为准)，元宵节、端午节、中秋节的习俗与汉族的大多数地区基本一样，在此不做赘述。

(1)土地节是每年的农历二月初二，这天是土地神的生日。传说土地神是掌管一方的神灵，为祈求来年风调雨顺，获得好收成，在这一天，人们会来到土地庙前焚香烧纸，献上美酒佳肴，顶礼膜拜，同时也会祈祷家庭平平安安，遇事一帆风顺。

(2)农历四月初八是双凤村土家族祭祀牛王的节日，在当地又叫作"四月八"。土家族人从事农业生产活动的时间较久，故对耕牛特别爱护重视。传说牛王原是天上的神仙，因为误传了玉帝的话，玉帝因恼怒把他贬下凡间，罚他帮人拉犁耙地，罚他吃青草。四月初八，是牛王下凡的日子。牛王下凡后，老老实实帮人做事，任劳任怨，从不叫苦叫累，拉的千斤犁，吃的一把草，人们吃五谷杂粮，都是牛王帮人种出来的。为了表达对牛王的感激之情，所以把四月初八定为牛王的生日。这一天，双凤村土家族人会把牛栏打扫得干干净净，让水牛和黄牛全部休息，还给牛喂嫩草、煮稀饭、喂鸡蛋，让它吃好吃饱。在给牛送精饲料时，主人还会用土家语唱《祝牛王词》，其词翻译如下：

世界上最苦的是你哩，世界上最好的是你哩。

拖了一年的犁耙，嘴巴里塞的一把青草。

正、三、二月的夜里哩，落了瓢泼大雨，

主人要摸黑整田哩，火把绑在你的角上。

雷公也助威哩，吼得地皮也震动了。

主人拼命鞭打你哩，新搓的缆索已扯断了。

看看你那架枷档的地方，看看你拖缆索的地方，活肉变成了死坨坨，你口里没有半句怨言哩。

（3）"六月六"同样是土家族人的重大节日。这一天，村寨上下都会把亲朋特意接来，杀鸡宰猪，团团圆圆过"六月六"节。"六月六"的来历有三种传说：

第一种传说是土家族祖先从远地迁来，一路上山高水急，跋涉艰难，农历六月初六这天，才到达永顺县猛洞河两岸，砍草为业，提标为记，从此扎下根子，创立基业，繁衍子孙。为了纪念祖先创业的艰难，所以把"六月六"定为节日。

第二种传说是"六月六"是嬷妈节。传说土家族的姑娘出嫁后，一直在婆家辛辛苦苦地劳动，未回娘家。六月间天气热了，且田地里的农活也少了，所以把嫁出去的姑娘接回娘家过伏天，这样就兴起了"六月六"节，即使是做了祖母的老姑娘，也要在娘家过"六月六"。

第三种传说是为纪念茅岗土司覃垕。覃垕原本是反元朝皇帝的土司，后来又反抗明朝的皇帝朱洪武，被皇帝杀害的那天正是农历六月初六。传说覃垕被杀死后，狗不吠，鸡不叫，天昏地暗，日月不明，皇帝才晓得错杀了。故在六月初六这一天，皇帝不登龙位，给覃垕让一天位，还脱下龙袍，让覃垕的阴魂穿一天，这就是"六月六"的来历。所以每年到六月初六这天，土家族人都摆香案，祭奠覃垕。家家户户都晒衣服，叫作"晒龙袍"。这一天土家族妇女洗衣服、洗头发，是因皇帝杀覃垕时，嫂嫂抱着覃垕大哭，覃垕的血溅在嫂嫂的衣服、头发上，这就是土家姑娘为什么六月初六洗衣服、洗头发的来历。

（4）"七月半"，同样也是双凤村土家族较为重大的节日。"家家有个七月半"的说法在村里广为流传。土家族先民认为每到农历七月，祖先们就要回家探亲，因为农历七月半是阎王为所有鬼魂打开鬼门关的日子，他们可以回家看看儿孙后人。一到农历七月，家家户户，都打扫得干干净净，在屋里不许有赤身裸体的人，而且家里的人不许吵吵闹闹，免得使祖先不安。七月里，家里来了蛇、蛙、蝴蝶、螳螂等动物，不得伤害，还得为其焚香化钱，传说这是列祖列宗变化来家探视的。说是"七月半"，其实过节的准确日子是农历七月十三。这个节日的主要部分，不是家人团聚，也不是接客吃酒吃肉，而是当晚的祭祀。祭祀的时间不得超过当晚十二点，大约晚上十点钟，端一碗饭和一盘猪肉或鸡鸭肉，放在屋外地坪外侧，给已经过世又记得姓名的家人和至亲，一人烧一堆纸、点一炷香，还要给其他"孤魂野鬼"共同烧一堆纸和香，以尽人情。

（5）"过赶年"是土家族最盛大的节日，土家族人相聚一堂，庆祝新年。新年期间，除了祭祖、祭土地、祭灶神等祭祀活动，还有跳摆手舞、跳毛古斯舞等庆祝活动。土家族的赶年，历史悠久，正如清朝光绪年间《龙山县志·风俗（卷十一）》记载："土人度岁，月大以二十九为岁，月小则二十八日。相传土司出军值除日，令民间先期度岁，后遂以为常。是日，土民供土司某神位于堂，祭时将牛马鸡犬诸物藏于洞，老幼男女各屏息以待，谓某神于堂，不敢惊动也。"关于土家族赶年的由来，双凤村有三种不同的传说，分别如下：

其一，在明代嘉靖年间，皇帝征调土兵镇压倭寇，防止倭寇在东南沿海一带不断骚扰。由于当时必须要按期出征，然而又正值年关，大年之夜势必不能同聚一堂共进团年饭，于是土家先辈们决定将过年的时间提前。英勇善战的士兵们从王村上船，直赴抗倭前线并大破倭兵，最终载誉而归。后人就把提前一天过年的习俗保留了下来，以纪念抗倭战争的胜利。[68]正如光绪《长安县志（卷十二）》记载："除夕俱盛馔阖家相聚饮食，谓之吃团年饭而容美土司则在除夕前一日。盖其先人随胡宗宪征倭，于十二月二十九日大犒将士，除夕倭不备，遂大捷。后人延之，遂成家风。"

其二，土家族在双凤村落脚后，辛勤劳动，创建基业。有一年，双凤村突遭外寇入侵，土家族人想趁过年破敌，于是把年提前一天过了，而等外寇正过年，酒酣肉饱之际，土家族人攻入敌军营帐，敌军没有防备，全部被消灭了，于是土家族人终得太平。为了纪念这个日子，土家族人把提前一天过年定成规矩。

其三，土家族祖先很穷，提前一天过年是为了避债，等过年的那天，讨债人来催债时，他们已躲到山上。从此提前一天过年，便成了土家族的风俗。

现在村中对于第一种说法较为认可，笔者查阅相关资料，也认为第一种说法更能体现土家族人过赶年的民族文化，更有迹可循。

土家族过赶年是一个持续性的年节活动，从腊月二十三一直持续到正月十五，每一天都有相关的事情要准备。笔者根据在双凤村中的采访，将土家族赶年的流程归纳如下：

腊月二十三，送灶神。腊月二十四，扫扬尘（就是打扫卫生）。到了腊月二十五至二十八，土家族人会准备过赶年的食材：腊月二十五，杀年猪；腊月二十六，做豆腐；腊月二十七，炒炒米；腊月二十八，打粑粑。

腊月二十九日，是双凤村土家族人真正意义上的过年，但相比于汉族，提前了一天，故称为"过赶年"。这一天土家族人会在自家堂屋里摆满祭品、粑粑、团馓、供果、猪头，柱头上插松枝、梅花。每家每户，灯火通明，爆竹不断。土家族人在吃团年饭前，都需要去神龛前祭祀家先。等祭完家先，全家便坐在堂屋一起吃团年饭，团年饭的筵席十分丰盛。除了蒸饭，还要蒸上猪杂、精肉、坨坨肉等，并且还要炒白菜、青菜、萝卜等。这天除了祭祖先外，还要到土地堂敬土地神，到摆手堂敬土王。

腊月三十白天，土家族人会整理屋前屋后的阳沟，砌坎，贴门神纸，给各种果树贴纸钱，用扫帚打扫堂屋内外，还要迎接灶神下界。晚上会去给祖坟送"亮子"，到水井边、猪羊牛栏、谷仓上、农具上、磨坊处送亮贴纸钱。等到午夜零点，就开始放爆竹，土家族人称之为抢年，意味着第一时间迎接新年的到来，福气多多。

正月从初一到十五，整个村子一直沉浸在新年的欢腾之中。拜年的、跳摆手舞的，以及各种彩灯、地方戏剧等，能让村民们尽情欢乐。到了正月十五，"吃了爬坡肉，各自找门路"。从上一年的腊月二十三到新年的正月十五，春节活动才算完成。

随着时代的发展，双凤村土家族节日中的各项民俗也在悄然发生变化，其中变化最大的是"过赶年"。2000年以来，双凤村土家族的年轻人大批量地走出大山，到沿海经济发达地区打工，外出工作的土家族人受到春节只有七天假期的限制，导致赶年的这一系列流程都无法进行，所以被简化。由于假期时间短，大部分土家族人都会选择走亲访友或者尽情狂欢，对于土家族过赶年的传统与习俗已经渐渐淡忘。传统土家族过年一般都会祭祀家先神、土王神、灶神、井神、树神、土地神等，如今的双凤村过年祭祀的主体越来越少，祭祀树神、火神等都逐渐消失。虽然家先神、灶神祭祀还存在，但是祭祀的仪式简化了许多，现在村中的年轻人对于需要敬哪些神已全然不知，而且还会犯一些年节祭祀的禁忌。由此可以发现，现在的土家族年轻人对于本民族的节庆习俗已知之甚少，这非常不利于土家族文化的传承与发展。

5.1.6 禁忌文化

双凤村土家族传统禁忌的文化含蕴深沉丰厚，社会功能正负并存，给土家族人的物质生活与精神生活带来了深远的影响。传统禁忌的种类繁多，主要有节日禁忌、丧葬禁忌、饮食禁忌等。

例如，双凤村中有"正月忌头、腊月忌尾"之说，所以，不准说不吉之语，不准哭泣、吵架、骂人，不许讲带有"死""病""痛""穷""坏"一类的话语，这是每年的正月初一和腊月三十都必须要遵守的规矩。每年的正月初一和大年三十的两个晚上，不能说去睡觉，要说"挖窖"，就是挖金窖、挖银窖的意思，人们希望第二天早上一觉醒来，就能过上好日子。

双凤村土家族先民们在大年三十这天上甑蒸饭后，妇女要停做针线活，不准洗衣服、扫地、倒垃圾，不准去井里挑水，因为这天龙王要团年，不可打扰他，否则来年他就会捣乱、闹水灾。吃团年饭时，要紧闭大门，意在"不破财"。别人家在吃团年饭时，不能敲门、喊门，否则将会令这家人来年终年不安。吃团年饭时，不能泡汤，否则来年阳春时，要么大水会冲垮田坎，要么会遭大雨淋身。

5.1.7 音乐戏剧文化

土家族是一个多才多艺的少数民族，在土家族这个特殊的文化背景下，双凤村的音乐与戏剧文化百花齐放、丰富多彩。双凤村土家族人在生产劳动之余，经常以音乐与戏剧的形式自娱自乐，进而形成了许多有名的音乐和戏剧，如土家民歌、吹木叶、吹土唢呐、土地戏等。这些音乐和戏剧别具一格，具有明显的地方和民族特色。

1. 民歌

土家族是一个才艺卓绝的少数民族，就其民歌而言，涉及的范围和内容相当广泛。双凤村土家族中，歌手众多，歌曲数量众多，其歌曲大致可分为政事歌、劳动歌、仪式歌、情歌、生活歌、儿歌和盘歌几大类。土家族歌谣注重情趣，讲究韵脚，追求思想性，有较为高妙的演唱技巧。

（1）政事歌。在双凤村土家族民歌歌谣里，有些歌谣的内容以评论政事为主题，一般都是劳动人民针对某些历史事件、风云人物以及新近发生的一些时事的评论，有一定的政治思想内涵。如下：

其一：红军开到永顺来，分田分地插标牌，

打倒土豪除恶霸，一步一步上高台。

其二：要吃辣子不怕辣，要当红军不怕杀，

刀子搁在颈项上，眉毛不锁眼不眨。

这两首歌表现了新中国成立前双凤村土家族人追求革命、向往翻身的坚强意志，表达了对红军的赞颂和参加红军的强烈意愿。

（2）劳动歌。劳动歌主要是反映劳动人民生产生活的民歌，紧随着劳动节奏歌唱，与劳动行为密切联系，具有协调动作、指挥劳动、鼓舞气势等特殊功能。笔者在双凤村进行田野调查时，从村民严水花的歌本里抄录了两首劳动歌，如下：

> 其一：农民拿的是锄头，未耕田来挖生土，
>
> 王见种田未辛苦，一亩谷子千斤收。
>
> 太阳出来像火团，身上晒得像黑顶，
>
> 摘片树叶当扇子，大声喔嗬凉风喊。
>
> 其二：客人来到司城玩，大姐下河洗衣裳，
>
> 客人坐在游船上，听听姐姐把歌唱。
>
> 大姐下河洗衣裳，大哥岸上打岩玩，
>
> 打起岩头姐姐喊，姐姐装着没听见。

在劳动歌中最能表现劳动人民感情的就是号子，它是土家族人民在从事各种劳动时以呼喊为主的一种歌谣，节奏感强，歌词简短有力，有领有合。这类民歌最大的特点就是歌声与劳动节拍是和谐一致的，具有指挥劳动、协调动作的功能。如下面这首拖木号子，就很具有代表性。

（领）哎咳梭哇，（合）哎咳梭哇，

（领）哟嗬哇，（合）哎咳梭哇，

（领）各位吔同志啊，（合）哎咳梭哇，（领）哟嗬哇，（合）哎咳梭哇。

（领）你们吔听呢啊，（合）哎咳梭哇，（领）哟嗬哇，（合）哎咳梭哇。

（领）喊声吔号子啊，（合）哎咳梭哇，（领）哟嗬哇，（合）哎咳梭哇。

（领）撬动吔身呢啊，（合）哎咳梭哇，（领）哟嗬哇，（合）哎咳梭哇。

（领）慢慢吔撬呢啊，（合）哎咳梭哇，（领）哟嗬哇，（合）哎咳梭哇。

（领）齐着吔力呢啊，（合）哎咳梭哇，（领）哟嗬哇，（合）哎咳梭哇。

（领）撬到吔平地啊，（合）哎咳梭哇，（领）哟嗬哇，（合）哎咳梭哇。

（领）歇口吔气呢啊，（合）哎咳梭哇，（领）哟嗬哇，（合）哎咳梭哇。[69]

劳动歌展示了双凤村土家族人民世代生产活动的特点，记录了他们的生产工具、组织方式和劳动形态，反映了各时期生产力的水平，对我们研究双凤村土家民族文化有着重要的作用。

（3）仪式歌。仪式歌是人类社会发展到一定历史阶段的产物，是民众在祈福消灾、过节庆贺、迎宾做客等仪式活动中所唱的歌谣。双凤村土家族的仪式歌主要有哭嫁歌、丧歌、迎客歌、摆手歌和上梁歌等。本节主要讲述迎客歌与上梁歌，其余仪式歌将在非物质文化遗产部分阐述。

迎客歌是土家族欢迎远道而来的客人时所唱的，一般在寨门前的拦门仪式

中唱(图5.7)。笔者在双凤村调查时,村民王锡兰等人曾经表演过《迎客歌》,歌词如下:

其一:你们是土家,耶耶嗬,好朋友,好朋友。

请你喝碗苞谷酒,苞谷酒,苞谷酒。

酒不醉人,人自醉。

土家族人请您喝新酒,吉祥如意到永久,耶嗬嗬,热乎。

其二:门前桂树十二排,喜鹊鸣叫桂花台,

贵宾来到土家寨,好像大山凤凰来。

武陵山中土家寨,山山岭岭百花开,

山也含情水含笑,欢迎远方贵客到。

八仙桌子中间摆,苞谷烧酒杯中倒,

客人多喝一杯酒,天长路远难得到。

没有什么好招待,几多愧疚在心怀,

山高野味打不到,略远海鲜买不到。

千里来到土家寨,又翻山来又爬岩,

开车费油又耗电,磨坏几副好轮胎。

土家最爱把客待,好像蜜蜂爱花开,

没有好酒有凉水,只要你们有空来。

水打浪柴到一块,五百年前修的来,

共同栽根友谊树,千年万年花常开。

银壶装酒慢慢倒,朋友相会乐开怀,

以后也要经常来,莫让大路长青苔。

上梁歌,是双凤村村民建新房时所唱的仪式歌。建新房对于双凤村村民来说是一件大喜之事,梁为一屋之尊,因此建房上梁需要举行一个隆重的仪式。上梁的时辰一般由道士择定,到了上梁的那天,亲戚朋友都会送来红布、牌匾以及稻谷等礼品,以表祝贺。等到了上梁的吉时,要烧香烛,供奉猪头与酒水,由木匠师傅敬好鲁班神和土地神之后,再将梁的两端缓缓升起,两位歌师在梁的东西两端对着唱起来,歌词主要表现土家族人兴家立业的愿望和对未来幸福美好生活的追求。歌师脚踏木梯,一边一步步往上爬,一边唱起来。如:

图 5.7　寨门前的拦门仪式

（图片来源：作者自摄）

上一步，独占鳌，好似君王坐早朝。

文武百官来喝道，金瓜武士随后摇。

上两步，两朵花，两朵金花谢主家，

金银财宝种种有，天下财主第一家。

……

登上十步以后，又是歌师们的对唱。其主要是称赞屋主荣华富贵的歌词。接着对唱梁的来历、酒的来历，互盘互答，饶有风趣。然后又唱斟酒，从一杯斟到十杯，这一般都是些吉利话。如：

坐在梁上把酒筛，赐你田土天下买。

东边买到马蹄寨，北边买到荆州街。

塔卧颗砂都买过，又买石堤钓矶岩。

银子多了买不尽，剩下再砌阶檐岩。

这样唱一会后，便是抛粑粑了。在抛粑粑之前，先高声问："请问屋主你要富还是要贵？"屋主一般会跪下来回答道："富也要，贵也要。"于是歌师高唱道：

粑粑抛得多，屋主世代掌朝歌。

　　粑粑抛得快，赐你荣华万万代。

　　粑粑抛得慢，赐你金银千千万。

　　粑粑抛得高，赐你金银用不了。

……

　　随唱随抛，随后请来祝贺的亲朋好友和左邻右舍都来抢粑粑，以表示对屋主建新房的祝贺。

　　（4）情歌。情歌，主要是抒发青年男女由于彼此相爱而激发出来的各种思想感情。情歌作为一种传情的工具，充分地反映了双凤村土家族人的恋爱观。比如：

　　姐十七来郎十八，好比石榴牡丹花。

　　郎似石榴才开口，妹似牡丹才暴芽。

　　石榴花开一树红，二人心思一般同。

　　二人有心不开口，蚕儿牵丝在肚中。

　　鱼儿想水鸟想林，哥想情妹妹动心。

　　雨淋芝麻难开口，纸糊灯笼心里明。

　　这类歌谣含蓄而委婉，表示两心相印而又不敢直接表达的初恋真情。尤其是男女青年的恋情到达高潮时，无论是在高坡上、田野里，或是在小河边相遇，他们的热恋歌往往如同一江春水，奔流不息，连篇对歌好似一卷长诗，可以多达几十上百首。如下：

　　郎爱姐来姐爱郎，二人相爱在肚肠。

　　桐花红在心窝里，荷包装麝里头香。

　　高坡起屋不怕风，有心恋郎不怕穷。

　　只要二人情义好，冷水泡茶慢慢浓。

　　松柏生在大山坡，四季常青叶不落，

　　一根藤子缠上去，扭来扭去解不脱。

　　细细麻索紧紧搓，做双鞋子送情哥，

　　我郎莫嫌鞋子丑，瞒着爹娘打黑摸。

　　青布帕子五尺长，挽个疙瘩丢过墙，

　　千年不准疙瘩散，万年不准姐丢郎。

姐不丢来郎不丢，好比青藤缠石榴，

青藤缠了石榴树，花落藤枯也不丢。

生也恋来死也恋，生生死死六十年，

哪个只坐五十岁，望乡台上等十年。

生不丢来死不丢，怕的阎王把魂勾，

阎王要勾勾两个，莫把一人丢后头。

......

(5)生活歌。生活歌，主要是用来反映广大民众的日常生活、家庭状况，以及他们对人生的态度和长期以来所积累的生活经验的歌谣。

在封建社会，劳苦大众的境遇是非常悲惨的，在双凤村土家歌谣中，有大量的关于穷人、长工、灾荒等主题的苦情歌。如：

太阳出来照高坡，穷人日子无下落。

衣服破了棕片补，帕子烂了几根索。

梨树开花一树白，穷人日子多遭孽。

团鱼背上着牛踩，忍在心里一坨血。

除了上面这首苦情歌，还有《十二月穷人苦难》《穷人难过霜雪天》等，但是穷人们的苦情歌，绝不只是消极地叹息悲哀，而更多的是控诉旧社会的罪恶，释放心中对旧社会不公平的怒火。如：

板栗开花针对针，富人狠心整穷人，

天上若有雷公卖，买个雷公劈富人。

一莫愁来二莫忧，穷人日子望出头，

有朝一日出头了，闹他黄河水倒流。

除了叹诉苦情之外，还有大量的生活歌是对社会关系、伦理原则、人生态度、行为方式等方面的描述，如：一寸光阴一寸金，寸金难买寸光阴，失落寸金有处找，失去光阴无处寻。这是告诉人们要珍惜时间，合理利用时间，不要虚度年华。再如：君有黄金堆满斗，我凭手艺度春秋，黄金也有用尽日，手艺随身到白头。这是告诉人们要以劳动为立身之本。这些歌曲至今仍对双凤村土家族人有着重要的教育意义。

(6)儿歌。儿歌，又称为童谣。其歌唱的对象主要是儿童，是在儿童中广为流传的一种口头短歌。它用语简单生动，适合儿童的心理特征，反映了不同年龄阶段儿童的生活。双凤村土家族儿歌普遍具有简单明快、生动流畅、琅琅上口的特点，但从旋律音调上讲，摇篮曲较为抒情细腻，哄儿歌较为活泼有趣，都表达了母亲或长辈们对孩子深深的爱。常见的土家儿歌有《张打铁、李打铁》《大月亮小月亮》《烟子烟上天》《妹妹你莫哭》《萤火虫夜夜来》《土地主杀阉鸡》《这是莫子叫》《麻雀麻雀尾巴长》《娘娘脚》《归桂阳》《鸡公鸡公啄虫虫》《羊姑娘》《一张老鼠一张嘴》等。笔者在双凤村做田野调查时，在严水花的歌本中摘录了一首儿歌《张打铁、李打铁》：张打铁，李打铁，打把镰刀送姐姐，姐姐留我桥脚歇，螃蟹把耳朵来个缺，杀个猪儿补不起，杀个牛儿补半截。

（7）盘歌。盘歌属于知识歌，它用盘问的形式，一问一答，激起人们对事物的思考。盘歌的内容有盘天、盘地、盘物、盘人等，实际上是告诉人们天上地下的广阔知识，构思奇特，耐人寻味。笔者在双凤村做田野调查时，在严水花的歌本中摘录了两首盘歌，分别如下：

其一：

问：什么有脚不走路？什么无脚漂洞庭？

什么有口不讲话？什么无口闹沉沉？

答：板凳有脚不走路，船儿无脚漂洞庭。

菩萨有口不讲话，铜锣无口闹沉沉。

问：什么高坡打呵嗬？什么田里练泥窝？

什么会撒悬天网？什么会唱五更歌？

答：野鸡高坡打呵嗬，螺蛳田里练泥窝。

蜘蛛会撒悬天网，鸡公会唱五更歌。

问：什么吃草不吃根？什么吃草连根吞？

什么肚里有牙齿？什么肚里有眼睛？

答：镰刀吃草不吃根，灶孔吃草连根吞。

磨子肚里有牙齿，灯笼肚里有眼睛。

问：什么树子长得高？什么三尺就勾腰？

什么树子剥皮死？什么树子挨千刀？

答：梭罗树子长得高，桑树三尺就勾腰。

棕树只因剥皮死，漆树可怜挨千刀。

其二：

问：阿大聪明阿大葱，你姐聪明你姐乘。

盘歌老唱匿猜些，唱首盘歌让你猜。

且习哪挨大妥挨，什么走路打横走？

且习哪挨松可别，什么走路退转来？

答：阿可聪明立他夺，莫讲聪明莫讲乘。

匿盘歌唱额阿由博，你唱盘歌我来猜。

盘嘎哪挨大妥挨，螃蟹走路列横走。

沙土哪挨松可夺，虾子走路退转来。

问：且习急谢挨阿梯，什么有脚不走路？

且习太泽阿呆习，什么无脚能过河？

且习炸起谢挨立塔梯，什么有口不讲话？

且习炸起太阿热启，什么无口闹嘀嘀？

答：烟机急谢挨他梯，板凳有脚不走路。

补团急太泽阿呆习，船儿无脚能过河。

菩萨炸起谢煞立塔梯，菩萨有口不讲话。

铜锣炸起太阿热启，铜锣无口闹嘀嘀。

问：且习八骨可把啊，什么上坡点点头？

且习八达泽坡啦，什么下坡像水流？

且习哪挨笛子灭，什么走路吹笛子？

且习顾窝啥启习他，什么洗脸不梳头？

答：抱旗八骨可把啊，野鸡上坡点点头。

窝启八达泽坡啦，蛇儿下坡像水流。

马哭里哪挨笛子灭，蚁子走路吹笛子。

莫尼嘎顾窝啥启习他，猫娘洗脸不梳头。

问：且习阿列单的列他，什么生蛋不生单？

且习阿列八字急塔，什么生蛋土中间？

且习阿列列裸一大，什么生蛋人不见？

且习阿列色客他，什么生蛋在田边？

答：铺突阿列单的列他，斑鸡生蛋不生单。

洗尼嘎阿八字急塔，蚂蚁生蛋土中间。

鬼贵阳阿列列裸一大，阳雀生蛋人不见。

葛难阿列列色客他，秧鸡生蛋在田边。

土家族歌曲的取材十分广泛。双凤村土家族人以生活中的点滴小事为题材，可以进行即兴创作。双凤村土家族哭嫁歌的传承人严水花就表示，你给她任何一个题材，她都可以以土家族特有的方式编成歌曲。严水花还说，她不仅可以编成土家语的即时歌曲，还可以编成通俗的汉语形式的歌曲。以下是她即兴创作的汉语形式的歌曲：

双凤颂

双凤是个神仙地，你游双凤好难忘。
双凤风景多美丽，还有野猪和金鸡。
土家人民讲和气，野猪住在山谷里。
风景独特更神奇，金鸡羽毛更美丽。

双凤是个旅游区，贵重药品更是多。
山山水水好美丽，金花银花种百棵。
山峰树林成一片，一年四季有花朵。
原始森林长得密，这里百草都是药。

土家儿女住这里，双凤鸟类实在多。
人人文明讲友谊，金丝鸟儿和白鸽。
村村寨寨都富裕，站满树枝和花朵。
团结一致互不欺，亲亲密密过生活。

双凤自生风景区，吊脚楼来多又多。
花花草草长得密，屋檐顶上是翘角。
原始森林成一片，谈情说爱这里坐。
风景世界算第一，吊脚楼上唱山歌。

2.吹木叶

木叶是一种取自植物叶片的准乐器。吹木叶在史书上有诸多记载。唐代杜佑《通典》："衔叶而啸，其声清震，枯叶尤善，或云卷芦叶为之，形如茄。"唐代樊绰《蛮书》："少年子弟幕夜游间巷，吹葫芦笙，或吹树叶，声韵之中，皆寄情言。"五代王建墓浮雕中，也有吹木叶的乐师图像。[70]这些史料，无不表明木叶在我国古代音乐生活中占有一席之地。

与其他的打击乐等音乐艺术形式相比，吹木叶应该是最朴素的了。人们在茶余饭后或者劳作之余，只要垂手一伸便可以从田边地角、河坝、路边摘取一片树叶，放入口中，便能吹出他们所想的任何一首曲子来。

吹木叶（图5.8）是双凤村土家族人最喜爱的音乐形式之一。木叶的选择也是一门学问，一般以檀木叶、香叶子最佳，青树叶、竹叶、苞谷叶均可。一般要求叶片不老不嫩，光滑平整，柔软度适宜。

吹木叶方法简单，随手摘来一片檀木叶或其他树叶放在嘴里，靠嘴唇间气息的大小、强弱、快慢冲弹叶边，便能吹出有高有低、起伏流畅的音乐来。其声清脆悦耳，婉转悠扬，主要用来吹奏山歌、情歌、采茶歌、花灯调等，可以为人伴奏。

图5.8　吹木叶

（图片来源：作者自摄）

土家族情歌唱道：

吹声木叶唱首歌，木叶漂下九江河，

千里听见木叶叫，万里听见郎唱歌。

又比如：

高山木叶细微微，问哥会吹不会吹，

你若吹得木叶叫，只用木叶不用媒。

从这些缠缠绵绵的情歌中，不难看出，木叶在众多场合下是为爱情伴奏的，它是土家族青年男女间寻情觅爱的奇特方式，表达了他们对自由婚姻的大胆追求和强烈愿望。

3. 土唢呐

土唢呐是双凤村一种独特的乐器，其吹杆主要是用本地花椒木做成的，与汉族的唢呐相比，形体要大一些。

土唢呐很少用来独奏，多半是与"打挤钹"（打溜子）同台合奏，用于"红""白"喜会和逢年过节。村中传承较久的曲牌有《将军令》《安庆》《接亲溜子》等，其曲牌在结构上多为多段体或二段体，乐曲用传统的"五音阶"中的徵调式和宫调式居多。土唢呐演奏时节奏鲜明，与"挤钹"合奏成吹打乐，曲中有独奏、对奏、合奏几种形式，音乐富于变化。

双凤村土家族土唢呐的具体形制如下：全长约50厘米，管身长约33厘米，多取花椒树、樟木、柚木制成。管身上设8个按孔，分布是正7背1，孔与孔之间为等距离3厘米，孔径0.6厘米，管尾套一个薄铜卷制的喇叭，直径13厘米，芯子为铜制，上套两个古铜钱为气牌，芯子上端套麦秆或稻草秆哨子。

演奏时，右手拇指按背孔，食指、中指、无名指按正面上三孔，左手食指、中指、无名指、小指按正面下四孔。

4. 土地戏

土地戏（图5.9）中没有戏剧情节和矛盾冲突，只是在过新年时由演唱者扮演土地公和土地婆，走到家家户户去送"阳春"，唱些小调，祈祷来年风调雨顺、五谷丰登，是一种不成熟的戏剧，近似小演唱。土地戏是土地神过寿时人们为其祝寿所演唱的戏剧，因为传说中土地神作为善良的化身，保护庄稼，关心农民，如同农民的庇护神，所以土地戏一直以来得到人们的高度重视。双凤村土家族人对土地的深厚感情和人们祈求丰收的美好愿望都通过土地戏得以充分反映。[72]笔者在双凤村走访调研时，彭家珍老人和彭振华老人分别为笔者口述了两段不同的土地戏，戏词如下：

图5.9　土地戏表演照

（图片来源：村委会提供）

其一：土地公公，土地神来，土地神。

水有源头，树有根。

生来湖南永顺县，家住大坝双凤村。

公公名叫张百万，婆婆陈氏老夫人。

前娘生了五个子，后娘生了一双人。

五男儿女七子妹，子妹个个都同心。

前娘生了五个子，子子个个都封神。

大儿天堂封玉帝，二儿地府封元君。

三儿桥梁为土地，四儿封了青苗神。

只有老五又年轻，封他南山做粮春。

麻雀不敢吃一粒，野兽过路不敢用。

土地苦来，土地苦。一年四季坐岩屋，

行人土门来过路，三根毛草做礼物。

土地苦来，土地苦。三个岩头起个屋，

勾腰进来，勾腰出，前来倒来后莫扑。

土地神来，土地神。一年四季无人敬，

行人土门来过路，甩根苞毛做手行。

土地苦来，土地苦。为全村人民收五谷，

雀鸟不敢吃一颗。土地神来，土地神。

二月初二是她生，人人都把土地敬。

土地婆婆，你这大姐生得强，

就跟公婆香装上。左手装香儿女强，

右手装香寿延长。你这大姐人人夸，

喂个猪来水牛大，喂个狗儿像麒麟，

喂个鸡婆像葡藤，你这个大姐顶呱呱。

家也发来，人也发。家发如同涨大水，

人发如同笋子尖。紧唱紧唱口也干，

紧打紧打手也酸。下回再见。

其二：水有源头树有根，土地神来土地神。

公公坐在什么县，婆婆坐在什么村。

公公坐在百花县，婆婆坐在百花村。
公公何姓又何名？婆婆又叫几夫人？
公公名叫张光宝，婆婆崔氏二夫人。
前娘可生几个崽，后母可生几个人？
前娘可有四个人，后母生下五郎君。
黄巢兴兵造了反，四川侯爷动刀兵。
家有二子抽一个，家有五子抽二人。
兄弟四人去从军，金銮殿上见圣君。
天子一见龙心喜，爱卿爱卿叫几声。
寡人殿上开君口，要你兄弟打先行。
寡人亲赐三杯酒，又赐十万符和兵。
兄弟领了人和马，一路行来如风顺。
西眉山下扎大营，杀得黄河水不清。
十字街上大交阵，宋帝红云天上坐。
玉帝见他神通广，封为四位功曹神。
前娘四子登仙界，又表后娘五郎君。
后娘五子从军去，可怜一命归了阴。
大哥砍下头一颗，二哥做了短命人。
三哥做了无头鬼，四哥跳水归了阴。
只有五弟死得苦，乱箭齐发穿了心。
兄弟一见心不服，阴魂不散到处寻。
大哥打马云中去，玉帝面前讨封赠。
玉帝见他神通广，封了天门土地神。
你在天门为土地，风调雨顺国太平。
二哥打进地府门，阎王面前讨封赠。
你在地府为土地，无常不准乱提人。
三哥打马街巷进，城隍庙前讨封赠。
你在街坊为土地，大称小斗要公平。
四哥打马桥梁进，水府三官讨封赠。
你在桥梁为土地，孽龙过路要转身。
只有五弟年纪小，田边过来地边行。

在老仙人看见他，五谷庄稼你看清。

保佑禾苗往上长，百花齐放发倒根。

保佑农民年成好，保佑五谷得丰登。

保佑没有刀兵动，保佑地方永太平。

保佑六畜都兴旺，膘肥肉满不发瘟。

土地神来土地神，保佑农民做阳春。

5.2　非物质文化遗产

非物质文化遗产是指被各社区、群体，有时是个人，视为其文化遗产组成部分的各种社会实践、观念表述、表现形式、知识、技能以及相关的工具、实物、手工艺品和文化场所。[71]双凤村土家文化深厚，被誉为"中国土家第一村"。2006 年，国家文化部将土家摆手舞、毛古斯舞、打溜子和土家织锦收录于第一批国家非物质文化遗产名单之中。随着对土家传统文化保护力度的不断加大，哭嫁歌以其独特的特质被收录于 2011 年国家文化部评定的第三批国家非物质文化遗产名录之中。

5.2.1　摆手舞

摆手舞是双凤村土家族人祭祀祖先的仪式，有严格的程序和分工。摆手舞又分大摆手与小摆手，在双凤村中延续至今而久兴不衰的是小摆手。大摆手规模较大，由某村主办，多村参与，人数众多。小摆手规模较小，由一村一寨单独举办。大摆手祭祀以"八部大神"为主，小摆手祭祀以彭公爵主为主，包括左臣、右相、向老官人和田好汉在内。跳摆手舞，一般是在摆手堂前进行。据永顺县民族事务局统计，全县境域内仅剩大坝乡双凤村有一处摆手堂。由此可以看出，双凤村摆手舞正处在一个岌岌可危的环境之中。为了全方位、多角度地保护土家族摆手舞，国家文化部于 2006 年将其评定为第一批国家非物质文化遗产，并以国家保护、省级保护、州级保护和县级保护等多层次保护措施为媒介，加大对摆手舞的挖掘和传承，使土家族摆手文化更加具有活力。

1. 摆手舞的起源

对于摆手舞的起源与演变，学术界一直争论不休，尚未形成定论。再加之土家族只有语言没有文字，就更大大加大了考证摆手舞起源的难度。笔者根据在双凤村的田野调查和相关资料的整理与收集，总结了几种较为权威的说法：

（1）传统祭祀之说。摆手堂是土家族人祭祀先祖的场所，人们每年都会在摆手堂举行祭祖仪式，并跳摆手舞。正如清光绪年间《永顺县志》的记载："至今土庙年年赛，深逢犹传摆手歌。"又如学者林永仁在其所著《巴楚文化》中提道："传统祭祀中的巫舞在历史的演进中，慢慢形成了巴楚舞蹈。"而摆手舞正是巴楚舞蹈的一个分支，摆手舞起源于祭祀的说法又一次得到了印证。土家民俗研究学家杨昌鑫在其所著的《土家族风俗志》中提道："谈及摆手舞的起源，不得不提到土家族年节祭祀祖先。土家族人历来崇拜自己的祖先，包括八部大神、彭公爵主、田老汉人等。在祭祀祖先时，发明了摆手舞。"综上所述，可以得出摆手舞起源于传统祭祀的结论。[73]

（2）战争动作之说。传说土家族首领彭士愁在战争中发明了摆手舞，用以鼓舞士兵士气。摆手舞的部分动作是军事战争动作的遗留，以段绪光为主的部分学者的观点正好印证了这一说法。[74]据一些史籍记载，摆手舞起源于商周之战中巴人跳的军战舞，又有部分专家认为牧野之战中的军阵舞才是土家族摆手舞的起源。据晋朝《华阳国志·巴志》记载："周武王伐纣，实得巴、蜀之师，著乎《尚书》。巴师勇锐，歌舞以凌，殷人倒戈，故世称之曰：武王伐纣，前歌后舞也。"从史料上分析，军战舞和军阵舞无疑都是战争动作中的一部分，故摆手舞起源于战争动作之说是有据可循的。[75]

（3）文化融合的产物。在如今的湖南、湖北、四川、贵州、重庆等地都有发现古代巴人和土人活动过的迹象。随着历史的发展，长期生活在此的居民便形成了现在的土家族人。据史料记载，古代巴人爱好舞蹈，如今的巴渝舞就来源于此。土家族人在此长期居住，与外来民族相互学习，共同生活，因此歌舞文化也受到了外来民族文化的影响，其中影响最深的属巴楚文化。在外来文化的影响下，摆手舞的特色更加鲜明，内容更加丰富。因此，如今的土家族摆手舞是文化融合后的产物。[73]

（4）生产劳动之说。摆手舞是土家先民们根据日常生活中的狩猎、砍柴、播种等生产性动作而创造产生的，是原始社会时期土家族生产生活的真实写照。现如今摆手舞所保留下来的结麻、吃豆浆、打蚊子、撒小谷等动作，无不体现了土家族人辛勤劳作的日常生活。[73]7-8笔者在双凤村做田野调查时，采访了摆手舞传承人田仁信老人和双凤村村民王锡兰、彭家珍、彭英威等人（图5.10），深入了解摆手舞后，认为摆手舞来源于生产劳动是较为准确的说法。为了印证这个观点，笔者查阅了相关资料，发现每个地方的摆手舞虽然都不尽相同，但其使用频率较高的动作，均与生产劳动的动作有关，如撒小谷、结麻等。因此，笔者认为生产劳动是土家族摆手舞源流的说法是最能让人信服的。

图 5.10　摆手舞采访过程

(图片来源：作者自摄)

2. 摆手舞的分类

土家族摆手舞按规模大小分为大摆手与小摆手。大摆手三年举行一次，参与的人较多，至少有百人以上。大摆手一般按照由一个村寨主办，多个村寨参与的形式进行。由于每个村寨参与的人数不一，故根据具体情况，以每个村寨为一个单元，将人分成八个小组，分别是旗手组、朝见组、祭祀组、神棍组、摆手组(两组)、小旗手组、炮仗组。其舞蹈动作主要是讲述土家族的起源、战争、神话等。而小摆手一般是一年举行一次，以村为单位举行，除了本村的村民参与以外，邻村的少数村民有时也会来参与，场面极其热闹。小摆手一般在摆手堂前举行，大家围成一个圈，踏着鼓声，跟着领舞者逆时针来回摆动。小摆手不需要道具辅助表演，只需要人参与即可。小摆手舞的动作主要是表现土家族先民渔猎和初期的农事活动，其中穿插着单摆、双摆和回旋摆，内容丰富，动作优美。[76]笔者在双凤村走访调研时，发现双凤村已有四十多年未参加或举行过大摆手活动，现在村中所流传下来的摆手舞指的是小摆手。

3. 小摆手舞

正月初三，双凤村男女老少聚集在摆手堂前，举行小摆手活动，数十个人入场，百余人围观，主要祭祀彭、田、向三姓土王。摆手堂坪坝内的布置比较简单，除了在桅杆上悬挂龙凤旗（图5.11）和外廊四周悬挂灯笼以外，并无其他布置。[77]

图 5.11　升龙凤旗

（图片来源：作者自摄）

从表演的内容和形式来看，小摆手主要是以农事活动和日常生活为原型，加以模仿的，比如模仿播种、打蚊子、吃豆浆等动作，这不仅体现了土家族人勤劳务实的品质，也是土家族人日常生活的重现。

小摆手舞蹈动作主要分为基本动作和模仿动作两类，基本动作有单摆、双摆和回旋摆，模仿动作有吃豆浆、结麻、牛打架、打蚊子等，在跳时伴以鼓点（图5.12）。笔者在双凤村调研时详细记录了跳摆手舞的全过程：

（1）单摆（图5.13）。动作分解：右脚向前跨一步，双手向右摆动，摆动幅度较小，双脚屈膝，闪动一次；紧接着左脚向前跨一步，双手向左摆动，双脚屈膝，闪动一次。单摆的重点是四肢同边走，强拍在上，弱拍在下。

（2）双摆（图5.14）。动作分解：在单摆动作的基础之上，重复两次即可，也就是左右分别摆动两次。

图5.13　单摆

图5.12　摆手舞伴奏鼓点乐器
（图片来源：作者自摄）

图5.14　双摆
（图片来源：作者自摄）

（3）回旋摆（图5.15）。动作分解：第一步右脚向前跨一步，双手向右摆动，其摆动幅度较小，双脚屈膝，闪动一次；紧接着左脚向前跨出一步，双手向左摆动，双脚屈膝，闪动一次；第三步，以右脚为基点，身体逆时针旋转180°；第四步，双手向左摆动，双脚屈膝，闪动一次；第五步，右脚向前跨一步，双手向右摆动，双脚屈膝，闪动一次。

（4）吃豆浆（图5.16）。动作分解：双脚屈膝成弓字形，跨出左脚点地，右脚微屈，右手弯曲成瓢状，于身体右侧舀豆浆，左手叉腰，并做出喂豆浆的动作，如此重复三次即可。

图 5.15　回旋摆

（图片来源：作者自摄）

图 5.16　吃豆浆

（图片来源：作者自摄）

（5）结麻（图 5.17）。动作分解：右脚向前跨出，双脚微屈，将双手抬至胸前，手缩成拳状，在胸前绕三圈后，将双手放下，左右两边各摆动一次。

（6）牛打架（图 5.18），双人动作。为了便于解释动作，假设前面那个人为 A，后面那个人为 B。动作分解：第一步，A 以右脚为基点，身体旋转 180°，与 B 相对；第二步，A、B 两人双手抱团，抬至肩高；第三步，A、B 两人同时跨出左脚，双手向左下方摆动，并抬起右脚与地面平行，右脚弯曲 45°；第四步，将手脚收回，站于原地；第五步，重复第二步的动作；第六步，A、B 两人同时跨出右脚，双手向右下方摆动，并抬起左脚与地面平行，右脚弯曲 45°。如此重复三次，即完成牛打架这个动作。

图 5.17　结麻

（图片来源：作者自摄）

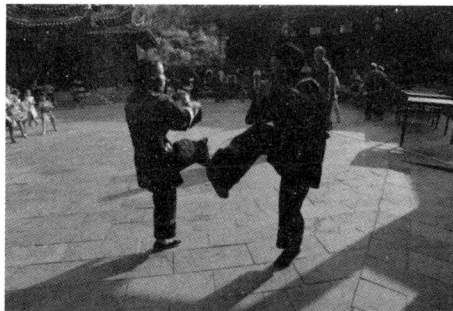

图 5.18　牛打架

（图片来源：作者自摄）

（7）打蚊子（图5.19）。动作分解：右脚向前跨出，左脚紧随其后，向前跑三步，在跑的过程中，将双手举到头高，然后拍三下，最后将双手放下，左右两边各摆动一次。

除上述动作之外，双凤村经常跳的还有砍畲子、烧畲子、撒小谷（图5.20）等农耕动作，只要村民们摆动起来，观众就可以联想到具体动作所表达的内容。

图5.19　打蚊子
（图片来源：作者自摄）

图5.20　撒小谷
（图片来源：作者自摄）

4. 摆手歌

摆手歌又名社巴歌，是土家族在跳摆手舞时所唱的歌。摆手歌大部分都是即兴创作所得，并未事先准备。笔者在双凤村调研时发现，如今的摆手歌往往是以土家语与汉语夹杂着唱。笔者询问双凤村彭家齐老人得知，以前的摆手歌都是用土家语来演唱，但由于年轻人都外出打工和会土家语的老人过世，这对土家语的传承造成了不可小觑的影响，因而摆手歌逐渐变化成用汉语演唱。村中把领唱摆手歌的人称为"老把式"，他是摆手活动的核心人物。由于双凤村在新中国成立以后，已经没有了梯玛，所以摆手活动的"老把式"一般由村中威望较高的老人来担任。以下是笔者在双凤村走访调研时，抄录的摆手歌歌词：

领唱：嗬嗬耶嗬……嚯咧嗬！

拿起猎枪打一枪，

野兽打得血淋淋。

合唱：嗬嗬耶嗬……嚯咧嗬呀！

领唱：嗬嗬耶嗬，咭了嗬啊！

小小的围场，大大的开。

爱玩爱耍的上场来呀！

合唱：嗬嗬耶嗬，咭了嗬呀！

（一）

哪洞的也来，宜兹的哔。

哒哔耶舍，哟啰呐分。

哎哔的诘来，哎哔诘。

阿咕阿哒，哟嗡吧呗啊！

（二）

你们是土家的耶耶嗬，

好朋友，好朋友，

敬你两碗开怀酒，开怀酒，开怀酒。

事业兴旺，人缘好。

吉祥如意到永久，到永久。

耶嗬！

（三）

你们是土家的耶嗬嗬，

好朋友，好朋友，

敬你三碗连心酒，连心酒，连心酒。

酒不醉人，人自醉。

毕兹卡请你跳摆手，跳摆手。

耶嗬！

在土家族文化发展的长河中，摆手舞是其最为重要的标志之一，也是我国民族传统舞蹈中的瑰宝。随着国家将摆手舞列入非物质文化遗产，摆手舞的研究、表演、传承工作已经逐渐开展，并已取得了良好的效果。

5.2.2 毛古斯舞

毛古斯舞是土家族古老而又原始的舞蹈，土家语称为"古司拔铺"，毛古斯舞分布广泛，遍及所有土家族聚居地，尤其在湘西永顺、龙山、保靖等地最为活跃。毛古斯舞具有群体性、原始性等特征，因此表演者少则十几人，多时达几十甚至上百人。[78]表演时舞者身着茅草，头扎长辫，赤足而舞，形象原始、古朴。毛古斯舞内容丰富，包括原始渔猎、农耕生产等。毛古斯舞一般在正月初三至十五期间的晚上表演，目的是祭祀祖先、驱邪纳福。

对于毛古斯舞的称呼，土家族各村各寨都有自己的叫法，比如拔帕、拔帕尼、实姐、撒嘎、禾撮尼嘎、拔帕哈、故事格蚩、哭琪卡卜、拔普、拔普卡、拔帕格蚩、撒卡、送嘎撒嘎等。[79]1956 年，中央土家族问题调查小组在撰写《关于土家族问题的调查报告》[80]时，将正在表演毛古斯打猎舞段，浑身穿着稻草的人称为毛猎斯。[81]

1950 年以后，毛古斯舞逐渐走入人们的生活，并引起了不小的轰动。由于没有固定的称谓，土家族人根据文字的发音，将毛古斯舞译为毛古斯、毛谷师、茅谷斯、茅古斯等。其中茅古斯中的"茅"来源于表演毛古斯舞时表演者身上穿的茅草衣，而毛古斯中的"毛"则是以茅草寓意祖先身上的体毛。对于毛古斯舞的称谓，学术界一直存在争议。直至 2006 年 5 月 20 日，经国务院批准将其列入第一批国家非物质文化遗产名录，"毛古斯"这一称谓才逐渐被定下来。[82]

1. 毛古斯舞服装

毛古斯舞的服饰独特，由稻草编织而成。其由头套、护臂、稻草衣和粗鲁棍四部分组成（图 5.21）。头套是用稻草编织成帽状，帽上扎有五个辫子，中间长两边短。村民们认为毛古斯来到村中时，还处于原始生活状态，头发很长，因此将头发扎成辫子。一般在跳毛古斯时都会用头套遮住表演者的脸，这样有利于更好地还原毛古斯的原始生活状态。稻草衣是将些许六十厘米的稻草串在长绳上，使其围合成披风。而护臂则是将稻草系于手臂上，一般都是临时制作。毛古斯舞的服装中最为独特的部分就是粗鲁棍，它是父系社会生殖崇拜的体现，即将稻草捆扎成圆柱状，直径三到四厘米，长约三十厘米，其上覆有红纸，以此来象征男性的生殖器官。粗鲁棍一般系在表演者的腰间，吊于胯下。[81]19

图 5.21　存放在土王祠内的毛古斯舞服装

(图片来源：作者自摄)

2. 伴奏

据双凤村村民彭英华老人回忆，20 世纪 80 时代以前，表演毛古斯舞时是没有伴奏的，仅仅是用石头相互拍击的声响和拍手的声音作为伴奏，由此可见毛古斯舞的古老程度。后来为了将毛古斯舞搬上舞台，人们借助摆手舞的伴奏敲锣打鼓，借以烘托气氛。现在，在毛古斯舞的抢亲表演中，人们依然沿用石头相击的声响和拍手的声音作为伴奏，在毛古斯进场、敬祖、敬梅山、做阳春等环节中，有小段舞蹈使用锣鼓伴奏。[81]20

3.毛古斯舞的过程与步骤

笔者在双凤村调研期间，经过实地调研和采访，将毛古斯舞详细记录如下：

（1）借地。

借地是老毛古斯出场，向村中老人借地生产的场景（图5.22，图5.23，图5.24，图5.25）。

借地（资料来源：笔者的田野调查和资料收集）

图5.22　老毛古斯出场

（图片来源：作者自摄）

图5.23　借地

（图片来源：作者自摄）

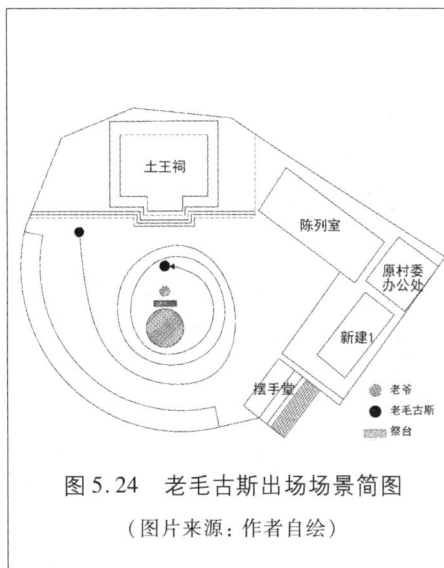

图 5.24　老毛古斯出场场景简图

（图片来源：作者自绘）

图 5.25　毛古斯生活的岩洞

（图片来源：作者自摄）

主要内容：（以下所列的方向均按观众的视角）

老毛古斯从土王祠右侧跑出，边跑边跳，绕土王祠前的操坪跑上两圈，然后跑到祭台前，老人附耳与老毛古斯对话。首先老人询问："你是从哪里来的？"老毛古斯告诉老人："我来自山崖边的岩洞。"随后老人问老毛古斯："你昨晚在哪睡觉？吃的是什么？喝的是什么？"老毛古斯逐一回答老人的提问："我昨晚睡在对面山头的树下，吃的是树上掉下的果子，喝的是山涧流下的山泉水。"最后老人问："你来我们村中做什么？"老毛古斯便答道："年复一年，日复一日，春暖花开，我是想来找你们借地的，开荒生产，解决日常生活问题。"听到老毛古斯的回答，老人家便答应了。

（2）扫瘟。

扫瘟是指老人觉得村中被瘟气缠绕，故请老毛古斯拿扫帚在土王祠前扫瘟的舞蹈表演。扫瘟的形式主要是扫出和扫进两部分（图5.26，图5.27，图5.28，图5.29），其主要用意是将好的都扫到村中来，将坏的都扫出村外去。通过此段舞蹈表演，寓意村中将风调雨顺、年谷顺成、六畜兴旺。扫瘟的整个舞蹈表演较为随意，扫进扫出的次数一般为三次，但是最终还是由老毛古斯的扮演者来决定扫进扫出的次数。如果观众需要，也会多扫几次。

扫瘟（资料来源：笔者的田野调查和资料收集）

图 5.26　扫出表演

（图片来源：作者自摄）

图 5.27　扫进表演

（图片来源：作者自摄）

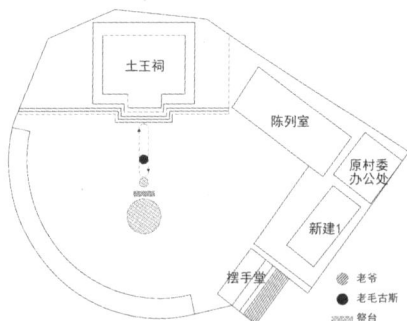

图 5.28　扫瘟场景简图

（图片来源：作者自绘）

图 5.29　老毛古斯敬菩萨

（图片来源：作者自摄）

主要内容：（以下所列的方向均按观众的视角）

　　扫瘟整个舞段是在土王祠前的祭台处完成的。借地完成后，老人会告诉老毛古斯，"村中最近瘟气横生、鸡犬不宁，希望你能帮助村民们扫除瘟疫"。在扫瘟之前，需要先祭拜一下本土的菩萨，以保佑老毛古斯能为本村扫除祸害。于是，老毛古斯便从老人手中接过三根敬神香，先对着祭台鞠躬三次，然后跪下磕头三次，完成了敬菩萨的仪式。于是老人从身后拿出一把扫帚给老毛古斯，并拜托其好好扫扫。老毛古斯拿起扫帚，抖三下，开始扫出，口中念叨着："把瘟气扫到山崖下面去。"然后老毛古斯便高举手中的扫帚，猛地拍到地上，用力将扫帚推出去，到尽头时，再猛地拍三下扫帚，以示意坏东西已扫出去。随之老毛古斯转过身来，高举扫帚，并猛地拍在地上，开始扫进的表演，其形式与扫出类似，只是方向不同而已。在扫进时，老毛古斯口中念叨："把喜庆、和气扫到村中来。"如此重复三次以上，完成整个扫瘟表演。

　　（3）众毛古斯出场。

　　众毛古斯出场的部分是指所有毛古斯都从土王祠左侧跑出，来到村子欢呼雀跃的场景（图5.30，图5.31，图5.32，图5.33）。紧接着便是小毛古斯争相承认自己才是毛古斯的父亲的桥段，最后便是老毛古斯带领众毛古斯祭祀村中先祖的场景。

众毛古斯出场（资料来源：笔者的田野调查和资料收集）

图5.30　众毛古斯出场

（图片来源：作者自摄）

图5.31　众毛古斯祭祖

（图片来源：作者自摄）

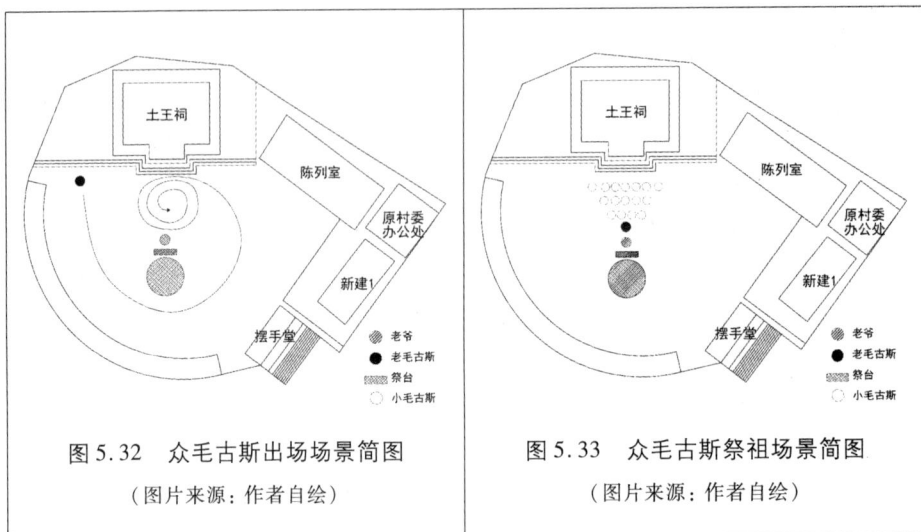

图 5.32　众毛古斯出场场景简图
（图片来源：作者自绘）

图 5.33　众毛古斯祭祖场景简图
（图片来源：作者自绘）

主要内容：（以下所列的方向均按观众的视角）

等老毛古斯扫瘟结束后，老人便问老毛古斯："你是一个人来的吗？有无子孙后代？"老毛古斯说："我子孙成群，成千上万。"老人便叫老毛古斯把子孙都叫来村中，于是老毛古斯跑到土王祠左侧，大叫三声。众毛古斯们听到老毛古斯的召唤，便纷纷从土王祠左侧跑出，边跑边跳，极其高兴。众毛古斯跑到祭台前，老人问："谁是你们的父亲啊？"一群小毛古斯捣蛋地说："我是父亲，我是父亲。"老毛古斯听后特别生气，便骂道："你们这些，敢称老子？"便打起身边的小毛古斯来。小毛古斯见老毛古斯生气了，便不再捣蛋，安静下来。然后老人告诉老毛古斯："带着你的儿孙们再来祭拜一下我们的祖先。"众毛古斯以老毛古斯为中心，站于老毛古斯身后。老毛古斯从老人手中接到三支香，对着祭台深鞠三躬，众毛古斯们效仿。然后老毛古斯跪在地上磕三下头，众毛古斯随之。老毛古斯站起来后，将香递给老人，老人便将其插入祭台的香案中。最后众毛古斯对着祭台作揖三次，众毛古斯出场的舞段就结束了。

（4）做阳春。

做阳春（图5.34，图5.35，图5.36，图5.37）主要是指毛古斯们在借来的土地中辛勤劳动的场景，主要内容包括：烧渣子、砍火畲、挖土、撒小米等。做阳春体现了在原始条件下，土家族先民们刀耕火种的生活，并展示了土家先民们悠久的农耕文化。

做阳春（资料来源：笔者的田野调查和资料收集）

图 5.34　烧渣子

（图片来源：作者自摄）

图 5.35　砍火畲

（图片来源：作者自摄）

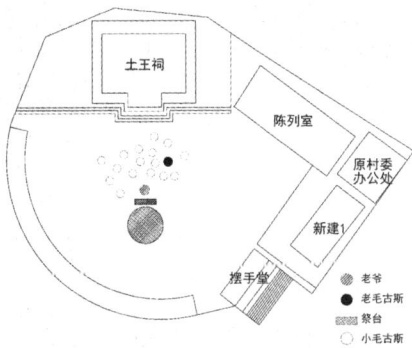

图 5.36　做阳春挖土场景简图

（图片来源：作者自绘）

图 5.37　挖土

（图片来源：作者自摄）

主要内容：（以下所列的方向均按观众的视角）

　　等众毛古斯们祭完祖先后，老人便问："是先把土地里的杂草挖掉，还是烧掉？"老毛古斯说："还是先烧吧。"于是小毛古斯们从老毛古斯身后涌到祭台前，将祭祀祖先用的纸钱点燃后，开始烧渣子，场面较为混乱。烧完渣子后，便是清除土地中被火烧过的枯枝。于是众毛古斯便从土王祠左侧拿出木棍充当砍树工具，并做出砍树的动作。整理完土地之后，便是挖土这一步骤。毛古斯们拿起锄头（木棍代替）开始挖土，伴随着锣鼓声，众毛古斯们干劲十足。老毛古斯在一旁唱道："儿孙们，快点挖，多挖些，挖到头了，就休息。"过了一会儿，便挖完了。部分毛古斯已筋疲力尽，老毛古斯鼓励众毛古斯，再坚持一下，我们秋天就有好的收成了。于是众毛古斯从老人手中接过谷种，开始播种小谷。等撒小谷结束后，这一舞段也就结束了。

（5）狩猎。

狩猎（图5.38，图5.39，图5.40，图5.41）可谓是毛古斯舞中最精彩的一部分，也是土家族人渔猎生活的真实写照。在狩猎开始之前，是祭祀梅山神，等做完一系列的祭祀活动之后，便开始上山打猎。打到猎物之后，还会去梅山神位前祭拜，感谢梅山神。

狩猎（资料来源：笔者的田野调查和资料收集）

图5.38　狩猎1

（图片来源：作者自摄）

图5.39　狩猎2

（图片来源：作者自摄）

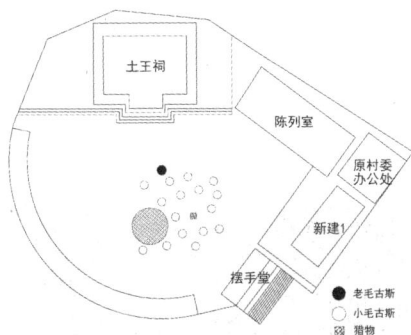

图 5.40　狩猎场景简图

（图片来源：作者自绘）

图 5.41　狩猎 3

（图片来源：作者自摄）

主要内容：（以下所列的方向均按观众的视角）

老人问老毛古斯："你们今天这是干吗去啊?"老毛古斯回答道："我们去打猎。"然后老毛古斯走到土王祠右侧的梅山神位前，开始请梅山，边请边说："梅山神，梅山神，你把猎物都放出来吧。不要让它跑到别的地方去了，就跑到我们准备的口袋里来。我们只要大的猎物，不要小的。你千万不要把毒蛇、蜘蛛这些害人的东西放出来了，我们捕到猎物后回来孝敬你啊!"接着众毛古斯们跟着老毛古斯一敬一拜，请梅山神开山，保佑狩猎成功。紧接着便是狩猎活动，众毛古斯们分工明确，有专门寻找野兽足迹的，有专门围山的，有专门堵住野兽去路的。有部分毛古斯蹲在地上，寻找野兽的脚印。据说他们能凭借经验，判断出野兽的大小和种类。寻找到足迹后，便开始围山和设卡。不一会儿，就有猎物入套。猎物见自己被团团围住，便大叫起来。众毛古斯将猎物绑在一根竹竿上，抬下山去，并走到梅山神位前，祭拜梅山，感谢梅山神帮助其捕获猎物。祭拜时，口中默念谢词。等祭祀完梅山神后，老毛古斯便在土王祠前杀掉野兽，剥去野兽的皮毛，将野兽均分给众毛古斯。

（6）卖兽皮。

卖兽皮是指打猎结束后，众毛古斯卖兽皮时，被流氓欺骗的场景（图5.42，图5.43）。

卖兽皮（资料来源：笔者的田野调查和资料收集）

图5.42　卖兽皮1

（图片来源：作者自摄）

图5.43　卖兽皮2

（图片来源：作者自摄）

主要内容：（以下所列的方向均按观众的视角）

等剥完野兽的皮毛，老毛古斯拿着皮毛到处叫卖。从众毛古斯的后面走出一个流氓，问老毛古斯："你这东西要多少钱？"老毛古斯说："你先说说，多少你愿意买？"流氓便说："你的皮子你说多少就多少。"老毛古斯便说："十块吧！"流氓觉得钱要多了，便说："贵了贵了，我只给三块。"老毛古斯觉得三块太少，便说："五块我就卖给你。"流氓便说："四块钱吧！"老毛古斯看了看手中的皮毛，转过身去和众毛古斯们商量。就在这时，流氓趁老毛古斯不注意将其手中的皮毛抢走了，等老毛古斯回过神来，便追了过去，众毛古斯紧随其后，最后流氓消失在树林（土王祠左侧）中。众毛古斯纷纷责怪老毛古斯粗心，但老毛古斯也解释不清楚是怎么丢的，最后吵吵闹闹地收场。

（7）挖葱。

挖葱舞段主要表现村中老婆婆与其女儿在一起挖葱的场景，还有小毛古斯在一旁骚扰（图5.44，图5.45）。

挖葱（资料来源：笔者的田野调查和资料收集）	
 图5.44 挖葱1 （图片来源：作者自摄）	 图5.45 挖葱2 （图片来源：作者自摄）
主要内容：（以下所列的方向均按观众的视角） 在村头对面的山上，一对母女正在挖葱。小毛古斯们见有女人在山头，便跑了过去，朝姑娘身上扔石头和木棍。姑娘见状十分害怕，便躲到老婆婆的怀里，这时小毛古斯们还不停地拉扯姑娘的衣服。老婆婆便骂道："哪家没有姑娘啊，干吗要对我家女儿这样？"但小毛古斯们并没有停下来的意思，还是继续骚扰老婆婆的女儿。	

（8）抢亲。

抢亲主要表现的是毛古斯看上了老婆婆的女儿，便将其从老婆婆身边强行抢走的场景（图5.46，图5.47，图5.48，图5.49），此外还有小毛古斯们争相拜堂，被老毛古斯训斥的桥段。

抢亲（资料来源：笔者的田野调查和资料收集）

图 5.46　抢亲 1

（图片来源：作者自摄）

图 5.47　抢亲 2

（图片来源：作者自摄）

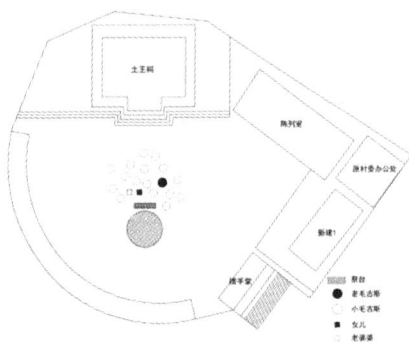

图 5.48　抢亲场景简图

（图片来源：作者自绘）

图 5.49　抢亲 3

（图片来源：作者自摄）

主要内容:(以下所列的方向均按观众的视角)

　　结束挖葱表演后,紧接着就是抢亲。老毛古斯的大儿子看中了老婆婆的女儿,便跑到姑娘面前,将姑娘强行扛走。老婆婆看到了,在后面紧追不舍。但是由于老婆婆体力不支,慢慢地毛古斯就消失在了山林中。毛古斯将姑娘扛到祭台前,强迫姑娘与其拜堂。这时调皮的小毛古斯将新郎(老毛古斯的大儿子)推倒在地,自己充当新郎拜堂,这样推来推去几个回合后,老毛古斯看不下去了,便骂道:"你们这些小崽子,你大哥拜堂成亲,你们抢什么?"小毛古斯见老毛古斯生气了,便停止了嬉闹。

　　双凤村毛古斯舞正呈一个不断发展变化的动态延续。从历史角度看,毛古斯舞经历了数千年,甚至更远的历程。毛古斯舞在保留其文化内核稳定不变的基础上,不断吸收、融合多种文化因素,并且至今仍旧处在一个不断变化的过程之中。[81]66费孝通先生曾经说过:"今日还发生着功能的传统,有别于前人在昔日的创造,而是现在已失去了功能的'遗俗'。传统是指从前辈继承下来的遗产,这应当是属于昔日的东西。但是今后既然还为人们所使用,那是因为它还满足人们今日的需要,发生着作用,所以它曾属于昔,亦属于今,成了今中之昔,至今还活着的昔,活着的历史。"[83]

5.2.3　打溜子

　　打溜子,又叫"打点子""打挤钹",土家语称"家伙哈"。打溜子作为土家族人创造的独具一格的乐器艺术形式,有着悠久的历史并流传至今。土家族打溜子曲目繁多、表演技巧独特、表达充满张力,是属于土家族专有的技艺。土家族人的生活与打溜子有着紧密的联系,土家族人生日、婚嫁、庆典都可以看到打溜子的踪影。它是土家族群众最喜爱的艺术形式之一,广泛流传于土家族地区。2006 年,我国将土家族打溜子列为非物质文化遗产。[84]

　　1.打溜子起源

　　土家族人居住在深山之中,时常有野兽出没,这给村落的人畜造成了很大的威胁。人们便用石块、木棒、鼎锅进行自卫。近代,则流行起了击锣,边远地区的人们到现在仍然使用这种原始的方法进行自我保护。驱赶野兽的敲击声是溜子曲牌产生的旋律基础。敲击声经过改进,形式逐渐发生改变。工休闲暇之际,村里的老老少少就围坐在火塘旁,"击石而歌","翩趾进退",重现狩猎的过程[85]，这就产生了摆手舞原始伴奏的鼓点，为溜子曲牌的诞生奠定了节奏基础。

各种民间艺术都经历了漫长岁月的洗礼，打溜子也一样，在时间的长河中逐渐形成了各种流派。政治、经济和民族文化的相互交流使得这些流派不断发生演变。

2. 打溜子乐器组合。

双凤村村民演奏打溜子时一般使用的乐器主要有四种，分别是大锣、马锣、头钹、二钹，它们的材料全为熟铜，制造方法也都是纯手工打造。大锣大小各异，其厚度处于苏锣和京锣之间，一般直径和高分别为30厘米和3.5厘米左右，重大约1500克；马锣不管是外观还是音色都和汉族的小锣、云锣有区别，其直径和高约为19厘米和2.5厘米，重约400克，二钹的直径为8厘米左右，重650克，其钹碗较大；头钹的直径为23厘米左右，钹边微翘。制作工艺和厚度会影响乐器的演奏音色。比起二钹明亮的音色，头钹更偏浑厚。[86]

这四件乐器中表现力最强的当属二钹，它在刻画主题时担当重要的角色；马锣领奏，大锣负责断句、扫尾、转换。大锣、马锣和两副钹分别负责低音、高音和中音三个声部，三者合奏起来十分的和谐。

3. 打溜子演奏形式

按乐器的组合来分，双凤村打溜子可分为三人溜子、四人溜子和五人溜子（俗称五子家伙）三种。前者为清锣鼓乐，属于单纯的打击乐器；后两者由打击乐与吹奏乐器（土唢呐）组成。由于所用乐器组合不同，三者的乐队建制以及表现形式也有所区别。三人溜子在演奏时，三个演奏者分持大锣、头钹、二钹进行表演，故因此而得名。其特点是头钹、二钹节奏活泼明快，最后以大锣收尾，所谓"双钹对面讲话，大锣断句加花"。

四人溜子（图5.50，图5.51）是传统土家族打溜子的典型形式，在三人溜子的基础上加入了高音乐器马锣。与三人溜子相比，四人溜子整体的演奏效果更丰富，且富于变化。"小锣领，大锣稳，头钹二钹紧紧跟"，或"头钹二钹对面讲话，大锣故意从中打岔，只有小锣稳扎稳打"，是其演奏特色的生动概括。即通过头钹、二钹多种"挤钹"方法产生明快清亮而又富于变化的音色，大锣打点控制节拍，马锣加花插空，并和大锣的拍子交错。五人溜子则在四人溜子的基础上增加了土唢呐，溜子曲与唢呐曲繁简相应、交相呼应，利用节拍、句法上的同步，营造出了和谐、喜乐、吉庆的婚嫁氛围。[87]

图 5.50　四人溜子 1
（图片来源：作者自摄）

图 5.51　四人溜子 2
（图片来源：作者自摄）

4.打溜子曲目

打溜子曲牌的内容十分丰富，据村中老人彭家齐回忆，过去曾有 300 多首，但因曲牌变化复杂，学打溜子全靠口耳相授，没有文字曲谱，故很多曲牌都失传了，目前尚存的仅剩 120 首左右。按其内容，打溜子曲牌大致可以分为三类：第一类是反映土家族的日常生活，如《大纺车》《小纺车》《快纺车》《慢纺车》《田棒棰》等，这些曲牌都是来源于生活。如"慢纺车"，以缓慢的节奏、舒缓的旋律、优美和谐的乐章真切地反映了老人们纺棉时悠闲和谐的意境。第二类是模仿动物的鸣叫和动作，如《画眉跳杆》《八哥洗澡》《锦鸡拖尾》《麻雀弹水》《河鱼散子》《鲤鱼漂滩》《蜻蜓点水》等。土家族人长期生活在大山之中，打溜子曲牌把飞禽走兽的声音、形象及各种自然景象融入其中，给人一种身临其境的感觉。如果说上面两类是绘声绘色型的，那第三类就是属于抽象绘意型的。如一般喜庆场合用的曲牌《满堂红》《庆请心》；用于建房的《四门进》《新四门》《新进门》，用于婚事的《双齐心》《单成双》《鹊桥会》《安福调》《喜中三元》等，都营造了一种欢乐的气氛。

5.2.4　哭嫁歌

土家族哭嫁歌，又称"出嫁歌"，历史悠远，独具特色。它由土家族妇女集体创作，心口相传，千百年来广泛见于土家族的婚庆仪式中，延续至今，恰如其分地表达了土家族女人出嫁时的复杂情感。[88] 土家族哭嫁歌，在艺术风格上，歌词质朴、形象鲜活、曲风清新、旋律动听。其表现手法多样，歌词中采用了多种修辞手法。土家族哭嫁歌于 2011 年被列为第三批国家级非物质文化遗产。[90]

1.哭嫁时间及地点

双凤村哭嫁的时间短的为三天或七天，长的则达半个月甚至三个月之久。在婚礼前，一开始是间断性的哭唱，临近婚礼时，就是从天黑一直哭到天亮。对于村民来说，哭嫁是整个家族的大事。亲朋好友得知新娘结婚的喜讯后，都会提早前来祝贺和陪哭。哭嫁在新娘的闺房中进行，新娘在亲朋好友的陪同下坐在床上或床边唱哭嫁歌，围坐在新娘周边的亲朋好友负责陪哭。另外，哭唱时要用手帕捂面，用来抹去脸上的眼泪。[88]25

2.哭嫁歌演唱形式

双凤村哭嫁歌中哭的方式灵活自如，因此形成了多种哭唱形式。根据哭嫁对象来分类，可以分为独哭、对哭和陪哭。

(1)独哭。即哭嫁歌由新娘一人哭唱。出嫁前，新娘孤身一人躲在房间，脑海中呈现出和娘家告别的场景，不自觉地黯然神伤，便自己哭唱起来。"我双手扯着流泪的帐，我双脚在流泪的房，我贱女从今天起，我贵儿从今脱。""只见秋后一片黄，不见我的亲爹娘"。[89]哭唱表达了土家女子对即将离开熟悉的家乡，去到一个新的环境生活的担忧和落寞之情，以及新娘对父母和亲朋好友的不舍之情。[88]29笔者在双凤村做田野调查，访谈土家族哭嫁歌传承人严水花时，记录了独哭形式的两首哭嫁歌。

其一[哭姊妹(土家语)]：

压业阿大呀！压业阿热来呀！

叔叔团没，黑翁日。压打团去都日，

压月想没月没嘎啊！压义王思多阿业，

阿巴聋没戏啊！压义五思，

保爹月阿业，阿巴胡思，

过多业阿业，阿巴照看多它梯，

阿大呀！压义哈热来呀！

其二[哭兄弟(土家语)]：

没过保不太，王思阿业，

阿巴聋波戏。

你就阿业，阿巴打翁波。

压就姐么那陆，压业阿短呀！

你阿业，阿巴波又叉多，

你阿业，阿巴孝敬多，

你没地多，杀人多，

没路爹波多。

（2）对哭。它对哭是指新娘根据哭唱对象的不同，与陪哭的人相对而唱。"对哭"的主题大多是母女的相互哭诉。"对哭"时母亲以哭唱的形式给女儿传授经验、解惑，对其授以生存与做人之道。[88]29笔者访谈土家族哭嫁歌传承人严水花时，从其歌本上摘录了对哭形式的两首哭嫁歌：

其一（母女对哭）：

娘哭：

可梯译哈八梯请，

黑月脾气解鹅分。

可梯泽哈啊丝之，

差哈业脾气解及多。

娘哭：

铜盆打水透底清，

十分脾气鲜九分。

铜盆打水透底白，

你的脾气细哈些。

女哭：

铜盆打水透底清，

女儿今天离双亲。

铜盆打水透底明，

从此女儿当贱人。

女哭：

父母养来父母生，

今日离别放悲声。

女儿不得孝父母，

好比浮萍未定根。

女哭：

可梯泽哈八梯清，

黑月脾气没得生。

可梯泽哈啊丝之，

差哈业脾气解哈梯。

女哭：

铜盆打水透底清，

十分的脾气是天生。

铜盆打水透底白，

生成脾气了不得。

娘哭：

铜盆打水透底清，

不是爹娘太狠心。

铜盆打水透底明，

不是把你要赶出门。

娘哭：

女儿如今长成人，

离娘离父去成亲。

女儿有情娘晓得，

哪样骨肉来离分。

女哭：

　　父母恩情讲不尽，

　　女儿难报父母恩。

　　只怨开错这门亲，

　　把女嫁到老山林。

娘哭：

　　铜盆打水透底清，

　　你十分脾气解九分。

　　铜盆打水透底明，

　　你坏脾气要了清。

娘哭：

　　铜盆打水透底白，

　　你的坏脾气要解些。

　　铜盆打水透底黄，

　　不好的脾气要了完。

娘哭：

　　女儿伤心流泪话，

　　句句哭痛娘的心。

　　喜庆日子已选定，

　　吉时良辰要接亲。

女哭：

　　铜盆打水透底清，

　　我的脾气是天生。

　　铜盆打水透底明，

　　生成的脾气解不清。

女哭：

　　铜盆打水透底白，

　　生成脾气解不得。

　　铜盆打水透底黄，

　　不好的脾气要了完。

其二（母女对哭，土家语、汉语互译）：

【土家语】　　　　　　　　　　　　　　　　【汉语】

女哭：

　　阿捏阿巴阿捏啊捏，　　　　　　　　　我的（爸）爹我的娘，

　　挫他捏茄思阿姐了。　　　　　　　　　后围柑子熟透了。

　　阿密皮业捏也了，　　　　　　　　　　分别的日子要到了，

　　阿捏阿巴呀。　　　　　　　　　　　　我的爹来我的娘呀。

　　挫格坐哭幕互拉，　　　　　　　　　　屋前野猫叫在了，

　　阿细烂捏捏也了。　　　　　　　　　　我的坏日子要到了。

　　挫社他树树嘎嘎了，　　　　　　　　　屋边板栗裂嘴了，

　　抗苦捏甫吐幕互了。　　　　　　　　　山里的斑鸠叫在了。

娘哭：

　　阿捏他爹来，　　　　　　　　　　　　我的女儿呀，

　　挫业茄思阿姐了。　　　　　　　　　　屋后柑子熟透了。

借拉嘎列崩弄了，
树西布里崩弄了。
抗苦岔岔幕互拉，
社他树树嘎嘎了。
他得来剥捏采这拉夫，
挫格补此撮日拉。
阿查他嘎二拉杀，
布里嘎哈直剥纳。
布里铁二拉崩弄了，
他爹来致助。
熟熟团了哈爬嘎，
必翁此了也那拉。
那咱捏比机姐服，
必优翁此了业撇服。

把把上头动在了，
板栗颗颗摇动了。
山里喜鹊叫在了，
旁边的板栗嘴裂了。
给新姑娘好日子报在了，
屋前蜘蛛在织网。
藤子牵在岩坝上，
上面果果都结满。
摘了果果藤子动，
女儿哭了。
月亮圆了缺半边，
女儿大了丢了娘。
高上雀鸟要飞了，
女儿长大要离娘。

女哭：

社他爹来杀哈一，
阿捏阿巴打翁莫惯了。
思客卡巴也了没，
泽哭都车此尔。
压保爹顺奇踏替，
保爹设嘎服。
也八欧多啊，
写报谢使此尔。
社捏恩情思麻他，
黑高里高肋。
社捏情高捏，
拉儿泽儿列。
社忙哭减哭翁没西，
压捏阿捏阿巴。

你们女儿不懂事，
和爹娘坐惯的了。
还亏的婆家到了嘛？
麻都不会结。
我顺不倒人家，
人家要生气了。
父母要愁了，
有力气都不会用。
您们恩情不忘记，
天高地高哩。
没有你们恩情高，
没有你们恩情长。
吃您的奶和血长大的，
我的娘来我的爹。

社捏恩情翁拍翁捏，	你们的恩情，
黑拍黑捏力吉梯。	十天十夜都讲不完。

（3）陪哭。陪哭贯穿于土家族哭嫁的整个过程。哭嫁过程中不能缺少陪哭。哭嫁时，新娘的姐妹无论白天还是晚上都会抽时间轮流陪哭。新娘的闺房要一直有陪哭者，如果姐妹不到，则由嫂子陪哭；若嫂子不到，则由堂姐妹陪哭。一般情况下，夜间新娘要在姐妹的陪伴下一起入睡。姐妹陪哭的方式为对唱，歌曲内容大多是表达姐妹之情或者对新娘的安慰之情。[88]29笔者访谈土家族哭嫁歌传承人严水花时，从其歌本上摘录了陪哭形式的两首哭嫁歌：

其一（姐妹哭）：

姐哭：	妹哭：
橘子好吃十二瓣，	哥弟好比千斤重，
姐妹好坐要分散。	我们如草一样轻。
柚子好吃要剥皮，	越想让我泪更流，
姐妹好玩要分离。	越想让我越伤心。
燕子飞过九重岩，	梭罗树上十二了，
姐姐妹妹要分开。	我们同父又同母。
我们今天分开了，	今朝姐妹要分开，
不知何时得相见。	难舍难分情难断。
小时我们多愉快，	桫椤树来一对一，
长大我们要分开。	望姐心里多宽怀。
哥弟如同金银贵，	多承姐姐把妹待，
我们命贱如浮萍。	姐的教诲记心怀。
梭罗树上十二了，	日同板凳坐啊，
我们同根义同了。	夜同油灯过。
今朝姊姐要分离，	绩麻同麻篮啊，
离开绣楼好孤单。	磨坊同扼磨。

其二（舅娘哭，土家语）：

压业外甥、压义业，你业舅舅、舅娘买，

接空菊空没，你波那月都列尺太呀！

告杰力没都肉嘎，压业外甥呀！

不撮子各没，你压波肉嘎遮波多啊！

你保爹业粗也了，没地多杀我多，

你没他嘎啊，他治姑、墨地多，

压业波力呀！

哭嫁歌有着悠久的历史，反映了土家妇女的日常生活，以及土家族别具一格的婚嫁观，即出嫁时一定要哭，哭得越厉害，以后的生活才会吉祥如意，兴旺发达。哭嫁歌和土家族民歌有着密切的联系。土家族民歌把喜作悲，将悲作喜，认为无论是悲是喜，都应该告之以哭，并以哭为歌。哭嫁歌深受其影响，内容中反映了土家族人的悲喜观以及朴素的人生信仰。[88]47

5.2.5 土家族织锦

土家族织锦是制作精良的手工艺术织品，是土家族宝贵的民间艺术形式。"西兰卡普"和"土家花带"是土家族织锦的两种类型。在土家语中，"西兰"意为铺盖，"卡普"则意指"花铺盖"，因此"西兰卡普"也称为打花铺盖。"西兰卡普"使用的编织工具为古老的木质斜腰式织机，采用"通经断纬"的工艺，分为"对斜"平纹素色和"上下斜"斜纹彩色两大类。完成一幅织品需要十二道工序，技艺复杂，其中"反织法"是其一大特点。"西兰卡普"的图案源于生活，反映着土家族的风俗习惯，色彩及构成有着浓郁的民族特色。它是土家族人审美观与民族意识的映射，具有非常高的审美价值。"土家花带"，土家语称"厄拉卡普"，颜色上分为素色和彩色两类，主要用作腰带、围裙带、裤袋、小孩背带等。花带采用的是原始的"经花"手法。其制造工艺和图案构成原理与"西兰卡普"并无太大区别，特点主要是小巧细致，实用性很强，简单易学，编织者可以随时随地进行编织，不用专门的工具便可在两膝间完成。因此，学会"土家花带"是学习"西兰卡普"的基础。[91]

土家族织锦技艺的两大品种中，比较有代表性的是"西兰卡普"。如今，土家花带在双凤村中已鲜有出现，现存较多的是"西兰卡普"。2006 年，土家族织锦被列为国家级非物质文化遗产，以湘西土家族苗族自治州文化局为保护主体。[92]

1. 土家族织锦历史源流

土家族织锦是土家族的一门古老的民间手工艺术，距今已有大约1500年的历史。湘西土家族苗族自治州龙山县被称为"土家织锦之乡"，在其苗儿滩镇的商周遗址曾挖掘出"石纺轮、陶纺轮、网坠、骨针"[93]这些原始的制造工具。《后汉书·西南蛮夷传》《龙山县志》《永顺府志》等都对土家织锦的源流和发展做了描述。正如《后汉书·西南蛮夷传》所记载的："秦昭襄王使白起伐楚，略取蛮夷，始置黔中郡。汉兴，改为武陵。岁令大人输布一匹，小口二丈，是谓'賨'。"清乾隆《永顺府志》记载"土锦、斑布，皆云永顺（府）出"，说明了土家族织锦的产地为湖南湘西永顺府区域。清嘉庆年间的《龙山县志》里记载："土妇颇善织锦，布用麻，工与汉人等。土锦经纬皆丝，或丝经棉纬，一手织锦，一手挑花，碎成五色。其挑花用细牛角。""绩五色线为之，文彩斑斓可观。俗用以为被或巾，故又称'峒巾'。"这些描述了永顺府龙山县织锦繁荣的情景。1939年之后，土家织锦以其独特的色彩和图案，渐渐得到更多人的喜爱，在全国各地都有销售。[94]

2. 图案纹样与色彩

双凤村土家族织锦的内容与图案大多源自土家族人生产生活的方方面面。织锦图案包括七类，主要为动物类、植物类、工具类、文字类、几何类、天文类、吉祥意象类（图5.52，图5.53，图5.54）。具体分类如表5.1所示。

表5.1　双凤村土家族织锦图案纹样式样分类表

动物类	植物类	工具类	文字类	几何类	天文类	吉祥意象类
鸡盒子花 石必花 阳雀花 燕子花 蝴蝶花	小白梅花 大白梅花 梭罗花 韭菜花 荷花 紫藤兰 刺梨花	桌子花 椅子花 桶盖花 锯子花 茶盘花 磨盘花 衣板花	福禄寿喜四字花 一品当朝四字花 双喜临门四字花 长命百岁四字花 福字花 喜字花 万字花	单八勾花 双八勾花 二十四勾花 四十八勾花 满天星花 万字格花	满天星 太阳花 月亮花	双凤朝阳 凤穿牡丹 麒麟送子 八仙过海 龙凤呈祥 十二生肖 二龙戏珠

土家族织锦喜用红蓝两色，色彩构成鲜艳，对比强烈。其主要特征为：第一，图案色彩艳丽，但整体风格古朴典雅；第二，动、植物类的图案色彩非常鲜艳华丽、生动活泼；第三，为了保留自然风光的本色，现代的图案少用夸张的颜色；第四，几何类的图案颜色表现出强烈的对比和反差，给人以较强的视觉冲击；第五，工具类的配色很简洁[94]16-17。

图 5.52　土家族织锦 1　　图 5.53　土家族织锦 2　　图 5.54　土家族织锦 3

（图片来源：作者自摄）　　（图片来源：作者自摄）　　（图片来源：作者自摄）

3. 织锦技艺

织机（图 5.55，图 5.56）和挑织工具是编织出多彩斑斓的织锦的必要工具。织机是编织织锦最重要的工具，挑织工具则包括告筒、竹茄、滚棒、滚板、和挑子、梭罗、绊带。编织时，织者会将绷带（套在滚棒上的布带）系于腰上进行操作。现代的土家族织机大量地使用平纹织法，工序大大减少，不受面积制约，因此织锦作品的面积较以前更大。[95]

独特视觉符号的应用是双凤村土家族织锦文化的重要特征，不仅体现了土家族人对原始造型深刻的认识和对古老文化内涵的挖掘，更反映了土家族民间艺术所独有的审美情境。而土家族人对美的向往和执着追求也被记载其中。土家族织锦已成为重大节日、祭礼日、婚嫁喜庆日等举行仪典时所必不可少的物件，并由此口耳相传，深刻地融入了土家族人的日常生活当中。[96]

图 5.55　土家族织锦机 1

（图片来源：作者自摄）

图 5.56　土家族织锦机 2

（图片来源：作者自摄）

第6章
堪舆规划与村落空间

村落的空间规划决定了其整体风貌，空间规划的影响因子包括村落的自然环境、社会背景、民族文化和经济基础等多个方面因素。土家族有"散处溪谷、所居必择高峻"的居住规律，[97]双凤村地处九龙山脊，西北至天平枯里山脚，东至官厅堡山脚，南至茶园堡南缘悬崖。[2]67村外环境山林茂密，坡陡沟深；村内建筑依山就势，鳞次栉比。村中的路、桥、牌坊、水井等组成了最富人性化的村落意象。

6.1 村落的堪舆规划

堪舆，俗称"风水"，即中国古代的相地术，又称青乌、卜宅、山水之术，是中国古代术数文化的一个分支。许慎注"堪，天道也；舆，地道也"。"堪舆"是指研究天道、地道之间的学问。先民相地实践的丰富经验，融合了四象、五行、八卦、阴阳等中国古代哲理思想，主要通过审察山川地形、寻访地理脉络、判断时空经纬，来评判地块的祸福凶吉，决定聚落的选址和建筑的朝向。[98]

《风水祛惑》有"风水之术，大抵不出于形势、方位两家。言形势者今谓之峦体，言方位者今谓之理气"。《水龙经》有"水飞走则生气散，水融注则内气聚"，"未看山时先看水，有山无水休寻地"等，都说明了风和水的重要性。现代的堪舆学广泛体现于建筑学、规划学、哲学与美学等体系，有着独到的精神、科学和人伦思想。

双凤村地处偏僻的丘陵地区，周边地形复杂，峰峦犬牙交纵，居民与外界联系甚少，形成了与自然和谐共处的习性，在建筑造型方面显现出特定的视觉审美，在聚落的选址、布局等方面呈现出了"崇尚自然""返璞归真""有无相生"等思想观念。

6.1.1 堪舆理论及指导原则

堪舆，是中国传统文化中一道独特的风景。"天人合一"是中国古代哲学中关于天人关系的最重要的思想，即把天道和人道看作是一致的，把自然界与人类看作是相通的[98]，环境和人体看作是一个有机的整体。"天人合一"也是堪舆术所要追求的最高境界，天即指大自然，人即指人类社会，堪舆术的实质是追求人类理想的生存空间，达到人与自然环境和谐相处，是古代中国人环境观的一种反映。

人类理想的生存空间，是指最适宜人类生存的环境，能将人类社会与赖以生存的自然环境相互融合为一个有机的整体。中国古代，在堪舆理论的指导下，无论城镇、村落还是民居住宅的选址，先民选择的必定是最理想状态的风水格局。风水理论贯穿于中国传统建筑活动的每一个过程，从规划选址、建筑布局、园林景观到施工营造；从皇家辉煌的宫殿到老百姓朴素的民居；从活人居住的阳宅到死人安息的阴宅，风水理论几乎无处不在。中国古代的风水理论对城市、村落、民居、葬地等产生了巨大的影响。尽管风水中混杂着大量的迷信成分，但追求理想的生存环境的主题是永恒的。[99]

董仲舒说："人有三百六十节，偶天之数也；形体骨肉，偶地之厚也；上有耳目聪明，日月之象也；体有空窍理脉，川谷之象也；天亦有喜怒之气，哀乐之心，与人相副，以类合之，天人一也。"这是强调天人相副，天人混一，人副天数，力图追索天道与人道的相通之处，以求天人之间的协调和统一。天人合一思想的终极指向是实现人与自然界的和谐相处，堪舆理论在选址方法上讲究龙、穴、砂、水的配合，也正是对住宅与自然环境之间和谐统一的追求。这种天人合一的观念，正是风水学说的思想根基。

虽然风水术中包含着浓厚的迷信内容，充斥着荒诞不经的秘术、口诀，文字表述也缺乏系统的理论和明确的逻辑，多故弄玄虚，晦涩诡谲，令人如堕云雾。[99]9-11但是，透过风水论的某些评判和风水术支配下的建筑实践，渗透在风水观念中的环境意识有以下几点是值得我们注意的。

1. 以藏风聚气之地为最佳村落选址原则

"气"为何物？古今的理解各有不同。在风水理论中，"气"是万物的本源，是构成万物的基本要素。道家辩证的哲学观认为：重浊之气属阴，轻清之气属阳，阴阳结合则生成宇宙万物。晋代郭璞《葬书》中曰："五气行乎地中，发而生乎万物"，"气乘风则散，界水则止。古人聚之使不散，行之使有止，故谓之风水。风水之法，得水为上，藏风次之"。由此可见，气生万物，乘风则散，水曲而聚气，山弯而藏风，所以在传统文化中，完美的村落选址莫过于成山环水抱之势，屋后倚靠高山，安逸稳重，屋前空旷豁达、视野开阔（图6.1）。[100]郭璞曾把风水宝地刻画

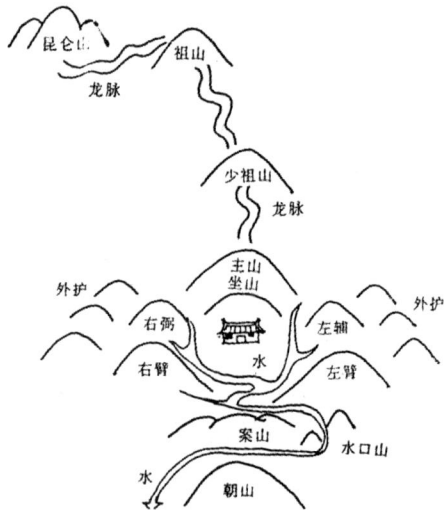

图6.1　最佳村落选址

（资料来源：摘自《风水与建筑》）

为"若器之贮"，意思是风水好的地方，如同储存用的器皿一般，气进入了就不会消散。如果有一自然地形是三面或四面被山体围合的盆地，中间形成平地，

又有溪流过境，形似布袋，当风吹入其内，风力逐渐变小直至停息，这个过程叫聚气。这种环境的确适宜人类居住，环绕着的高山给人以稳重、安全的感觉，河流在山下冲积形成肥沃的平地，屋前的宽阔空间有利于通风和采光，让人心旷神怡。[101]《黄帝内经》曰："气者，人之根本；宅者，阴阳之枢纽，人伦之轨模，顺之则亨，逆之则否。"《易经》曰："星宿带动天气，山川带动地气，天气为阳，地气为阴，阴阳交泰，天地氤氲，万物滋生。"因此，可以看出气对人居环境的重要性。

2."因地制宜"形成依山就势建筑布局的原则

"因地制宜"，原指根据各地的具体情况，制定适宜的办法。这里指根据环境的客观性，制定相应的妥善措施。因地制宜的原则反映了人类在遥远的古代就已全面认识和了解大自然，在风水学中，"因地制宜"更表现为人类能灵活地把控微环境下的地域、气候、地质、水源等因素。我国幅员辽阔，各地区的气候差异大、地形地貌相差甚远，在地理条件有差异的情况下，各地的建筑风格和形式也不尽相同。湘西境内多山多水，山与水是大自然的重要组成部分。从古至今，人类对山与水始终充满了尊敬与崇拜，它们是人类生存与发展的寄托。山象征着大地的骨架，水象征着自然界万物生命的源泉，如果没有了水，世间万物都将无法存活。在传统风水学中，人们经过长期的实践和总结，认为山与水的组合是"风水宝地"的必要条件。建筑选址中最理想的布局是背山面水，建筑依山就势排列于缓坡上，斜坡有利于建筑基地的排水，而且在山脉下常有溪水顺流而下，这样既解决了住户的给水问题，又美化了基地周围的环境，也让建筑与大自然融为一体。《黄帝宅经》有云："宅以形势为身体，以泉水为血脉，以土地为皮肉，以草木为毛发，以舍屋为衣服，以门户为冠带，若得如斯，是事俨雅，乃为上吉。"

对于堪舆来说，理论只可以被视为一种指导思想，真正的应用则需要综合考虑多种因素。堪舆必须要根据不同区域的地理环境以及该区域内人们的生产生活习性，采用不同的理论方法，制订适合当地环境和人群的具体方案，以达到人、建筑和自然环境的和谐统一。[101]25-26

6.1.2　选址与布局原因

风水学中关于村落选址的最理想环境，概而言之：背靠祖山，左有青龙右有白虎二相辅，前景开旷，远处有案山相对，有水流自山涧流来呈曲折绕前方而去；四周的山最好有多层次，即青龙白虎之外还有护山相拥，前方案山之外还有朝山相对，如此形成一个四周有山环抱、负阴抱阳、背山面水的良好地段。

风水、八卦等理论长期以来被广泛应用于土家族村落与建筑的营建活动中，双凤村的选址便是受到了风水理论的影响。双凤村选址以九龙山为龙脉，官厅堡为案山，背靠祖山；以科六甲六为青龙，天坪枯里为白虎，又有流水从村后山谷蜿蜒而来，流向前方山涧；耕地从村落周边展开（图6.2）。由此可以看出，先民选址饱含智慧，应了风水的讲究之处。现在双凤村的布局是在新中国成立后形成的，由于人口的增多，村落开始往外扩张，形成了今日的局面。

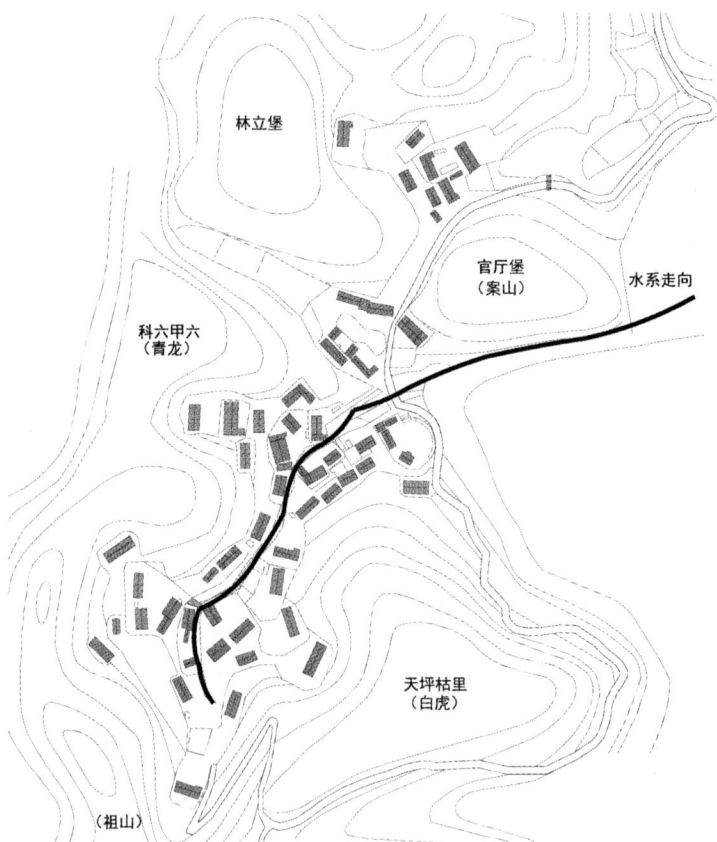

图6.2 风水示意图

（图片来源：作者自绘）

古人在村落选址规划中有两大要求：一要有利于生存，二要有利于发展。土家先祖定居九龙山岗，森林茂密，溪涧纵横，是对自然环境的选择。传统村落中建筑的风水观念主要应用于民居，它重视建筑本体与周边自然环境的和谐，重视精神感受与物质世界的融洽，展现了道家"天人合一"的哲学思想。村落布局背山面水，田地肥沃，树木葱郁，溪水环绕，鸟鸣花香，与大自然融为一体，在讲究风水的同时也兼顾了良好小气候的形成。

1. 村落选址

双凤村正处于九龙山的一处盆地，四面环山（图6.3），四周有天坪枯里、科六甲六、官厅堡及林立堡等，是天然而成的一个巨大的盆地。盆地能藏风蕴气，《风水辩》中所云恰是如此："所谓风者，取其山势之芷纳……不冲四面之风；所谓水者，取其地势之高燥，无使水近夫亲肤而已，若水势屈曲而又环向之……""如此地形地貌，能蕴藏山水之气，吐纳"浩然之气"，在古人眼中是一个理想的人居环境。

图6.3 深山中的双凤村

（图片来源：作者自摄）

2. 建筑布局

双凤村的建筑选址多是先民们在风水术的指导下进行的，强调顺应自然，尊重自然的"天人合一"思想，讲究因地制宜，将村落民居与场地有机结合，根据其场地的性质、规模、地形特点等因素，进行总布局。

因地制宜，根据不同地理环境的客观性，采取与自然相宜的生活方式，体现了人们尊重环境、实事求是的思想。双凤村民居建筑沿等高线布局(图6.4)，依山就势，面溪背山，自然生成。在丘陵地区，平地取之不易，弥足珍贵，通常用作耕地或良田。因此，智慧的土家先民为了节省耕地，选择在山坡上建设住宅，倚山而居，山坡下的平地则留作良田，村寨入口处的平整地块用作公共活动场地。[102]

土家族人喜欢把民居建筑建设为东西朝向，并称此为"晒壁"，让最长的墙面接受太阳直射，起到防潮祛湿的作用。建筑窗小檐低，有很强的私密性与防御性。倚山而居，不仅可保证屋前视野宽阔，而且在冬日还能遮风避寒[103]38-42；面溪而住，是考虑到用水的方便；建筑朝阳可以争取良好的日照；植被可以保持水土，调节小气候，形成良性生态循环；缓坡可以避免洪涝之灾。双凤村民居建筑对山地环境的改造，不但没有造成对山体地层的破坏，而且节约了土地，同时也创造了山清水秀的优美自然环境。

图6.4 双凤村的建筑形态

(图片来源：作者自摄)

6.2 村落外部空间结构

6.2.1 山体

永顺县地处湖南省武陵山脉中部，境内地势起伏较大，河流、平原、丘陵、山地分布其中。县内山脉曲折相连，构成斜"S"形，坡度为30°~40°。由东北部至南部其地势呈梯度下降，呈现出非对称的"鞍形"。由于山地较多，不利于种植作物，因此为了生存，当地居民只能因地制宜，选择地势相对平缓的山地，将其开垦为农田。位于永顺县境内的双凤村属于典型的山地地貌，整个村落的选址与布局、建筑的建造、景观的营造等深受地势的影响。这样的地形地貌也为双凤村独特的自然景观奠定了基础(图6.5)。为了顺应起伏的山地地形，一代代双凤村人不断进行探索与适应，才有了今天双凤村的全貌。

图6.5 双凤村周边山体风貌

(图片来源：作者自摄)

6.2.2 水系

永顺县区域总计有330余条大小不一的江河，主流长度超过5千米的河流有70余条，总流域面积在10平方千米之上。其中，沅水和澧水两大水系流经境内。第一大水系是流域面积为3019.82平方千米的沅水水系；第二大水系是流域面积为791.2平方千米的澧水水系，两者分别占总面积的79.24%和

20.76%。此外，还有一条灵溪河流经双凤村旁的老司城。尽管永顺县河流较多，且雨量充沛，但由于其地处高山地区，地下水资源匮乏。因此解决水资源短缺问题依旧是土家族人劳作生活的当务之急。[103]32-33 所以，为了方便生产生活，双凤村人通常在接近水源处选址(图6.6)。

图6.6　双凤村周边水体风貌

（图片来源：作者自摄）

6.2.3　农田

双凤村人长期与天地万物为伴，对如何处理人与自然的关系深有领悟，涉及生产劳作的各个方面。由于双凤村地处山区，因此耕地大多都是梯田。双凤村的梯田按照山体坡度走向分层开垦，因双凤村境内山体坡度各异，梯田的高度随山势走向及陡峭程度的不同而变化。坡度较缓时，每一级的梯田高度为30～150 cm；坡度较陡时，每一级的高度为150 cm以上。梯田宽度则由多种因素决定，包括日照、山坡的走势、种植需求等。这些梯田就像露天的剧场看台，大多沿等高线分布于民居或村庄旁。山地梯田的日照情况和水资源状况与海拔的高度有关，不同的作物品种有其各自不同的特点。[103]56-58 正如当地村民唱道：

农家无冬闲，天天都要忙；天晴种冬粮，落雨翻板田。冬草沤下深深犁，趁冬整好冬水田；要得明年吃饱饭，隔年功夫做一半。

农田是双凤村最基本、最重要的资源，是双凤村土家族人进行生产的主要场地。也正因为如此，双凤村将土地较平整的开阔地留给了农田，而将坡地留给了建筑。

6.3 村落内部空间结构

村落内部空间结构是村落内各功能部分之间关系的总和，反映了村民的文化价值观念及生活理念，同时也反映了聚落内部的社会结构。[104]

6.3.1 聚落的结构与形态

"形态"即事物的形状与神态。形态不仅能反映事物本身的形状，还体现了其所包含的精神状态及意义。形态在聚落空间中表现为两种形式，即实和虚。"实"是指空间的形式、位置及建构形成的方式，"虚"是指聚落的精神和文化。

空间形态包括人工要素和自然要素。从性质上，其还可分为物质要素与非物质要素。物质要素也有内外之分，即村落之外的林地、山体、农田、水系与村落内的广场、街道、建筑、集散点等。非物质要素内容较广泛，除了上述物质要素的组织方式、形态和构成规律之外，还包括人们在空间中的体验和主观的感受，在一定程度上反映出人们的审美情趣，同时与人们的主观意识有着非常紧密的联系。[105]18-25

双凤村位于海拔600米的山岗上，村民们长期与大自然做斗争，由清《永顺县志》可知：自古以来有"覆险陟岭，捷足如飞，运载食

图6.7　双凤村布局

(图片来源：作者自摄)

物，以背驼之，约绳于膊，伛偻而行"的传统(图6.7)。由于地处山区，平地很少，能够用于种植粮食的平地极其珍贵，所以建造房屋一般都选择在山坡上。村落的平面布局确实如传说中所描述的那样，分成大、小两个部分，恰如两只凤凰相对而立。被称之为"大凤凰"的建筑群，整体的布局结构相当清晰。村落中

部，潺潺的溪水从山上穿流而过，将建筑群划分为两个部分。沿溪而上的是一条通往各个住所的石铺小路，它将溪流与住所很好地联系了起来。此外，双凤村被重山包围，因此其依山而建、顺应地势，向溪背山，浑然天成。这在一定程度上是受我国风水之说的影响，但也可认为是出于功能考虑。因为将房子沿溪而建有利于居民用水；靠山而居除了可以保证屋前有开阔的视野，还有利于抵御冬季的寒风。"小凤凰"相较大凤凰，规模小，布局简单，屋宇之间呈垂直或平行分布，背山而建。大、小凤凰相向而立，交相呼应，形成一个统一的整体。[106]18-19

6.3.2 聚落形态的组成要素

双凤村中聚落形态的组成要素分为点状、线状和面状三类。面状要素指村落的空旷场所，主要有聚落内部的山坡、耕地、墓地、广场等较为开阔的空间；线状要素指聚落的道路和水系，双凤村聚落内的道路沿溪而上，而水系则有给水和排水两大水系；点状要素指聚落中的建筑物和构筑物。

1. 面状要素——聚落空阔地

山坡：双凤村四面环山，分别为官厅堡、林立堡、科六甲六以及天坪枯里，各山坡之间围合，即构成了双凤村的生态环境。山坡形态复杂多样，有直形、凹形、凸形和阶梯形等，山坡的地形地貌与双凤村的聚落形态密切相关。

耕地：双凤村以农业为核心产业，聚落现有耕地约800亩，这是聚落存在的根本。耕地也直接影响了聚落的选址，因为近水有利于耕地灌溉，靠山则居高而不至被淹。同时，由于聚落内人均耕地面积一直较少，因此，采用聚族而居的形式，将住宅和耕地分区设置，既有利于加强宗族联系、方便宗族管理，又有利于统一建设水利设施、防御设施和劳动互助。因此，双凤村的耕地都环绕在居住区的外围，居住区与生产区相距不远。

墓地：在土家族聚居地，墓地一般会远离居住区，多建在聚落的边沿地带。考虑到村民的心理，生死有别，因此在日常活动的区域，人们的视野内不会出现与墓地相关的要素，从另一种角度来看，墓地即边界。在双凤村中也是如此，墓地处在耕地的最边沿地带。

广场：广场其实是西方建筑学上的概念，中国传统建筑术语中是没有广场这一概念的，本书中提到的广场是指聚落中人群集散的较大型空坪。在双凤村中，广场及巷道属于聚落的公共场所。双凤村的广场分布于部分公共建筑以及

道路的节点附近，呈不规则形。广场作为人流流散的中心，是聚落成员日常交往的公共空间。[99]18-19

土王祠前广场是一个开阔的圆形广场，是土王祠空间的延伸。土王祠与其前面的建筑、弧形的廊道一起界定了这一场地空间。每逢大型活动，广场就非常热闹，它是聚落成员相互交流的公共场地(图6.8)。双凤村的标志之一是位于村头的广场，它是人们进村时的必经之地，寨门和风水树形成了广场与外部的分界线。(图6.9)村委会前的休息小广场，前面有一片池塘，环境优美舒适，还设有现代运动设施，是劳动之余的聚会性场所。

图6.8 土王祠前广场

(图片来源：作者自摄)

图6.9 双凤村村头广场

(图片来源：作者自摄)

2. 线状要素——道路与水系

道路：传统聚落中的道路是用于人及其所需物质的交通空间，因此，道路宽度制订的依据就是交通的需要。《周礼·地官·遂人》把道路从大到小分为"路、道、涂、畛、径"五级，"径容牛马，畛容大车，涂容乘车一轨，道容二轨"。径容牛马也就是径宽等于两头牛并行的宽度，即1.2~2米。在双凤村中，用来串联或并联各宅主入口的巷道的宽度比"径"还要小，宽的巷道净宽在0.8~1.2米之间，最窄的只有0.6米。聚落内道路两侧房屋一般为一到两层的高度且与道路的距离大小不一，道路两旁还间或种植几棵树木，在形态上是一条沿着山体和小溪自由蜿蜒的灵活曲线。在这种曲折的巷道中，空间的变化有许多跳跃或突变，由于小巷的形状是弯弯曲曲的，在空间上表现出不同程度的收放或转折。又由于界面的连续，加上水井和晒场等公共场所的穿插，进一步构成了复杂的空间组合，并表现出不同的空间层次。在纵向空间布置上，在高差较大的地段

修建了一些台阶或者铺设坡道，使得其纵向空间富有变化，总体空间显得更加灵活生动。[99]19-20

　　水系：水是生存的基本要素，在人类的日常生活和工作生产中起到至关重要的作用，早期人们聚落的分布都是沿着水系两岸。在人们选定聚落定居位置的时候，都会选择水量丰富的位置，因为水量的丰富程度决定了该地区的人口容量。在确定好水源之后，需要在此基础上修建一套人工水系，这套人工水系具体又分为给水和排水。在双凤村里，水系和道路一样都是线状元素（图6.10）。

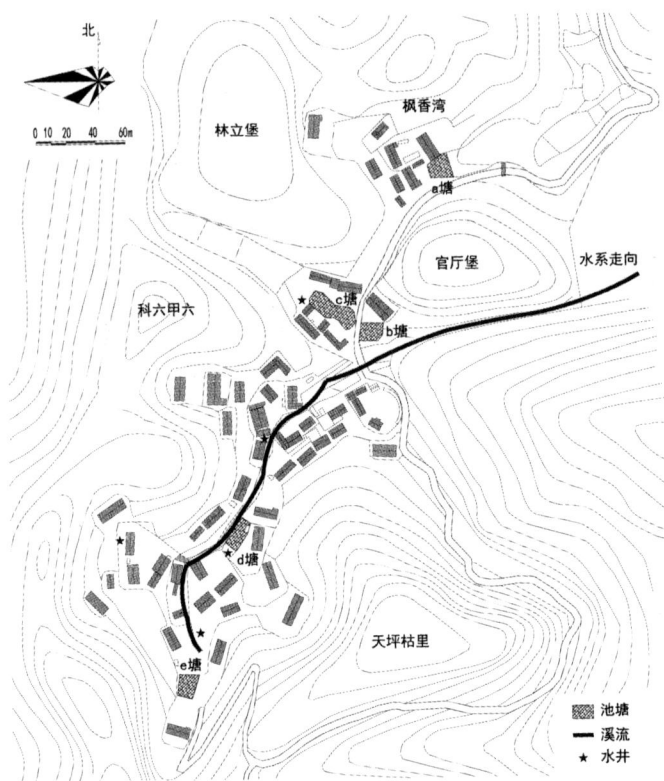

图 6.10　双凤村水系分布图

(图片来源：作者自绘)

　　水系贯穿着双凤村整个村落，串联起村落中的一个个公共活动空间。从村口广场到土王祠再到池塘边休息的小广场和房屋前的晒场，聚落中的面状要素和点状要素被流经村中的水系很好地连接起来了。

3.点状要素——建筑物与构筑物

双凤村中的点状要素指的是村中的建筑物及构筑物。双凤村在长期的社会发展过程中，因特定的社会需要而产生了各式建筑类型。从使用功能上可分为以下四类：民居、祭祀建筑、交通建筑、寨门。本书在第7章将专题论述双凤村的建筑形式，在此不做赘述。

6.3.3 形态要素之间的组合关系

关系到聚落形态的要素有面状、线状、点状这三类，各要素之间通过一定的方式进行组合，形成了聚落最终的空间骨架。双凤村聚落形态的组成要素有面状、线状和点状这三类，点、线、面之间的组合方式决定了聚落的空间结构，形成了聚落内部最终的空间形态。

1.点与点的组合关系

点状要素包含有民居、祭祀建筑、交通建筑以及寨门四类，由于双凤村的祭祀建筑、交通建筑及寨门相对独立，因此，这里点与点的组合关系主要是指民居之间的空间关系。

双凤村村内的民居结合自然地形地貌，采用有机分散的布局形式，因地就势，以适应基址，从而使得建筑的屋顶层层叠叠、前后错落、似断似连，形成的天际线高低起伏，与自然山地地形相呼应。

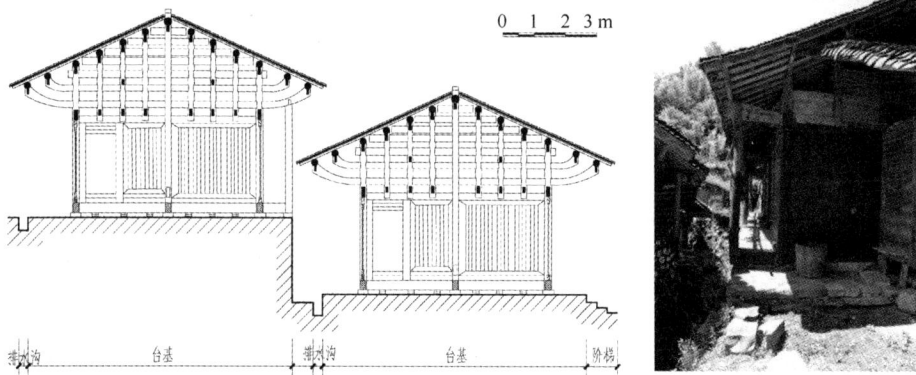

图 6.11 建筑与建筑的关联

（图片来源：作者自绘）

民居与民居之间通过街巷连接，形成了街巷空间。双凤村聚落内街巷的走向可以分为两类：第一类是与等高线平行，顺应地形，随巷形的弯曲而蜿蜒曲折（图6.11）；第二类是与等高线垂直，街巷随地形的坡度而起伏。街巷的弯曲、坡度的变化为行人提供了明确的方向感。

2. 点与线的组合关系

线状要素包括道路和水系，点与线的组合关系包括建筑与道路及水系之间的关联。道路是联系村落各建筑之间的纽带。双凤村道路系统与山地的地形地貌特征完美地结合，把当地的石材运用到了极致，形成了一道独特的村落景观（图6.12）。道路的变化依附于山体的高差变化，高差大，道路则急陡，高差小，道路则平缓。在没有水系的山坡上，呈现出"建筑—道路—建筑"的布局。

图6.12 多样的道路形式

（图片来源：作者自摄）

建筑与道路的关系，灵活多变。如果建筑出现在村落的中心区域，而道路的走向又难以改变的话，则通常会采取吊脚楼的形式，建筑借位在道路之上（图6.13）。这种借位，不仅扩大了建筑面积，方便了屋主的使用，同时也丰富了道路的空间层次。

从建筑与水系之间的退让关系来看，建筑可以被划分为临水建筑和退水建筑两类。双凤村的水系并不发达，只有一条很小的溪流，沿村中心道路曲折而下，临水的建筑很少。因此，绝大部分为退水建筑，呈现"建筑—道路—水系"的布局（图6.14）。

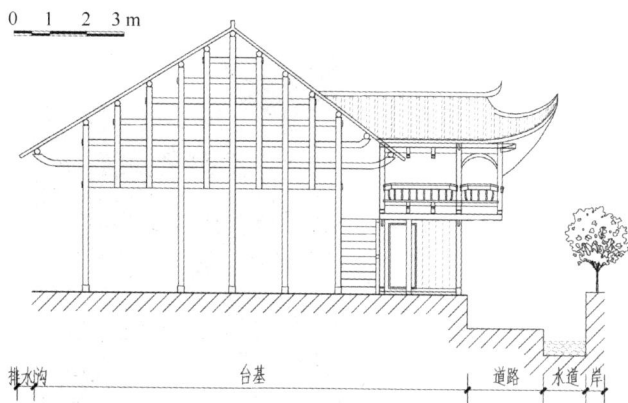

图 6.13　建筑的借位

（图片来源：作者自绘）

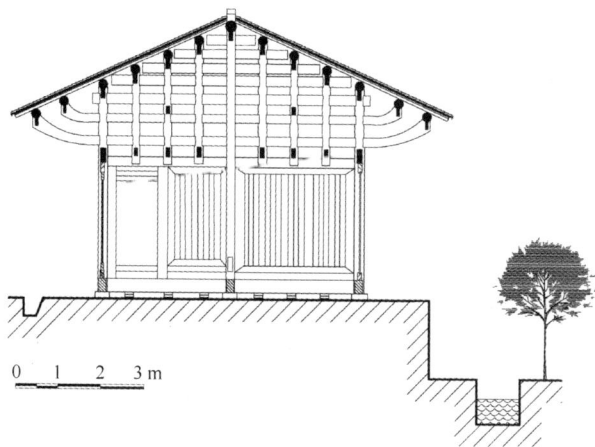

图 6.14　建筑与道路、水系的关联

（图片来源：作者自绘）

　　在水系的上面偶尔会有道路与之相交，形成"桥"，由于双凤村的水系不宽，通常会用石板横架于水系之上，形成石板桥（图 6.15）。根据笔者的调查，双凤村的石板桥有 12 座。

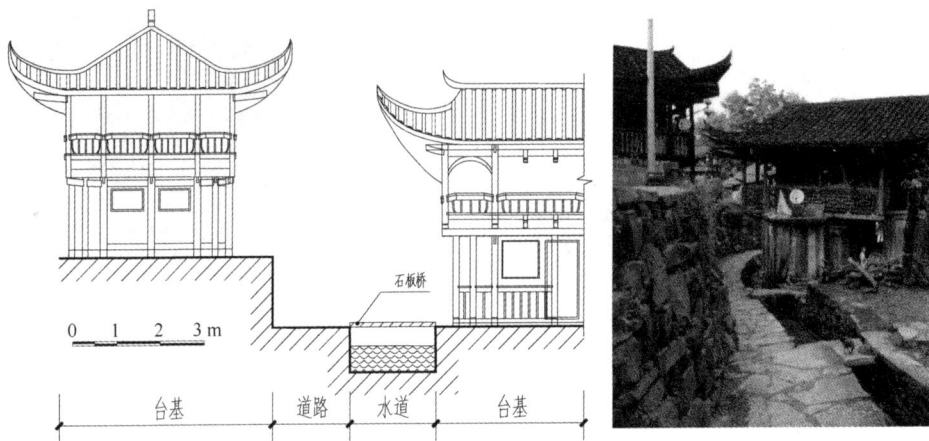

图 6.15　建筑与道路、水系的关联

（图片来源：作者自绘）

3.点与面的组合关系

双凤村聚落空间形态的构成要素中，点状要素是聚落中的建筑物和构筑物，面状要素是聚落中的开阔地，如山坡、耕地、墓地、广场等，由于建筑与墓地、耕地都没有联系，因此，主要研究建筑与山坡、建筑与广场之间的组合关系。

（1）建筑与山坡的关联。

双凤村整体布局因地制宜，建筑依山就势，沿山体等高线排列。由于山坡高低平缓各不一样，建筑与山坡的组合方式也不相同。根据笔者的现场调查，并结合测绘数据综合分析，得出以下规律：双凤村村民通常会选择坡度小于45°的山坡来建造房屋，当山体坡度小于45°，大于20°时，则垒石为台；当山体坡度小于20°时，则削土为坪。

垒石为台，是指在山坡上，以斜坡为载体，通过竖向堆砌石块，用石块及素土填充而成的基础。经过数月的自然沉降后，即可斩木结楼（图6.16）。在斜度大的情况下，使用此方法将耗费较大的人力物力，但可以避免对山体造成更大的破坏。垒石为台形成的建筑，基础高大，视野宽阔，但通常会有陡峭的阶梯。

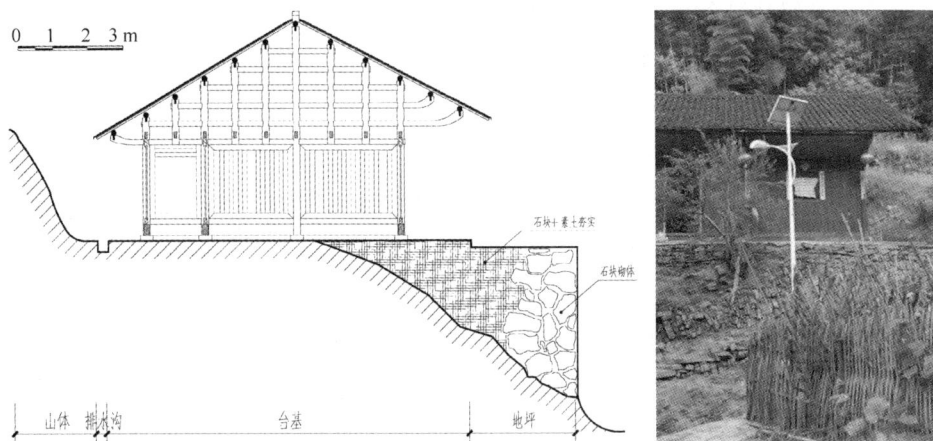

图 6.16 建筑与山体的关联 1

（图片来源：作者自绘）

削土为坪，是指在坡度平缓的山坡上，通过挖掘多余的土体而形成的水平基础(图 6.17)。这种方法的总工程量相对较小，不需要动用太多的人力物力。其形成的建筑，基础平坦，不会出现陡峭的阶梯，具有良好的生活便利性。

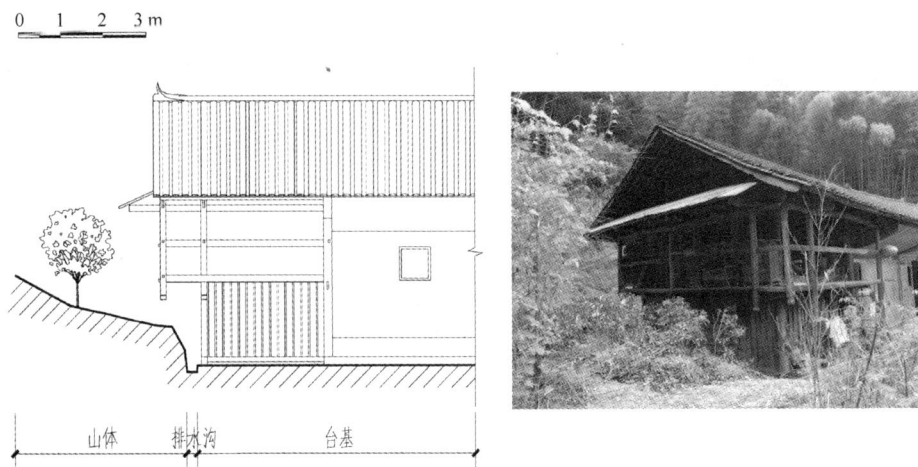

图 6.17 建筑与山体的关联 2

（图片来源：作者自绘）

无论是哪种组合方式，建筑与山体之间都形成了良好的契合关系，尽量避免了对山坡形态的破坏，使建筑以一种较为自然的形态融入了山坡，达到了与环境之间的和谐。

（2）建筑与广场的关联。

面状要素中的广场，可分为围合式广场和开敞式广场。顾名思义，围合式广场即通过建筑或构筑物围合限定的区域；开敞式广场则是以一标志性建筑或构筑物为中心，周边形成的不规则的场地。围合式广场以土王祠前广场为代表。因为土家族人长期自给自足的生活习惯，形成的平面形式大多相对独立。然而土家族的公共建筑表现出来的形态却截然不同。摆手堂是以篝火位置为中心，由土王祠、弧形游廊、山门及其附属建筑围合而来的组合空间（图6.18）。

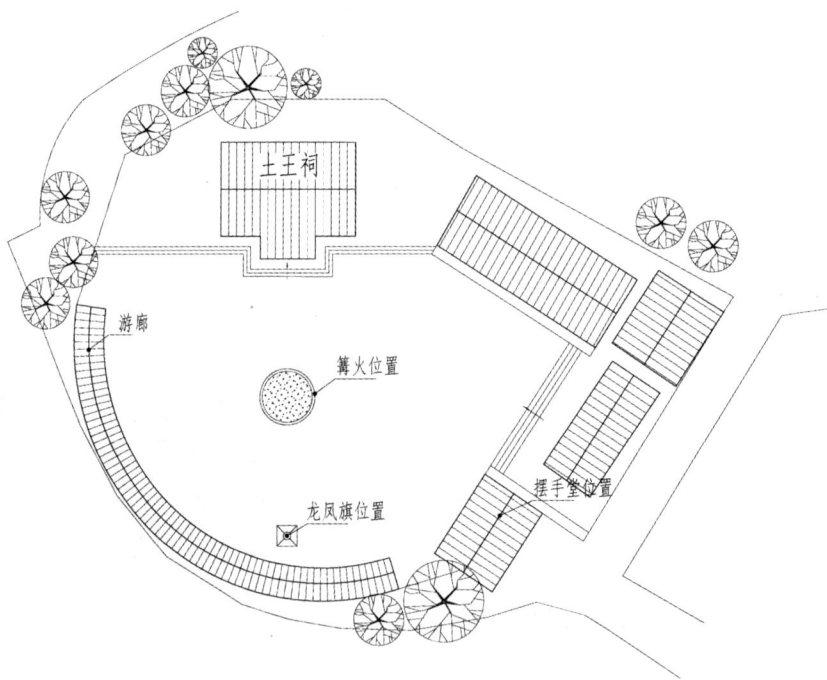

图6.18　建筑与广场的关联

（图片来源：作者自绘）

以寨门为中心的村头广场属于开敞式广场类型。寨门是双凤村的标志性建筑，围绕着寨门，村头的道路和不规则的空地形成了一个开放的空间。

（3）线与面的组合关系。

线状要素与面状要素的组合方式决定了聚落的空间骨架，通过对路网和人流集散场地之间关系的研究，可以厘清聚落中各个功能部分之间的衔接关系，确定聚落的内部空间结构。在双凤村内部，人流集散场地主要是公共建筑周边形成的广场，主要有村头广场、停车场、以村委会为中心的休闲活动广场及土王祠前广场四处，与村中主干道路形成了"一带四点"的空间结构（图6.19）。

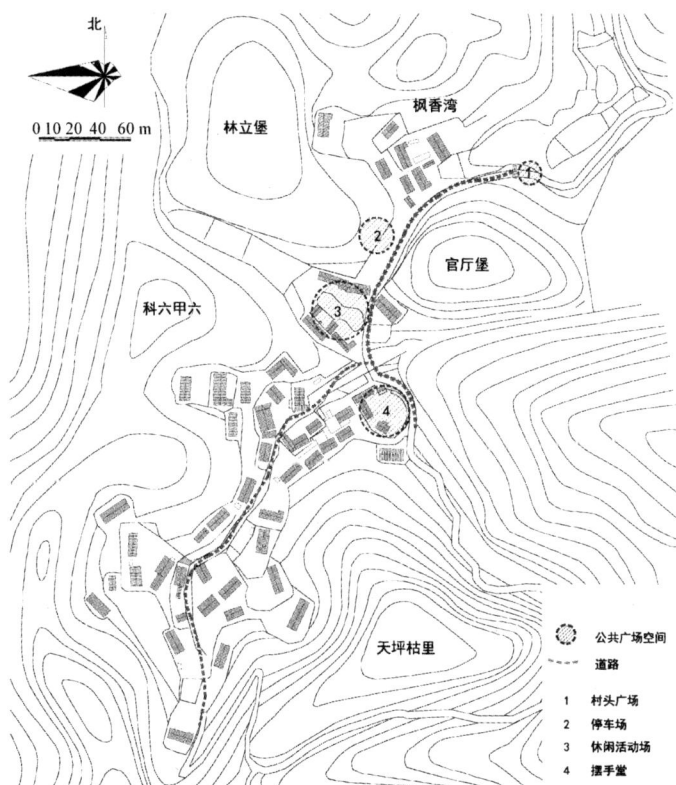

图6.19　线与面的组合分析

（图片来源：作者自绘）

第7章

建筑形式与装饰艺术

作为反映村落文化的有形载体，双凤村传统木构建筑对村落文化的传承起着重要的作用，无论从营建技术、功能组织，还是从立面造型、空间营造来看，都直接或间接地反映了一定的文化观念，有效地继承和发展了传统的民族文化。选屋场、伐青山、架大码、排蝉、立屋竖柱、祭神上梁、雕梁画栋……整个建造过程礼仪繁多且规矩考究，同时大量的神秘文化充溢其中。中国传统的哲学思想强调天人合一、人化宇宙、法天敬祖，双凤村传统建筑的建造过程与空间营建观念便是其最好的体现，在这里，一个民族的精神风貌得到了充分的表达。同时，中国传统艺术"以物寄情"的深层文化内涵也在其造型与装饰中得以充分反映。[107]

7.1 建筑的地域性特征

传统建筑扎根于具体的环境之中，受到所在地域的地理气候条件的影响，受具体的地形条件和材料资源等其他因素所制约，因此呈现出强烈的地域性特征。从崇山峻岭中"生长"出来的双凤村传统建筑，因为双凤村特有的气候环境、地形地貌、建材资源和民族文化，表现出鲜明的地域性特征，反映了原住民长期生活所形成的历史文化传统。

7.1.1 依山就势的干阑式建筑

双凤村地处湘西山区，其民居的建筑形式一般采用"干阑式"。刘敦桢先生在《中国古代建筑史》一书中指出，"房屋下部往往采用架空的干阑式结构，也就是在密集的木桩上建造方形或椭圆形平面的房屋"，这是对干阑式建筑最精辟的解释。

在旧石器时代，原始人住的是洞穴，根据文献的记载，古人也曾有过巢居和穴居的阶段，在《礼记·李运篇》里有记载："昔者先王未有宫室，冬则居营，夏则居巢。"《庄子·盗跖篇》云："古者禽兽多而人民少，于是民皆巢居以避之。"在进入氏族社会后，人们对工具使用的程度得到提高，营造的手段和方式开始复杂起来，此时，总体上分为两个大的种类，一种是由穴居发展而来的木骨泥墙房屋，另一种则是由巢居发展而来的干阑式建筑。

为了适应南方地势低洼而多虫蛇的环境，巢居应运而生。在演化中，先后经历了独木巢居到多木巢居再到干阑式建筑的阶段。干阑建筑底层架空，能够有效防潮，适应炎热、潮湿、多雨的气候，在山区，还能够起到保持底层地面坡度的作用，有利于适应山地凹凸不平的先天地势缺陷，且能够节约平整土方的工程量。干阑式建筑在双凤村演化成更具有地域特色的建筑，当地人称为"吊脚楼"。由于地处山区，地势多起伏，要尽可能多地留出平整土地用来种植农作物和修建祭祀场所，因此居民的住宅多修建在坡地上。由于底层架空，与人活动的楼层中间保持了一段距离，有效地防止了虫蛇的侵扰，并且避免了直接接触潮湿的土地对人的健康造成的影响。

吊脚楼是土家族人民在大自然的家园里为适应险恶环境而建造的。它作为一种特殊的民间工艺品，是在土家先民从自然走向社会、从野蛮走向文明的进程中产生的，犹如一部史诗，多层次、多角度地反映了土家族的历史发展、文化心态和创作才能。

双凤村吊脚楼有三大特点：一是基地都选择在坡度较大的台坎地上，无坎不成楼；二是吊脚楼多是上下两层，楼廊外延，金瓜悬空，无瓜不成趣；三是吊脚楼是以配房的形式出现的，要么以楼为厢，要么接在厢房前，总之要转角，不转不成楼。这些特定的形式，为吊脚楼本身注入了文化内涵，是一种特殊民俗习惯的物化反映（图7.1）。

图7.1　双凤村民居吊脚楼

（图片来源：作者自摄）

双凤村吊脚楼一般是两层，底层架空，外走廊挑出。吊脚楼的外立面几乎都施以雕刻并涂上色彩，与正房朴素的形态相对比。吊脚楼采用歇山屋顶，屋角翘起，其外观与周围风景十分协调（图7.2）。[108]

图7.2　双凤村民居吊脚楼局部

（图片来源：作者自摄）

7.1.2 建筑用材

双凤村地处山区，交通不便，历史上又长期处在极为封闭的状态中，因此房屋的建造只能够就地取材，尽可能地发挥本地材料的特性，呈现出了具有地域特色的质感。

木材是双凤村最主要的一种建筑材料。之所以选择木材作为主材，主要是因为木材具有以下几大优势：第一，取材方便。双凤村地处山区，周围是大量茂密的森林，木材的储量丰富，又是可再生的资源，取之不尽，用之不竭。第二，适应性强。双凤村的木构建筑通常是由柱、梁、檩、椽等构件组成的框架来承受屋面的荷载，墙并不承重，只起围蔽、分隔和稳定柱子的作用，因此双凤村的房屋具有中国传统建筑"墙倒屋不塌"的特点。房屋内部可以较自由地分隔空间，门窗也可任意开设。木材使用的灵活性大，适应性强，尤其适应于双凤村这种山区地形。第三，易于加工。木材加工比石材要容易，原始人利用石器即可完成砍伐、开料、平整等工序，随着青铜工具以及后来的铁质斧、斤、锯、凿、钻、刨等工具的使用，木材的取用及加工变得更加简单方便。树木除了作为建筑材料以外，本身也是村寨景观的组成部分，对村寨的水土保持、气候调节、环境美化都有着重要作用，是村寨生态系统最重要的环节之一。

双凤村的地质情况比较复杂，岩石的类型丰富，具有适合于民居建造所需要的多种天然石材：如属于沉积岩类的钙质砂砾岩、页岩、砂岩；属于变质岩类的板岩、片麻岩、石英砂岩等。其中片麻岩是使用最多的石材，主要用在外墙勒脚和转角、柱基、门框、地面等部位（图7.3）。

图7.3 丰富的建筑材料

（图片来源：作者自摄）

双凤村所在的湘西土壤类型多样，其中土壤母岩有七种，以石灰岩母质发育的自然土壤为主，占土地面积的 50.2%。这种土壤的质地呈中壤土至中黏土，透水性较差，呈微酸性至微碱性反应，特别是白云岩发育的马肝泥，质地较黏重，适宜作为烧制砖、瓦等烧土制品的原料。

除了木材、石材、砖、瓦之外，双凤村传统民居还经常使用毛竹作为建筑材料。村中盛产毛竹，竹竿组织致密，坚韧，富有弹性，被大量用作传统民居的装饰和建筑构件材料。[1]46-47

天然的木料、石材、灰瓦，组成了与周围环境融为一体的建筑景象，既层次丰富，又协调统一。吊脚楼的通透轻巧，支撑材料的原始粗犷，侧角升起带来的稳定感和丰富的轮廓变化等，都体现了地域建筑材料的特色，这就是本地材料赋予建筑的独特魅力。

7.1.3　建筑造型

双凤村土家族民居通常背山面水，造型翼角翚飞，体态婀娜多姿，大有凌空欲飞之势，灵巧秀丽。其后半部着地，用立柱架起建筑的前半部和两厢，使之悬空，再把横木搭建在悬空部分与后半部地面平齐的高度上，用木板铺成基面，再用木板围封四面，设置门窗，最后完成封顶。双凤村土家吊脚楼的屋顶不仅高低错落有致，而且纵横交替，主次分明，造型上处理得十分活泼生动，即便站在远处眺望，也非常清晰醒目。单个屋顶也都处处体现着独特的造型特点，给人以深刻的印象，如做法独特的屋檐口挑枋，有着很大的上翘幅度，屋檐又有很深的出挑，在整体造型中显得柔和优美（图7.4）。

在双凤村土家族建筑传统中，民居的主屋简朴，吊脚楼华美。双凤村土家族民居的主屋都是普通的悬山式屋顶，没有翘角，造型简朴，也没有装饰，要有装饰也顶多是做两扇雕花的大门。而吊脚楼的屋顶一般都做成歇山式，飞檐翘角，二楼走廊悬挑，做花格栏杆和垂花柱，造型小巧秀美。如果单从外观造型上来看，则主屋为主，吊脚楼相对次要，但在形象上吊脚楼却特别地突出显眼。这种现象是由于观念上的原因，土家族人把吊脚楼看作是显示家庭富裕程度的象征性建筑，所以会尽可能地把它做得华丽显眼。[110]

土家族的吊脚楼在湖南的少数民族民居吊脚楼中，精美程度首屈一指。飞檐翘角的歇山式屋顶，角部做出多层的弯曲形封檐板，翘角上装饰着飞鸟，有的讲究的会把檐下额枋向上弯曲做成拱券形，而挑枋则做成向上弯曲的形式，栏杆做成各种样式的花格，有时还涂上各种颜色的油漆，美轮美奂。有的吊脚楼还将两层全部架空，不做墙壁门窗，使其成为一个休息纳凉的场所，非常实用（图7.5）。

图7.4　柔和优美的屋顶
（图片来源：作者自摄）

图7.5　空间丰富的吊脚楼
（图片来源：作者自摄）

　　在双凤村土家族民居建筑中，坡屋顶是主要被采用的屋顶形式。屋顶由牛角挑撑起，翼角起翘，而这种出檐造型的出现是由于双凤村地处武陵山区，这里山河错落，呈现出三维的空间地理结构，翼角起翘的坡屋顶吻合了当地的地形地貌。概括而言，抽象的长方体组合而形成吊脚楼的基本造型，这样的形态在让人感到端庄沉稳的同时又不失古朴和粗犷。翼角起翘的屋顶出檐造型的出现，为的就是平衡这种稳重感，整个屋顶的坡度基本控制在 22.5°～23°，由此，一种轻盈飘逸的美感油然而生，犹如一只凤凰展翅开屏。屋顶出檐的造型也满足了包括遮阳、遮雨在内的功能需求。在轻灵而又稳重的吊脚楼中，穿堂式通风极易在底层的架空结构中形成，不仅能使建筑内外的微气候条件得到极大的改善，还能传达出强烈的节奏感和形式感。双凤村土家族人为了解决采光问题，创造了一种类似于老虎窗的屋顶结构，这种结构利用吊脚楼与主屋之间的高差作为脊部屋面的自然延伸，而这种构造又被土家族人称为"鸦雀口"。

　　坡屋顶包括小青瓦覆盖的屋面和堆砌的脊饰，造型各式各样的脊饰堆砌在脊的中央,"品"字形是常见的类型,意为"一品当官",也有"莲花"以及其他与"水"相关的造型被堆砌出来。屋脊的盖瓦被人们抹上青灰,再用白色颜料涂边,同时为了表现翘角的轻盈,往往用白边勾勒屋顶的轮廓。还有些建筑为了突出屋顶的轮廓造型,会制作鱼和龙吻等各种式样的脊角(图7.6)。[111]

图7.6 丰富的轮廓造型

(图片来源:作者自摄)

7.2 传统民居

不同于威严庄重的官式建筑,民居不仅和广大人民的日常生活息息相关,而且都是由千百万劳动人民完成的。因此,它最能适应地方气候与自然条件,最能充分地表现民族特色与地方特色,最能反映不同历史时期的社会形态,最能有效地利用原有的地形和空间,最能不受程式拘束地组织内部空间,最善于用最简洁的手法取得最为突出的艺术效果,最能够发挥劳动人民的技巧、智慧和才能。[112]双凤村的传统木构民居承载着土家族特殊的生活方式,记载着土家族的历史和文化信息,集中反映了土家族工匠的智慧和才能。

7.2.1 平面形式

双凤村土家族传统木构民居在长期的营建过程中，由于区域和家庭经济条件的差异，逐渐形成了三种基本的平面形式：

第一，一字形。这种住宅是双凤村土家族民居最基本的形式，其开间按一字形横向排列，面阔通常为三间，造型朴素，简洁实用。正屋中间为堂屋，不设天花板，暴露屋顶梁架。堂屋是精神中心，屋内供奉"天地国亲师"牌位，许多仪式在此进行。堂屋两侧的房间一般为对称布局，以中柱分隔成前后两间，前面是火铺屋，后面是卧室，一般会设天花板形成阁楼。

第二，L形，也叫"钥匙头"。此类住宅以一字形正屋为主体，在一头尽端，向前加一两间厢房，其平面造型状如钥匙，故称钥匙头。厢房与正屋垂直，所以也称"横屋"，它使房屋从一字形扩展成 L 形，并成为土家族民居最普遍的一种比较固定的类型。其正屋基本不变，主要的变化在厢房，通常做成吊脚楼形式。

第三，U 形，又称为"双吊式""撮箕口"或"三合水"。这种形式的吊脚楼是在一字形正屋的左右两端各建一对称的厢房，形成"三面闭合，一面看天"的簸箕形状。这种房屋的平面一般为正屋三间，两边厢房出两间到三间。厢房做成吊脚楼的形式，与正屋围合成一个开敞的坪（图 7.7）。在三种基本平面形式的基础上，每种平面形式都有一定的发展和变化，形成了丰富的平面类型。

双凤村土家族民居的三种基本平面形式的不同之处就在于吊脚楼的增加，L 形是在一字形的一侧增加了吊脚楼，而 U 形是在一字形的两侧增加了吊脚楼，这种形式演进的原因只与家庭的富裕程度有关。如上文所述，吊脚楼已经被看作显示家族地位和富裕程度的建筑，随着经济实力的提高，有的家庭还会加建吊脚楼，使民居的平面形式继续发生变化。

类型	建筑平面

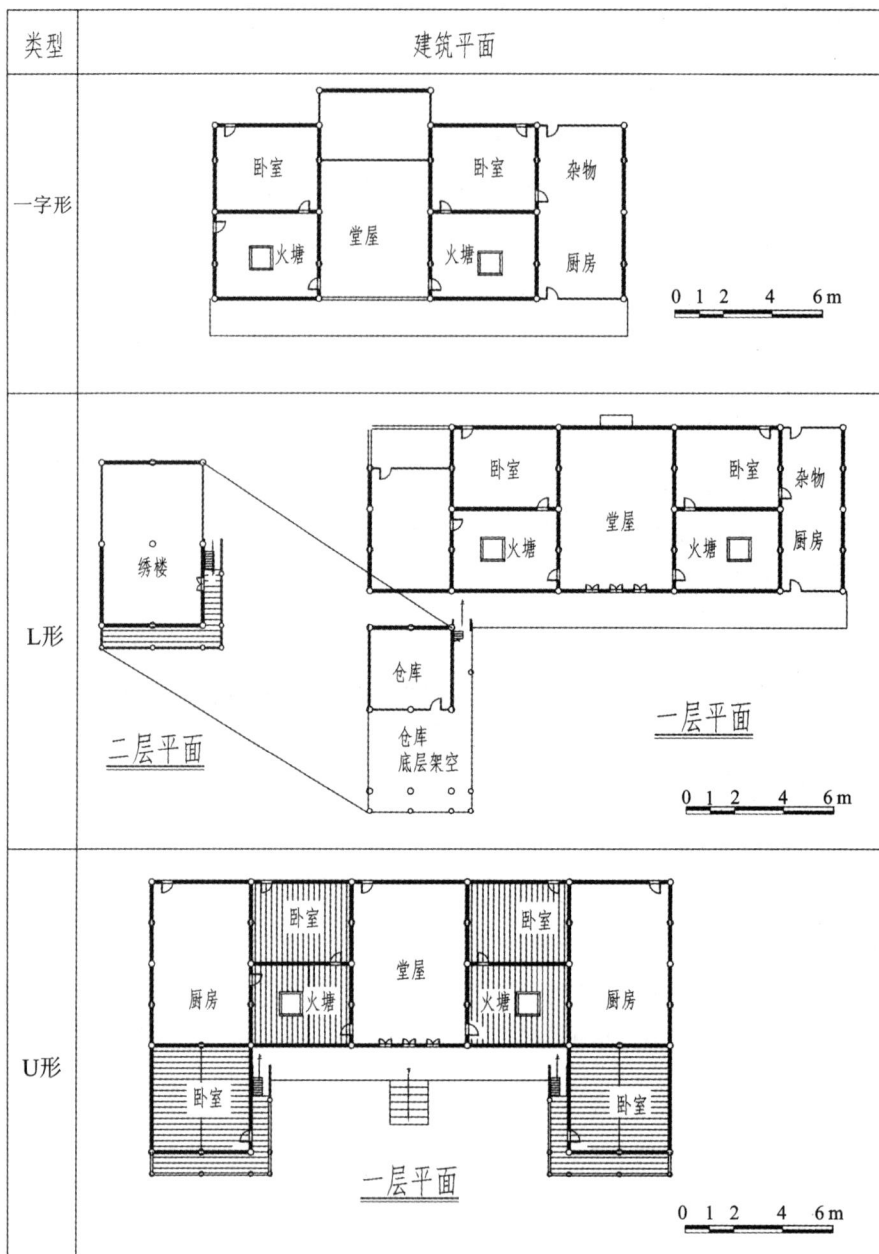

图 7.7　双凤村民居三种平面形式

(图片来源：作者自绘)

图 7.8 至图 7.12 是双凤村几栋典型民居的现场测绘和田野调查记录。

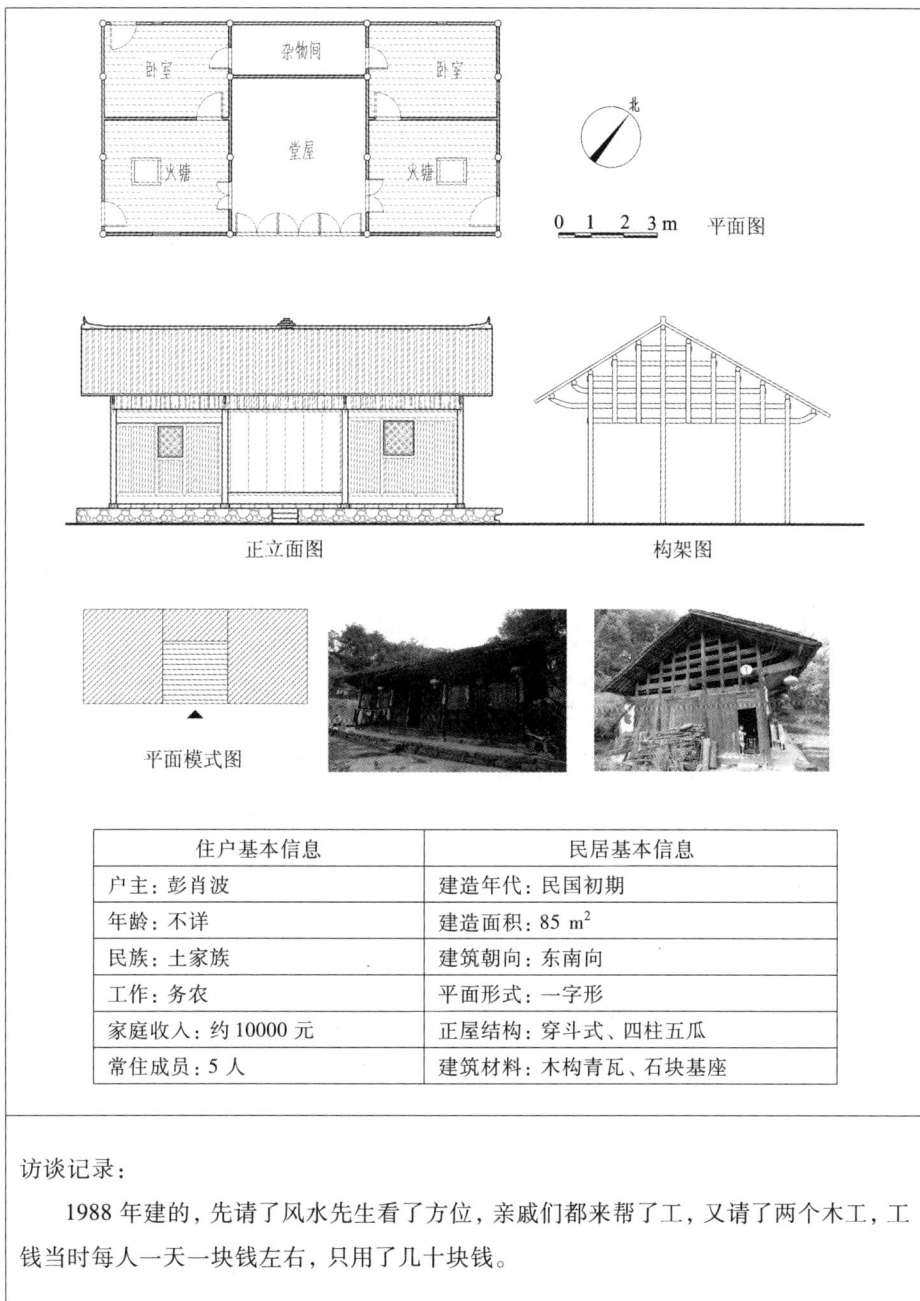

住户基本信息	民居基本信息
户主：彭肖波	建造年代：民国初期
年龄：不详	建造面积：85 m²
民族：土家族	建筑朝向：东南向
工作：务农	平面形式：一字形
家庭收入：约10000元	正屋结构：穿斗式、四柱五瓜
常住成员：5 人	建筑材料：木构青瓦、石块基座

访谈记录：

1988 年建的，先请了风水先生看了方位，亲戚们都来帮了工，又请了两个木工，工钱当时每人一天一块钱左右，只用了几十块钱。

图 7.8　彭肖波宅基本信息

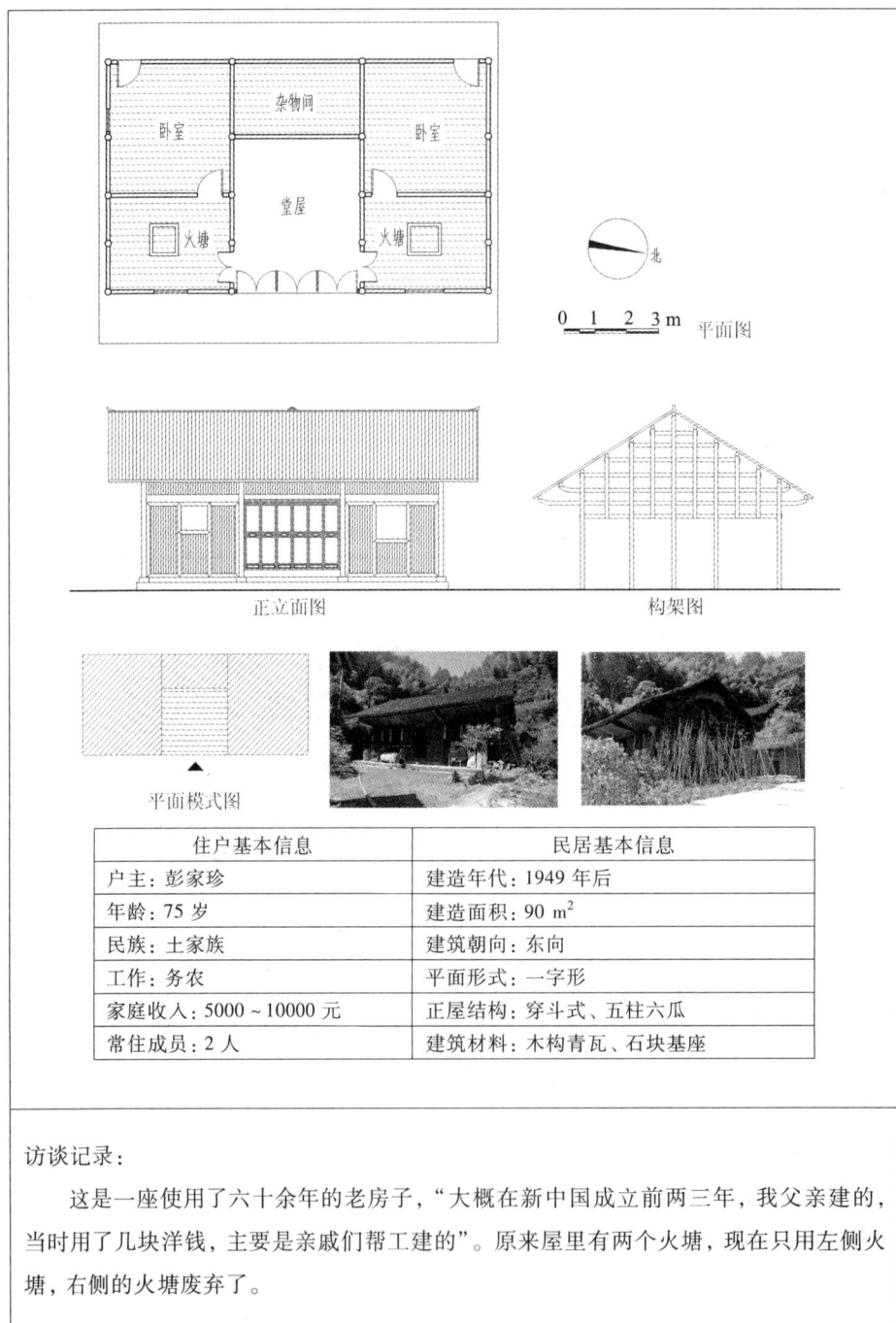

平面图

正立面图

构架图

平面模式图

住户基本信息	民居基本信息
户主：彭家珍	建造年代：1949 年后
年龄：75 岁	建造面积：90 m²
民族：土家族	建筑朝向：东向
工作：务农	平面形式：一字形
家庭收入：5000 ~ 10000 元	正屋结构：穿斗式、五柱六瓜
常住成员：2 人	建筑材料：木构青瓦、石块基座

访谈记录：

　　这是一座使用了六十余年的老房子，"大概在新中国成立前两三年，我父亲建的，当时用了几块洋钱，主要是亲戚们帮工建的"。原来屋里有两个火塘，现在只用左侧火塘，右侧的火塘废弃了。

图 7.9　彭政宅基本信息

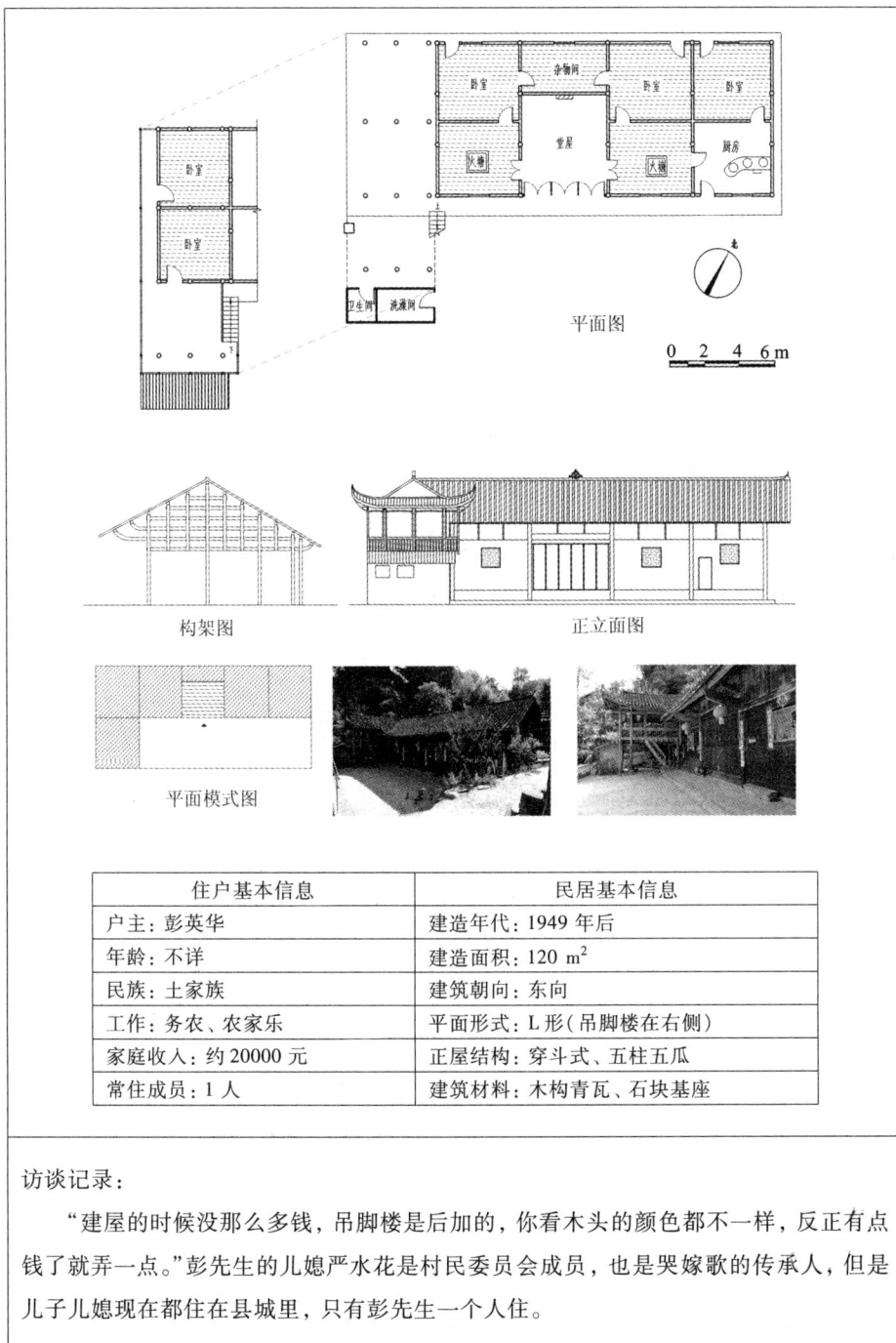

平面图

0 2 4 6m

构架图　　　　　　　　正立面图

平面模式图

住户基本信息	民居基本信息
户主:彭英华	建造年代:1949 年后
年龄:不详	建造面积:120 m²
民族:土家族	建筑朝向:东向
工作:务农、农家乐	平面形式:L 形(吊脚楼在右侧)
家庭收入:约 20000 元	正屋结构:穿斗式、五柱五瓜
常住成员:1 人	建筑材料:木构青瓦、石块基座

访谈记录:

　　"建屋的时候没那么多钱,吊脚楼是后加的,你看木头的颜色都不一样,反正有点钱了就弄一点。"彭先生的儿媳严水花是村民委员会成员,也是哭嫁歌的传承人,但是儿子儿媳现在都住在县城里,只有彭先生一个人住。

图 7.10　彭英华宅基本信息

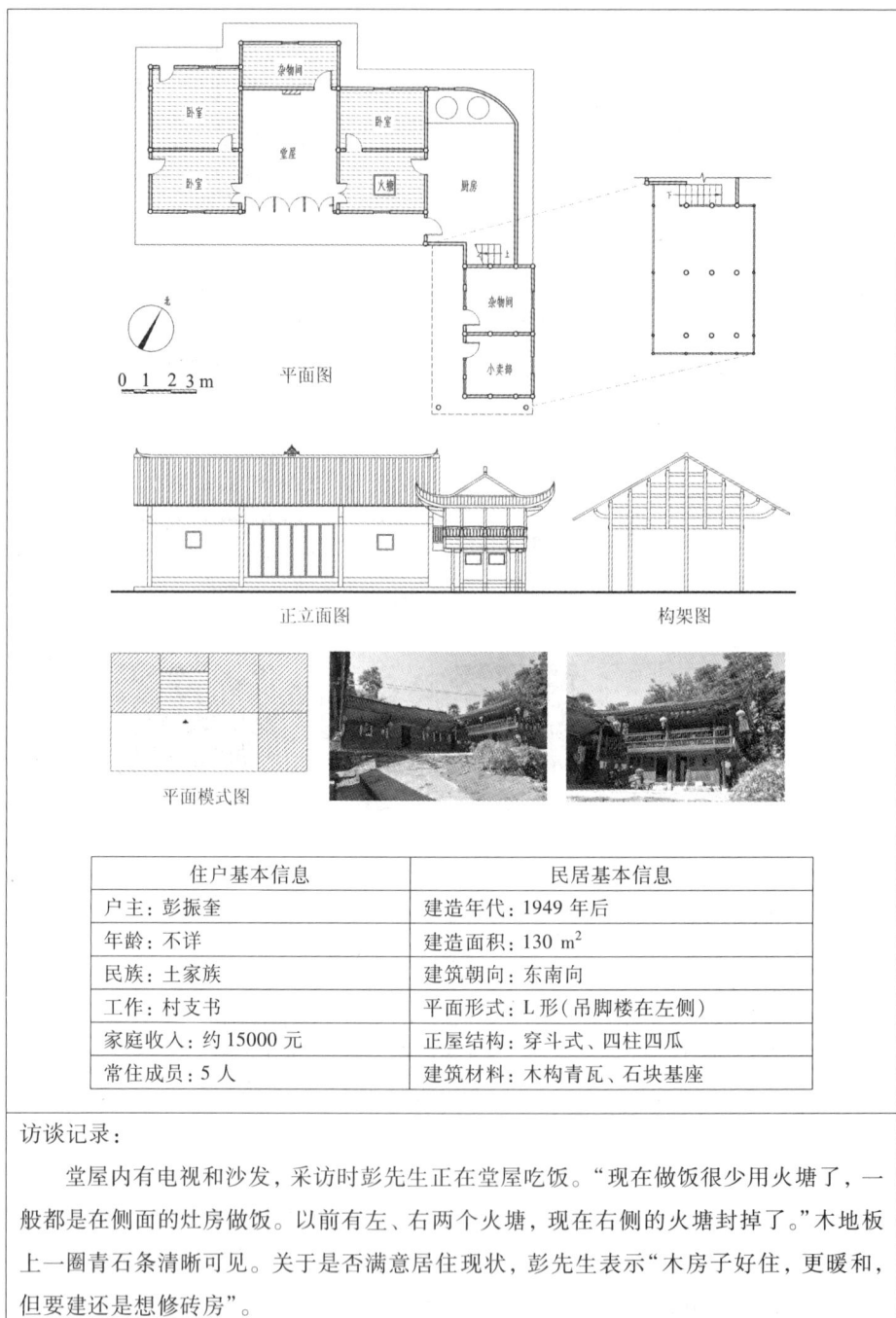

平面图

0 1 2 3m

正立面图   构架图

平面模式图

住户基本信息	民居基本信息
户主：彭振奎	建造年代：1949 年后
年龄：不详	建造面积：130 m²
民族：土家族	建筑朝向：东南向
工作：村支书	平面形式：L 形（吊脚楼在左侧）
家庭收入：约 15000 元	正屋结构：穿斗式、四柱四瓜
常住成员：5 人	建筑材料：木构青瓦、石块基座

访谈记录：

    堂屋内有电视和沙发，采访时彭先生正在堂屋吃饭。"现在做饭很少用火塘了，一般都是在侧面的灶房做饭。以前有左、右两个火塘，现在右侧的火塘封掉了。"木地板上一圈青石条清晰可见。关于是否满意居住现状，彭先生表示"木房子好住，更暖和，但要建还是想修砖房"。

图 7.11 彭振奎宅基本信息

平面图

0 1 2 3 m

正立面图

构架图

平面模式图

住户基本信息	民居基本信息
户主：彭英明	建造年代：民国初期
年龄：75 岁	建造面积：120 m²
民族：土家族	建筑朝向：东北向
工作：教授（原中南民族学院院长）	平面形式：U 形
家庭收入：不详	正屋结构：穿斗式、三柱四瓜（外加走廊柱）
常住成员：6 人	建筑材料：木构青瓦、石块基座

访谈记录：

户主彭英明教授早就离乡多年，现在是他的亲戚在此居住。"偏房都是后建的，木房子好，有点钱就可以加建一点。比不得城里的房子，什么都不方便，现在村里有钱的都住到县城里去了。"

图 7.12　彭英明宅基本信息

7.2.2 基本功能组成

在空间处理上，双凤村土家族传统民居以"人""畜""物"三者为中心合理地进行布置，同时根据不同功能安排内部空间，有着清晰明确的序列，各自独立但又合为一个有机的整体。前坪是开放的室外空间；檐下空间作为一个过渡空间，是由室外转入室内时的缓冲；作为半开放的公共活动空间，堂屋要相对开敞些，而厢房则更倾向于私密性。概括而言，无论是从功能还是形态的角度看，在整个民居中，堂屋都扮演着最重要的角色，将室外和室内的各个空间紧密地联系在一起(图 7.13)。[109]18-20

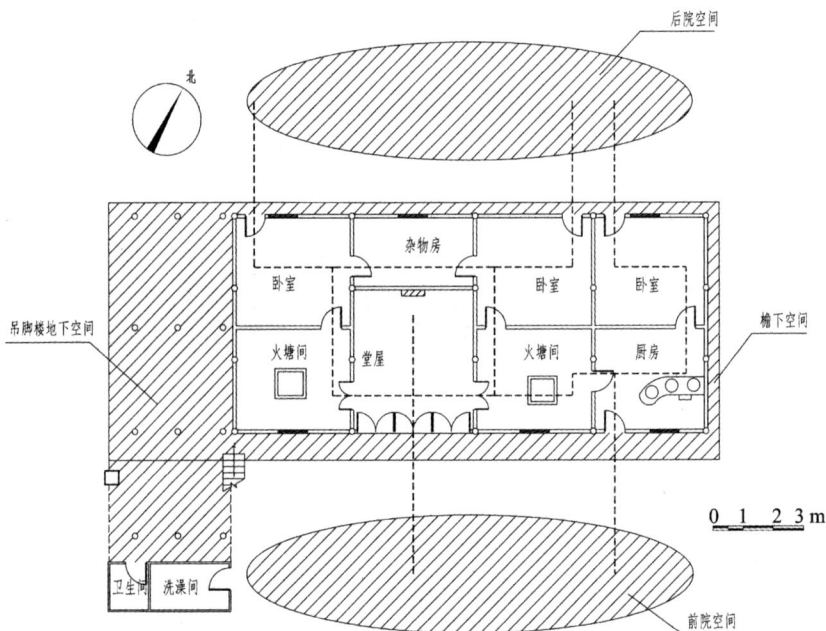

图 7.13　双凤村民居流线分析图

(图片来源：作者自绘)

双凤村土家族传统民居的平面布局受汉族民居布局形式"一明两暗"的影响，主屋中间是"堂屋"，左右两头的正房称为"人间"(人居住的地方)。《周礼·考工记》中记载："前朝后市、左祖右社"，这其中的"前后左右"都是天子坐朝时的方位。遵循中国"以左为尊"的传统观念，长辈卧室在左边，右边给子女居住，如果家中兄弟众多，则长兄居左，小弟于右，堂屋神龛后面的"抱儿房"则由老人居住。在左边"人间"，前后两间根据中柱为界进行划分，后面是卧室，厨房位于前面。在以前，吊脚楼的二楼一般是女儿的闺房，做"绣楼"使用，可俯视周围风景。

堂屋是全宅的中心，也是家族精神的凝聚之处。神龛摆设于堂屋中央，每日供奉香火，在此进行祭祀祖先的仪式，在堂屋中也会进行会宴宾客的活动。最具人气和活力的地方是火塘间，全家人围着火塘环坐，在冬天可以取暖聊天，在烤火的同时也能熏烤腊肉，产生的烟气还可以起到驱鼠、蛇的作用。架空层主要用于圈养牲口和堆放农具家什，位于吊脚楼的最下层。

1. 堂屋

堂屋最主要的功能就是祭祀祖先和神灵。因此不论是汉族还是湘西土家族，其传统民居中一般都有堂屋。堂屋大多处于民居的中心位置，因为中国传统文化讲究"居中为尊"。

双凤村传统民居中的堂屋是房间面积最大的一间，且位于民居的轴线中央位置（表7.1）。

表 7.1 双凤村典型民居功能房间面积统计表

名称	堂屋面积（m²）	火塘间面积（m²）	卧室面积（m²）	厨房面积（m²）	杂物间面积（m²）
彭英明住宅	19.7	13.9	11.5	—	6.7
彭肖波住宅	20.7	9.68	14.2	15.3	4.6
彭振奎住宅	23.9	10.6	10.6	25.4	8.9
彭振平住宅	19.1	10.6	15.2	9.8	9.8
田义龙住宅	21.8	10.3	9.8	—	7.4
彭英华住宅	20.4	14.2	15.3	13.4	10.3
彭振军住宅	31.2	23.2	14.9	15.1	10.1
陈莲花住宅	21.5	11.2	19.0	—	7.3
彭武略住宅	33.7	14.8	17.8	13.3	16.0
王化云住宅	18.3	9.0	8.8	—	—
彭家珍住宅	20.2	12.0	16.6	—	9.8

名称	堂屋面积 （m²）	火塘间面积 （m²）	卧室面积 （m²）	厨房面积 （m²）	杂物间面积 （m²）
彭英兵住宅	22.5	14.0	14.5	—	6.3
彭振江住宅	20.3	12.9	12.8	27.0	11.0
向乃花住宅	23.2	11.1	11.5	—	—
田义平住宅	23.6	11.9	14.6	—	7.2
田仁信住宅	20.8	14.0	14.5	—	9.2
彭明云住宅	23.2	15.0	15.3	—	8.1

堂屋地面不铺木地板，直接为夯土地面，这也是堂屋与其他寝室房间的主要区别；堂屋内没有楼板或吊顶，人站在堂屋里仰头就可以直接看到屋顶及檩条(图7.14)。

图 7.14　堂屋内部仰视场景

（图片来源：作者自摄）

堂屋是双凤村传统民居中空间序列的起始点，同时也是集中点。堂屋的大门是民居最主要的入口，因此进入民居的其他房间首先必须经过堂屋。

堂屋里一般都有神龛，位于堂屋的正中央，神龛上一般放着祖先的牌位。祭祀是堂屋所承载的最重要的功能。

堂屋除了祭祀的功能之外，还有生活起居空间、劳作空间、餐饮空间的重要功能，同时也是重要活动比如婚礼或丧葬仪式的主要场地。

2. 火塘间

在双凤村土家族民居中，每户都有火塘，堂的两边各有一个，一般左边的是由父母使用，右边的由儿子的家庭使用。火塘一般是在木地板的中间用石块砌筑而成，呈四方形，尺寸规格约为1000毫米×1000毫米。火塘上部条石与木地板几乎齐平，火塘中有铁三脚架，用来架锅。火塘上部有木架，一般用来熏制腊肉，并有木制或铁制的吊钩，用来挂烧水的壶或烧饭的炉锅。火塘间是一个固定的生活聚集场所，承载着多种起居生活。而现在，火塘的功能已经分化，煮食的功能逐渐被灶台所取代，更多的时候只是用来烤火(图7.15)。

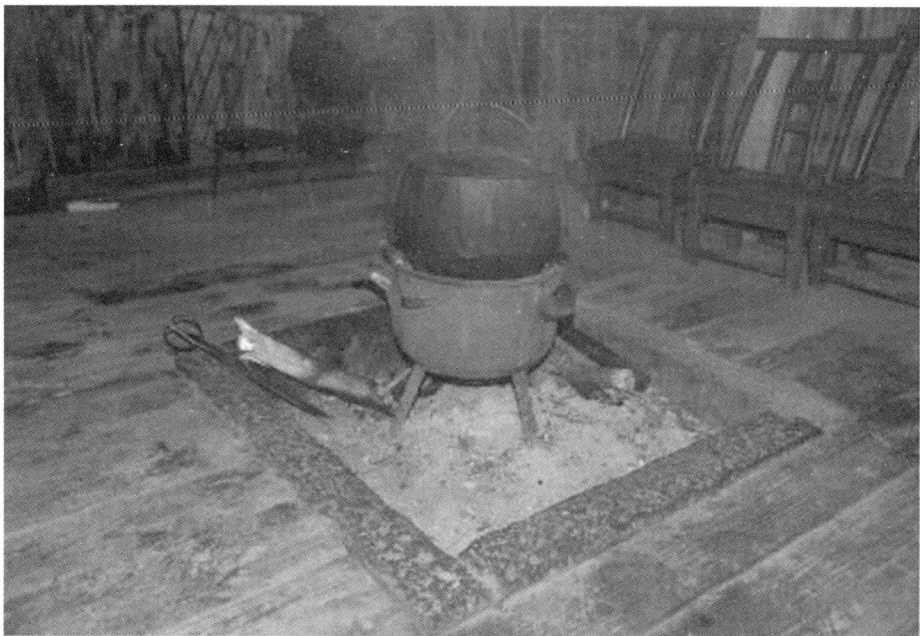

图7.15　火塘

(图片来源：作者自摄)

3. 卧室

卧室是民居建筑中最基本的功能房间，双凤村土家族民居中的卧室一般位于堂屋两侧火塘间的后面，若有两侧厢房，则厢房也多用作卧室。传统形制中，卧室不同于堂屋和厨房，卧室内有架空的木地板和封盖的楼板，具有更舒适的室内环境。同时考虑到私密性，卧室的位置一般处于活动流线的尽端。

4. 厨房

由于火塘的煮食功能被灶台取代，双凤村民居中也逐渐出现了单独的厨房。厨房地面为夯土地面，不铺木地板，地坪低于火塘屋，顶部没有楼板或吊顶，通高至屋顶。厨房内主要布置着灶台、餐柜等生活设施。

5. 卫生间

双凤村民居的卫生间一般在主体建筑之外独立设置，位于主体建筑周边的角落。有些卫生间与牲畜棚合在一起，只是在粪坑上简单地搭两块木板，卫生环境较差。随着经济的发展，有些相对富裕的家庭在卫生间中使用了现代的卫生和洗浴设备，卫生条件得到了很大的改善。

7.2.3 构架形式

双凤村传统民居的构架具有土家族传统民居的典型特征，都是"满瓜满枋"的穿斗式构架，即每一根瓜柱都落在最底下的一根枋上，每一根枋都通贯两端。而同位于湘西的苗、侗等少数民族虽然也采用穿斗式构架，但常采用短柱与短穿相组合的构架，与双凤村的土家族民居构架有明显的不同（图7.16、图7.17）。汉族传统民居的穿斗式构架中，瓜柱没有贯穿上下，枋也没有通贯两端。因此，尽管同属于穿斗式的构架体系，但土家族传统民居的构架所特有的"满瓜满枋"的形式明显不同于其他民族的民居构架，具有鲜明的特征。

双凤村传统民居"满瓜满枋"的穿斗式木构架，一般沿进深方向立三至五柱，每两柱之间宽二至三步距，每檩下面都有瓜柱支承，瓜柱又都承托在桃檐穿枋上，或承托在桃檐穿枋下面的锁扣枋上。柱数加瓜数称几柱几瓜，是表示房屋进深的尺度。立柱与瓜柱之间用横向穿枋连接，除居中的脊檩外，一般左右每一檩间用一根穿枋连接，当檩距较大时，也有一檩间用两穿枋连接的。但不论采用一檩一穿还是一檩两穿，都是"满瓜满枋"。尽管这种结构形式比较死板，没有一点灵活性，但是这种构架却是穿斗式构架中最严谨、整体性最强的结构方式。同时，这种结构方式也是最有规律性的，按照建筑进深的大小，构架中的柱、瓜柱和穿枋呈现出明显的组合规则，常见的有三柱四瓜、三柱六瓜、五柱四瓜、五柱八瓜等。相对于正房而言，吊脚楼的结构方式稍稍灵活一些，但是构架体系仍然是"满瓜满枋"[1]45-47（如表7.2、图7.18）。

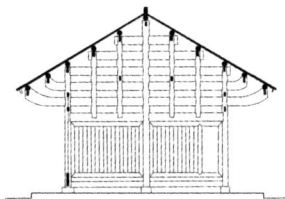

图7.16 "满瓜满枋"的土家族民居构架

（图片来源：作者自绘）

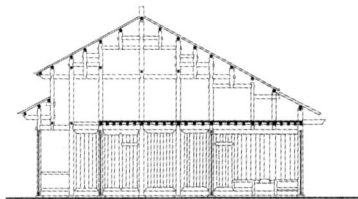

图7.17 侗族民居的穿斗式构架

（图片来源：作者自绘）

表7.2 双凤村建筑主屋构架统计表

柱数	代表性建筑			
三柱	彭赢华住居	彭振富住居	陈六五住居	彭家尤住居
	米梅英住居	彭春阳住居	彭英宁住居	胡维香住居
四柱	彭肖波住居	彭英明住居	彭振奎住居	彭英久住居
	陈莲花住居	彭赢武住居		

续表7.2

柱数	代表性建筑
五柱	田岩华住居　彭劲松住居　彭进春住居　彭振虎住居 彭明云住居　田义平住居　彭水平住居　向乃花住居 田一龙住居　彭英兵住居　彭振江住居　彭振军住居 彭振江住居　彭英华住居　陈正煌住居　田义元住居 彭家明住居　彭英远住居　彭振明住居　彭祖摸住居 张世秀住居　彭振云住居　彭振煌住居　彭家海住居 彭武滔住居　彭家珍住居　彭武略住居　王化云住居 彭振清住居　彭振兵住居

柱数	代表性建筑
六柱	 田义忠住居　　　　　田华住居

（表格来源：作者自绘）

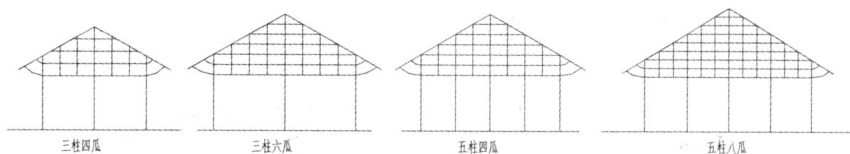

三柱四瓜　　　　三柱六瓜　　　　五柱四瓜　　　　五柱八瓜

图 7.18　双凤村民居常见构架形式

（图片来源：作者自绘）

　　双凤村传统民居的构架通常通过以下几点来确定每榀的总宽度：第一，请风水先生择址而建，根据实际的地形地势情况平整屋基后，由地形地势的宽窄而定。第二，房屋主人的财力水平。至于每榀构架进深的具体尺寸，是由柱与柱之间、或柱与瓜柱之间的水平间距即"步尺"所决定的。该间距指的是从柱中心到柱中心、或柱中心与瓜柱中心的水平距离。[109]16-18 需要说明的是：双凤村所使用的"步尺""进深"等建房术语，都出现在"改土归流"以后，都来源于汉族的建筑术语，这也充分反映了汉族建筑文化对双凤村的影响（见表 7.3、图 7.19）。

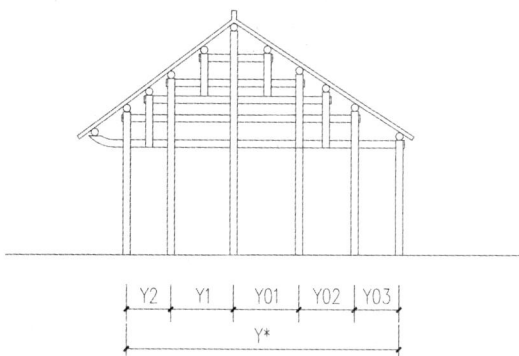

Y2　Y1　Y01　Y02　Y03

Y*

图 7.19　表 7.3 参考图

（图片来源：作者自绘）

表 7.3 双凤村主要建筑构架柱距比例统计表

序号	户主名	Y (mm)	Y2 (mm)	Y2/Y*	Y1 (mm)	Y1/Y*	Y01 (mm)	Y01/Y*	Y02 (mm)	Y02/Y*	Y03 (mm)	Y03/Y*
1	彭劲松	8090	1480	0.18	2250	0.28	2180	0.27	2180	0.27	—	—
2	彭进春	6510	1620	0.25	1660	0.26	1570	0.24	1660	0.26	—	—
3	彭英明	6010	—	—	2450	0.41	2480	0.41	1080	0.18	—	—
4	肖典玉	5970	—	—	3340	0.56	2630	0.44	—	—	—	—
5	彭振虎	6680	1700	0.25	1670	0.25	1640	0.25	1670	0.25	—	—
6	彭肖波	6250	—	—	2290	0.37	2380	0.38	1580	0.25	—	—
7	田岩华	6670	1760	0.26	1660	0.25	1600	0.24	1650	0.25	—	—
8	村茶厂	6640	—	—	2890	0.44	3750	0.56	—	—	—	—
9	彭振富	5530	—	—	2780	0.5	2750	0.5	—	—	—	—
10	彭英福	—	—	—	—	—	—	—	—	—	—	—
11	接待楼	5490	—	2770	0.5	2720	0.5	—	—	—	—	—
12	村部落	—	—	—	—	—	—	—	—	—	—	—
13	彭振奎	6230	950	0.15	2700	0.43	2700	0.43	—	—	—	—
14	彭振平	6790	1430	0.21	1410	0.21	1380	0.2	2570	0.38	—	—
15	田义龙	5530	1370	0.25	1330	0.24	1360	0.25	1470	0.27	—	—
16	田义蛟	6510	1570	0.24	1610	0.25	1580	0.24	1750	0.27	—	—
17	彭英华	7610	—	—	2650	0.39	2590	0.34	1670	0.22	400	0.05
18	陈正煌	7740	1900	0.25	1680	0.22	2450	0.32	1710	0.22	—	—
19	陈文玉	6040	—	—	3560	0.59	2480	0.41	—	—	—	—
20	彭振军	8220	2020	0.25	2090	0.25	2090	0.25	2020	0.25	—	—
21	陈莲花	6760	1720	0.25	2540	0.38	2500	0.37	—	—	—	—
22	彭家明	7790	1870	0.23	1920	0.24	1500	0.19	2700	0.34	—	—
23	米梅英	6260	—	—	3070	0.49	3190	0.51	—	—	—	—
24	田华	5640	920	0.16	1300	0.23	1360	0.24	1150	0.2	910	0.16
25	彭武滔	9850	—	—	2900	0.29	3260	0.33	2840	0.29	850	0.09

序号	户主名	Y (mm)	Y2 (mm)	Y2/Y*	Y1 (mm)	Y1/Y*	Y01 (mm)	Y01/Y*	Y02 (mm)	Y02/Y*	Y03 (mm)	Y03/Y*
26	彭英宁	5530	—	—	2700	0.49	2830	0.51	—	—	—	—
27	彭武略	7320	2000	0.27	2000	0.27	2000	0.27	1320	0.18	—	—
28	彭家齐	—	—	—	—	—	—	—	—	—	—	—
29	王化云	5230	1170	0.22	1480	0.28	1420	0.27	1160	0.22	—	—
30	彭家珍	7140	1500	0.21	1500	0.21	1800	0.25	2340	0.33	—	—
31	彭家海	6600	1650	0.25	1650	0.25	1640	0.25	1660	0.25	—	—
32	彭春阳	6210	—	—	3370	0.54	2840	0.46	—	—	—	—
33	彭振兵	6530	1690	0.26	1510	0.23	1650	0.25	1680	0.26	—	—
34	胡维香	7690	—	—	3480	0.45	4210	0.55	—	—	—	—
35	彭振清	6620	1660	0.25	1600	0.25	1670	0.25	1690	0.26	—	—
36	张世秀	6090	1370	0.22	1330	0.22	2030	0.33	1360	0.22	—	—
37	彭振云	7920	2260	0.29	2130	0.27	2120	0.27	1410	0.18	—	—
38	彭振煌	6810	1760	0.26	1900	0.28	1550	0.23	1600	0.23	—	—
39	彭振武	7820	—	—	2640	0.34	2570	0.33	2610	0.33	—	—
40	彭祖模	6670	1710	0.26	1600	0.24	1680	0.25	1680	0.25	—	—
41	彭振明	6640	1660	0.25	1610	0.24	1670	0.25	1700	0.26	—	—
42	彭英远	7730	1920	0.25	1650	0.21	1680	0.22	2480	0.32	—	—
43	彭家龙	6210	—	—	2830	0.46	3380	0.54	—	—	—	—
44	田义云	6440	1600	0.25	1610	0.25	1540	0.24	1690	0.26	—	—
45	彭英兵	6570	1620	0.25	1610	0.25	1660	0.25	1680	0.26	—	—
46	彭振江	6540	1640	0.25	1620	0.25	1620	0.25	1660	0.25	—	—
47	向乃花	6210	1510	0.24	1530	0.25	1530	0.25	1640	0.26	—	—
48	彭英久	6650	—	—	2350	0.35	2520	0.38	1780	0.27	—	—
49	田义平	6880	1600	0.23	2200	0.32	1480	0.22	1600	0.23	—	—
50	田义忠	7060	1630	0.23	1600	0.23	1670	0.24	1680	0.24	480	0.07
51	彭明云	6650	1690	0.25	1600	0.24	1640	0.25	1720	0.26	—	—

（表格来源：作者自绘）

为防潮防湿，双凤村土家族木构民居的出檐都较宽，除杂房外，正屋檐部一般都伸出两檩，从穿斗屋架中伸出挑枋承托檐檩，一般是用长短两根上弯挑枋分别承托两檩，也有采用柁墩式的。

在挑枋的处理上，双凤村土家族民居有其独到的特征，尤其是檐口处的挑枋，端头很大并且往上翘起，出挑较深远，这种做法是土家族建筑所独有的，其他民族的传统民居没有这种做法（图7.20）。双凤村村民将这种挑枋叫作"牛角挑"，顾名思义，就是像牛角一样弯曲的挑枋。"牛角挑"是传统民居中上翘最陡、弯度最大、造型最具土家族建筑特色的挑。通过与当地掌墨师傅的访谈，笔者得知："牛角挑"的弯曲形状并不是人为加工出来的，而是对山地木材自然特性的巧妙发挥。

图7.20　牛角挑

（图片来源：作者自摄）

当山坡上的树木还是幼苗时，其生长往往会先沿着垂直于坡地的方向长，只有在经过一段时间的生长后，才会在阳光和重力的影响下，朝着与水平面相垂直的方向生长（表7.4）。因此特殊的弯曲常常形成于山地林木在根部截面的放大处。根据山地林木的这一特性，将根部截面的放大部位加工成挑枋，符合力学的原理，因为随着荷载力臂的增大，挑枋截面也自然扩大。这种特殊的挑枋不必对木材进行包括挖、削、弯等在内的加工，利用山地树木的自然特性，既巧妙地解决了挑枋承重的力学问题，又在檐口部位形成了优美的弧线，充分体现了土家族工匠的智慧。[113]

表7.4　山坡树木生长规律

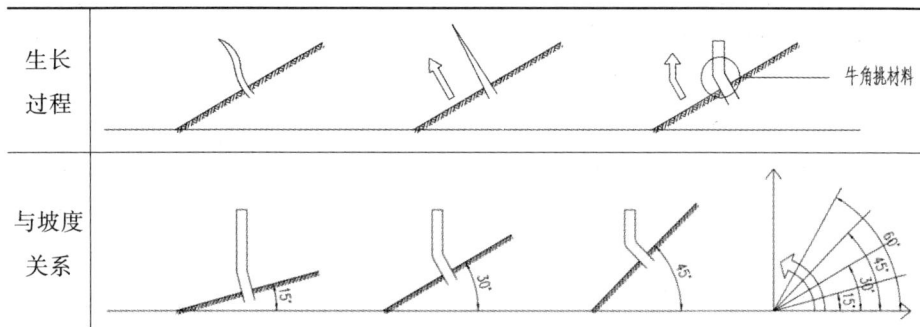

山坡树木的生长是先垂直于地面生长，再竖直向上长。山地坡度越大，树木根基部分的弯度就越大，取根基部位制作而成的牛角挑就越弯

（表格来源：作者自绘）

　　由于这种独特的结构形式，双凤村民居的屋檐出挑深远，一般南方穿斗式民居的屋檐出挑只有一步，而双凤村民居一般都出挑两步，出挑深度一般是1.3米以上，有的甚至接近2米（表7.5）。这种做法适应了南方山区炎热多雨的气候中防晒、防雨的需要。同时，为了不使出挑深远的檐下过于空洞，村民常在檐口之下做顶板。不同于一般的天花板，檐下顶板做成斜坡状，檐口处露出挑枋头，形成了双凤村传统民居特有的建筑式样（图7.21）。

表7.5　双凤村部分建筑信息统计表

名称	建筑面积 （m²）	坪场面积 （m²）	建筑年代	挑檐深度 （mm）	挑檐高度 （mm）
彭英明住宅	120	80	民国初期	1350	3285
彭肖波住宅	85	91	民国初期	1380	3725
村部楼	160	133	中华人民共和国成立后	1440	6510
彭振奎住宅	130	120	中华人民共和国成立后	1400	3600
彭振平住宅	130	102	中华人民共和国成立后	1850	3505
田义龙住宅	80	69	民国初期	1600	3485
彭英华住宅	150	90	中华人民共和国成立后	900	3300
彭振军住宅	150	115	清末时期	1790	3980

续表 7.5

名称	建筑面积 （m²）	坪场面积 （m²）	建筑年代	挑檐深度 （mm）	挑檐高度 （mm）
陈莲花住宅	95	65	中华人民共和国成立后	1140	3470
彭武略住宅	130	108	清末时期	1540	3800
王化云住宅	75	62	清末时期	1140	2905
彭家珍住宅	90	80	中华人民共和国成立后	1540	3435
彭英兵住宅	95	68	中华人民共和国成立后	1530	3620
彭振江住宅	145	112	中华人民共和国成立后	1310	3480
向乃花住宅	120	90	民国初期	1380	3285
田义平住宅	80	84	民国初期	1470	3460
田仁信住宅	90	93	中华人民共和国成立后	1520	3355
彭明云住宅	100	71	中华人民共和国成立后	1520	3295

图 7.21　檐下斜坡状顶板

（图片来源：作者自摄）

运用榫卯技术是我国木结构建筑的一个重要特点，双凤村土家族的能工巧匠在建造民居的时候，榫卯技术运用得非常熟练与精确，可以不用铁钉和任何胶结材料。民居的建构技术相当成熟，施工工序也自成套路：柱、穿枋、檩等的尺寸都有一定的规格，事先按尺寸做好，到现场安装成一榀榀的构架，用绳索将整榀构架吊起、立稳。这种施工方式有些类似于现代的"装配式"施工，工序简单，施工时间短，比起汉族传统木构民居繁复的现场加工工序，有着明显的优势，反映了土家族高超的传统营建技艺（图 7.22、图 7.23）。

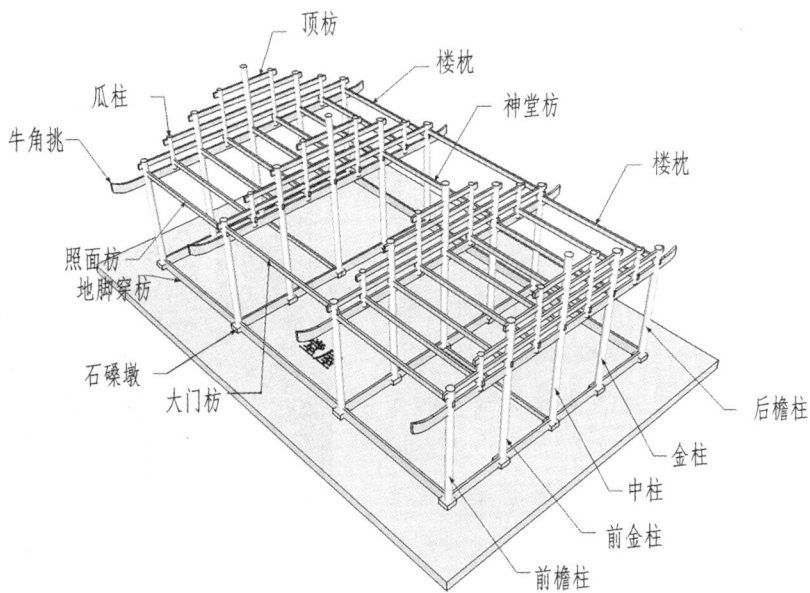

顶枋
楼枕
瓜柱
神堂枋
牛角挑
楼枕
照面枋
地脚窠枋
石礅墩
大门枋
后檐柱
金柱
中柱
前金柱
前檐柱

图 7.22 双凤村民居主屋构架示意

（图片来源：作者自绘）

图 7.23 土家族民居施工现场图

（图片来源：作者自摄）

7.2.4　特殊的生活设施

双凤村土家族的生活方式中有一个特殊的设施——火塘。火是人类生活的源起，在古代人们因火而聚集在一起，围坐在篝火旁驱寒取暖、烘烤食物、抵御动物野兽，围火而居就是最原始的生活状态。随着时代的发展，人类构木为巢、建立屋宇，野外的篝火也就演变成了室内的火塘。人们依旧喜欢围坐在火塘边驱寒取暖、起居生活（图7.24）。火塘文化在土家族中历史悠久，双凤村民居中一般都有一个或几个火塘。火塘文化对于研究双凤村民居的建筑空间和文化特色有着重要的意义。

图7.24　火塘

（图片来源：作者自摄）

1. 火塘间的功能

（1）日常生活空间。火塘间是堂屋与卧室中间的过渡空间，相对于堂屋而言，火塘间供更为亲近的人使用，一般用于家庭成员内部的小聚，与堂屋的纯公共功能形成了对比。从堂屋—火塘间—卧室，建筑在空间性质上形成了开放空间—半私密空间—私密空间的序列（图7.25）。"火塘"所在的房间是土家族人日常起居重要的室内空间，双凤村有句俗语"火塘边教孩子"。火塘间同时还具有厨房、餐厅等多种功能。双凤村人会在火塘旁边讨论家族大事，也会在火塘旁接待亲密的客人，它是家庭交往的重要活动场所。双凤村的火塘间是村民们日常生活中使用最多的建筑空间，在土家族人传统的生活中有着非常重要的地位。

（2）增加室内光线。由于双凤村民居的屋檐出挑较远，火塘间后面的卧室因为在建筑的背面，所以只开了一个很小的窗，采光效果很差。火塘中的篝火发出的光亮在一定程度上改善了卧室的采光条件。从堂屋到火塘间再到卧室，光线先明后暗，使人自然地感觉到了私密性的递进。

（3）保存食物。

火塘上方一般设有"栓轱"，"栓轱"是由木条组成的长方形的木架，一般吊

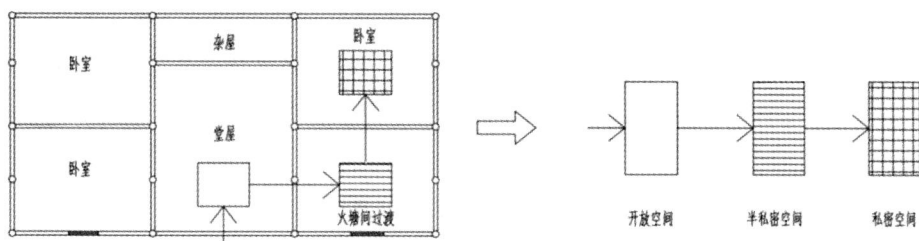

图 7.25　火塘间的空间过渡功能

（图片来源：作者自绘）

在上方的楼板之上，离地面两米多，是双凤村民居里常见的生活设施。双凤村村民会将腌好的鲜肉挂在上面，通过火塘烟火的不断熏烤将其熏制成易保存的熏肉，从而把肉类很好地保存起来。双凤村地处深山，交通不便，无法频繁地与外界进行商品交换，因此，食物的保存对于村民的生活十分重要。

2.火塘的砌筑方法

双凤村砌筑火塘有三种常见的方法：

（1）有边框凹坑型。这种类型的火塘的砌筑方法是先在地上挖一个一米见方的坑，坑深约为 0.3 米，再在方形坑四周以条石做边框围合，然后在底面用片石铺装。铺设片石时，中间要稍稍凸起，方便烧火。用餐时，将木板或铁架放在火塘上方即可充当饭桌。双凤村大部分的火塘都采取这种砌筑方式。

（2）无边框凹坑型。

砌筑这种火塘只需在地面上挖一个坑，四周不用其他材料围合，形状较为自由。虽然这种火塘砌筑方式简单，但存在严重的消防隐患。

（3）筑台型。

这种类型是在地面用小石子或素土做垫层，上用石块围成高不足 20 厘米的台基，在台基上面直接架设三脚架。[114]

3.火塘间的演变

"改土归流"是土家族民居形式演变的重要节点。"改土归流"之前，《永顺县志》中记载："土司绮柱雕梁，砖瓦鳞次。百姓则叉木架屋，编竹为墙……皆不许盖瓦，如有盖瓦者，即治以僭越之罪"。因此，现存的土家族传统民居的建造年代都是在"改土归流"之后。

《永顺县志》中记载："土民之家，不设桌凳，亦无床塌，每家惟设火床一架，安炉灶于火床之中，以为炊羹之所，阖宅男女，无论长功尊卑，日则环坐其上，夜则杂卧其间，惟夫妇共被，即有外客留宿，亦令同卧火床。""民不拘亲疏男女，客有到家同在火床蹲居，环坐，不避嫌疑……""据此可以推断出："改土归流"之前，土家族的民居仅仅只有一开间，以火塘为中心，全部铺木地板(所以又叫火床)，卧室、厨房、餐厅、客厅等所有的功能都集中在火塘四周。"改土归流"后，由于流官制度促进了汉文化传播，民居中才有了堂屋、卧室、火塘间等空间划分，火塘间才有了现在的形式。从史料上还可以看出："改土归流"之前，土家族烹煮食物也是用火塘，灶台是汉族的炊事工具，是在改土归流后才引入到土家族地区的，并且在民居中成了一个独立房间。目前，火塘的功能已经分化，煮食的功能已被灶台取代，一般只用来烤火。

7.3　其他建筑

双凤村在长期的社会发展过程中，因特定的社会需要而产生了除民居外的其他建筑类型。随着社会生活的日益复杂，其建筑类型也日渐丰富，综合起来主要有以下几种：祭祀建筑、交通建筑、寨门等。

7.3.1　祭祀建筑

双凤村历史上曾有九龙神庙、土王祠、官亭、五谷神庙、土地堂和梅山神庙等。其中九龙神庙是双凤村历史上最大的祭祀庙宇，有三进宫殿，一进殿供奉土地菩萨(居中)、灵光菩萨(居右)和主事菩萨(居左)三神；二进殿供奉观音菩萨，金童玉女立于左右；三进殿供奉佛爷菩萨，十八罗汉、二十四主天王环绕周围。五谷神庙以石头垒成，供奉五谷神，村民每年插秧和收获之前都来此祭祀。梅山神庙由三块一尺见长的石块垒合而成，供奉梅山狩猎神，以求出猎有所收获。[115]现在，大部分祭祀建筑都已经毁坏，留存下来的只有土王祠。

双凤村原有的土王祠(图7.26)是重檐歇山的屋顶，檐角飞翘。堂厅用木板围合，副阶周匝形制。堂厅较小，面阔4.3米，进深3.6米，高6.4米，堂厅内供奉三尊神像。原土王祠的外廊宽约1.2米，大门两旁的柱子上有金龙装饰盘绕。土王祠东北角有一八字形单檐歇山山门，总高不过3.6米，宽4.04米，形体较小。场中为自然地坪，素土夯实。

2010年为了给申请各级"历史文化名村"的工作做准备，双凤村对土王祠进行了一次彻头彻尾的翻新改造(图7.27)。对比照片我们发现：改造后的土王祠为5间22柱，面阔8.5米，进深7.1米，高7.8米，体量整体扩大了近一倍。屋顶也由之前的重檐改为了更为华丽的四重檐，并为了美观，用斜向的封檐板将底层檐下部分封住，上面三层使用了中国传统古建构件斗拱作为支撑。土王祠入口处向外突出部分施以重檐屋顶，檐角飞翘，脊饰绚丽华美。底层墙面门窗木雕也极为精细、考究。门廊上书有"土王祠"三字，两边对联分别为"祭祀秉虔诚牛角司刀灵通天地追先祖"和"传承彰教化踏歌摆手德重精勤启后昆"(图7.28)。土王祠东北角有个三开间，三重檐的山门，额枋弯曲，中间间门扇四周为尖齿状的边缘，门上正挂"摆手堂"匾额一块，两边对联分别为"家伙哈哭嫁歌响遍五洲"和"毛古斯摆手舞跳欢四海"(图7.29)。土王祠前有一块圆形的开阔广场，麻石铺地，中间是一个圆形篝火坑。改造时还在土王祠前加了半圈环状单檐歇山廊道，廊道外侧设有美人靠，可供人员休憩(图7.30)。

图7.26　双凤村旧土王祠

（图片来源：双凤村村委会提供）

图7.27　双凤村新建土王祠

（图片来源：作者自摄）

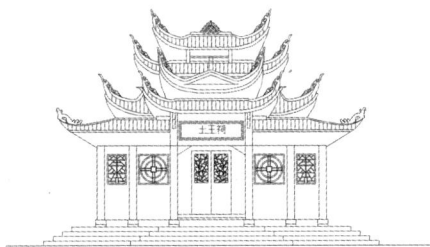

图7.28　双凤村土王祠测绘图

（图片来源：作者自绘）

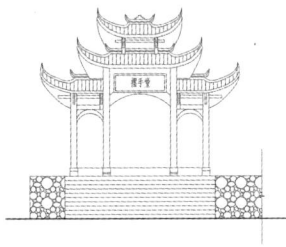

图7.29　双凤村摆手堂山门测绘图

（图片来源：作者自绘）

图 7.30　摆手堂环廊

（图片来源：作者自摄）

需要说明的是：土王祠的改造并没有尊重原有的建筑式样，加建的环廊也没有历史依据，纯粹是为了发展旅游而建设的，尽管原有的土王祠没有被列入文物建筑名录，改造并不违法，但是这种没有依据的改造扩建损害了建筑原有的历史和文化信息，是不可取的。

7.3.2　交通建筑

双凤村背枕青山，小溪穿村而过。村里的桥有两种，一种是小溪较窄处的石板桥，一种是小溪较宽处的风雨桥。风雨桥是由桥、塔或亭等组成的。其全用木料筑成，桥面铺板，两旁设有栏杆、长凳，桥顶盖瓦，形成了长廊式的走道，因为行人过往能躲避风雨，故名风雨桥（图7.31）。

风雨桥为村寨提供了很好的公共交往空间。在人类聚居生活的形成时期，聚落的公共交往空间就出现了。在聚居的生活方式中，先民为了获得彼此在精神和物质上的帮助，也为了促进成员之间的团结，必然会产生供集体交往的公共场所。这种场所在维持聚居生活秩序方面发挥了重要的作用。聚居初始阶段的交往场所主要是为了完成成员之间的物质互助，但随着聚居规模和经济的不断发展，交往空间的精神意义则显得更为重要。聚居的生活方式要求人员交往之间有一套大家共同遵循的规则来保持社会秩序的稳定。这种规则具有一种社会控制功能，能调节人们的行为方式，不至于使社会秩序遭到破坏。而集体交往则是社会实现控制的有效途径。刚开始交往空间也许只是村寨的空阔地，但随着发展就形成了较为固定的交往场所，而这些场所也就有了集体交往的意义，风雨桥就是这样一种具有社会控制能力的物化形式。[116]

双凤村居民认为风雨桥起着接龙脉、关财宝、便交通、美环境的作用。正因为风雨桥的丰富内涵，故而双凤村风雨桥的建筑选址十分讲究，建在一条沿山而下的溪流之上，同时所选基地刚好也是村寨中较开阔的区段。风雨桥一端正对着摆手堂入口山门，与摆手堂群体建筑共同构成了范围较大的公共交往空间。

双凤村居民经常在风雨桥上休憩，特别是在高温湿热的夏天，由于小溪上的良好通风，乡民们都喜欢在风雨桥上休憩纳凉，他们或躺在长凳上闭目养神，或三三两两聊天、下棋，一副怡然自得的景象（图7.32）。风雨桥为村民提供了很好的社交场所，丰富了人们的精神生活。

图7.31　风雨桥外观
（图片来源：作者自摄）

图7.32　在风雨桥休息聊天的村民
（图片来源：作者自摄）

7.3.3　寨门

寨门是双凤村的标志性建筑，实际上是由两个亭子组成的牌楼，屋顶形式为三重檐歇山屋顶（图7.33）。它的正反两个立面上都有一副对联，正立面的对联为"摆手踏歌频神殿祈福民族文化逾千载，凌霄双凤舞老宅仿古天下土家第一村"，横批为"中国土家第一村"；背立面对联为"土家第一村民族文化郁郁乎深藏双凤屺，画境尊三远自然奇观巍巍然耸秀九蓉庵"，横批为"高山仰止"。

双凤村的寨门，是乡民们迎来送往的必经之地。双凤村土家族人极为好客，每当有重要的客人来村，他们都会在寨门处摆上桌子，斟满好酒，向客人敬"拦路酒"以示欢迎（图7.34）。客人到来时，排列于寨门前空阔地两旁的莽筒队便会鼓气齐奏，山鸣谷应。在这热闹的氛围中，主客之间进行着很有意思的进村仪式：村民一首歌，客人一杯酒，一来一往，热闹非常。寨门除了具有迎来送往的功能之外，也有纳凉休憩和保护村寨的功能。[117]

村寨是个聚居空间。为界定这个空间，村民通过修建寨门、种植保寨树，来明确村寨与外部空间的具体边界。所以寨门不仅具有醒目的外形，更具有一种神圣的精神象征。这就引申出寨门的标志性、纪念性功能。

图7.33　寨门测绘图

（图片来源：作者自摄）

图7.34　双凤村迎客拦门队伍

（图片来源：作者自摄）

7.4　建筑装饰艺术

建筑装饰作为双凤村村落文化的重要组成部分，具有特殊的文化意蕴和美学倾向，并在发展过程中形成了独特的风格。同其他民间工艺美术的装饰题材一样，双凤村的建筑装饰也会选取一些具有吉祥寓意的题材，但在装饰的风格、形式和工艺技法上，又具有鲜明的个性。双凤村的建筑装饰在题材处理上较为大胆夸张，尤其是在对人物的刻画上，不拘泥于人物的比例细节，而重点表现人物的神态，人物形象头大身小，周围环境的比例夸张。这种活泼生动的抽象技法使装饰充满了生气，人们在观赏这些装饰时，不再注意具体形象的比例尺度，而更多的是被其生动性所吸引。双凤村建筑装饰在构图时除了追求饱满均衡外，还注意画面结构的严谨和变化。即便是窗棂上单独的纹样，也会加以改变和组合，使得整个构图饱满充实(图7.35)。[118]

图 7.35　饱满的构图

(图片来源：作者自摄)

7.4.1　装饰范围

双凤村建筑的装饰多集中在屋脊、门窗、梁柱等部位。

屋脊是指屋顶各坡面在顶端的交接部分，较复杂的歇山顶还有正脊、垂脊和戗脊的分别。因为屋脊处于建筑的最高处，对整个建筑的视觉效果有较大的影响，所以屋脊通常是建筑装饰的重点和难点部分。双凤村建筑屋顶的正脊一般装饰得比较朴素，普遍的做法是用砖瓦等材料堆叠成各种样式的空心花纹，如钱纹、火焰纹、波浪纹等(图7.36)。戗脊脊饰造型灵动、线条流畅，丰富了单体建筑的外轮廓。

图 7.36　双凤村建筑屋顶脊饰

(图片来源：作者自摄)

自古中国人就比较看重门脸。门不仅可以隔绝外界和阻挡外扰，还能显示建筑主人的社会地位。在建筑里，门作为连通室内外空间的重要构件，自然充当了建筑的装饰重点。双凤村中窗的装饰也是极为精细华美的，通常用细窄的木条拼成正方形、长方形、多边形或者圆形，也有一些雕刻繁杂的木雕花窗，窗上木雕的题材丰富多样，常见的有人物故事、动植物纹样、几何纹样等（图7.37）。[119]

图7.37　双凤村建筑的门窗装饰

（图片来源：作者自摄）

双凤村土家族建筑装饰特别重视实用功效性，在满足审美需要的同时，讲究装饰在建筑中的实用功能需要。在梁柱部位的装饰中，受力的构件通常不做复杂的雕饰，比如石头柱础，上面只用简单浅浮雕或线刻，形状也较为简单，使用得比较多的是鼓形和六边形（图7.38）。不受力的构件则重点装饰，使用复杂的构图题材和雕刻技巧（图7.39）。简单与复杂交替，简练和精细配合，从而在梁柱部位形成了装饰韵律。

图 7.38　双凤村建筑石柱础

（图片来源：作者自摄）

图 7.39　双凤村建筑装饰中的"花牙子"

（图片来源：作者自摄）

垂花柱的柱头装饰造型以"南瓜"为原型，村民们俗称"瓜子头"，后来在形式上有鼓形、八角形等变化（图7.40）。

图 7.40　双凤村建筑的"瓜子头"

（图片来源：作者自摄）

7.4.2　装饰题材

装饰题材的选用既影响着装饰的视觉效果，又奠定着装饰的整体文化寓意。双凤村建筑装饰的题材丰富多样，主要有以下题材内容。

1. 人物

双凤村建筑装饰人物纹样主要刻画的是一些神话传说中的人物，神话人物形象虽然是人们虚构出来的，但表达了人们对美好生活的期待和寻求内心寄托的渴望。民众希望神话人物能够庇护他们，因此他们将各种类型的神话人物作为建筑装饰印刻在日常生活当中。这些装饰被组合成各种图案，造型多样，内涵丰富（如图 7.41）。[119]26-31

图 7.41　木雕人物纹样

（图片来源：作者自摄）

2. 动物

动物装饰纹样主要有龙、凤、喜鹊、鹿、蝙蝠、蝴蝶等，这些动物通常都具有谐音寓意。所谓谐音寓意是指将读音相似的两个字变为直观的信息，并按当地审美习惯将其组成带有一定吉祥寓意的组合。解读这些装饰图案时，只需按照相应的规律便可以理解其中的含义。比如鹿音同"禄"，表示福气或俸禄，蝙蝠的"蝠"与"福"谐音，蝴蝶的"蝶"与"耋"谐音。组成的吉祥图案有"五福捧寿""喜纳五福""福寿如意""喜上眉梢"等（如图7.42、图7.43、图7.44、图7.45）。

图 7.42　龙

（图片来源：作者自摄）

图 7.43　蝴蝶

（图片来源：作者自摄）

图 7.44　鹤

（图片来源：作者自摄）

图 7.45　蝙蝠

（图片来源：作者自摄）

3. 植物

植物纹样主要有梅花纹、牡丹纹、菊花纹、莲荷纹、卷草纹等（如图7.46、图7.47、图7.48），一般都有"移情寓意"。移情寓意即通过两件事物之间的内在联系，来展现某种精神品德，而对这种内在联系的认识，毫无疑问是受到传统汉文化的影响。比如：梅花冰清玉洁，在寒风中傲骨盛放，寓意气节坚韧；寒梅报春，有吉祥喜庆之意；牡丹花开绚丽多姿，代表富贵；芙蓉出淤泥而不染，象征着纯洁；卷草则寓意坚韧不拔的品质。

图 7.46　卷草纹
（图片来源：作者自摄）

图 7.47　莲荷纹
（图片来源：作者自摄）

图 7.48　牡丹纹
（图片来源：作者自摄）

4. 几何图形

双凤村建筑装饰大量运用了几何图形纹样，这些几何图形纹样通常见于双凤村建筑的门、窗、走廊栏杆等装饰部分，其表现形式主要有卍纹、亞纹、冰裂纹、回纹等（图7.49、图7.50、图7.51、图7.52）。

图 7.49　卍纹
（图片来源：作者自摄）

图 7.50　亞纹
（图片来源：作者自摄）

图 7.51　冰裂纹

（图片来源：作者自摄）

图 7.52　回纹

（图片来源：作者自摄）

　　双凤村建筑装饰的民族、地域特色鲜明，构图饱满，刻画细腻，让人印象深刻。双凤村的建筑装饰艺术凝聚了湘西土家族优秀的文化传统和道德精神，展现了土家族的民俗文化，反映了土家族人民的自然观、哲学观和文化观。

第8章
动态保护与发展研究

传统村落具有历史文化遗产与现实人居环境的双重属性。双凤村历史久远，文化底蕴深厚，民族特色鲜明，生态环境优美，是土家族悠久灿烂的农耕文化的结晶，集中体现了湘西地区土家族人与自然和谐相处的传统生态文化。但是，随着经济的发展和城镇化进程的加速，这种传统的和谐正在被打破，双凤村由于基础设施落后，居民在村落中不能享受到现代文明带来的生活便利（比如现代的洗浴、卫生、厨炊等设备），没有积极性去延续传统的生活方式，也就不愿意去保护传统的村落文化，这就导致大部分年轻人都迁往县城，村中90%以上的常住人口都是年龄超过60岁的老人。因此，如何保护和发展双凤村的传统文化，延续原住民传统的生活方式，重新平衡原住民与自然环境之间的关系，是村落研究中非常重要的内容。

8.1 人口迁离与村落"空心化"的原因

根据笔者的现场调查，双凤村的常住人口中，60 岁以上的老人占到 93%，全村 52 栋民居中有 21 栋长期处于闲置状态，在风雨的侵蚀下已逐渐成为危房。村中的中年人和年轻人 80% 以上都在永顺县城购置了房产，还有少部分长期在沿海发达地区打工未归，每隔几年才回家乡一次。因此，尽管双凤村在传统文化上有着深厚的积淀和鲜明的特色，但在现代社会已经沦为名副其实的"空心村"，失去了村落的活力和发展的动力，村落的传统文化也面临着断层的危险。保护双凤村传统文化首先要解决的问题是如何留住原住民，尤其是留住年轻人。

根据现场访谈和调查，年轻人大量迁离双凤村主要有以下三个方面的原因。

1. 没有现代的生活设施

双凤村传统民居中缺少现代的生活设施，尤其是直接影响居民生活便利性的卫生设施和厨炊设施十分落后，这是原住民大批量迁离的最重要的原因。尽管双凤村传统民居在民族文化、生态特性、营造方式等方面都具有诸多的优势，但是，由于没有良好的洗浴、卫生、厨炊等设施，

图 8.1　牛栏中的厕所

（图片来源：作者自摄）

居民无法享受到现代文明所带来的生活便利。村中民居的厕所大部分都在其附属用房中，还有些和牛栏（图 8.1）、猪栏合在一处，卫生设施极其原始，往往只是在粪坑上搭两块木板。民居中的厨炊设施都是简陋的灶台，使用的燃料都是木柴和农作物秸秆，不仅操作麻烦，而且在燃烧时还会产生大量的烟雾。

尽管有乡规民约的约束，但是为了获取燃料，每年都有一批树木被砍伐，对村落的生态环境也造成了严重的破坏。此外，盗砍、盗伐森林树木的行为也引发了少数民族群众与相关执法部门之间的矛盾，导致了一些社会问题的出现。

2.没有现代的环卫设施

随着生活水平的提高，垃圾和废弃物也快速增加，日积月累，村中的环境污染也越来越严重，由于村内无完整的垃圾收集、污水收集处理设施，产生的生活垃圾、污水等都是直接排放，对当地的水体、土壤造成了危害。

3.民居室内的热环境较差

双凤村传统木构民居是在尊重自然的前提下利用和改造自然，表现出了强烈的生态意识，在运用本土建筑材料的前提下尽可能地适应当地的气候环境。但是，由于生产力的落后，传统民居的隔热保温性能普遍较差，尤其是双凤村作为夏热冬冷地区，民居夏季大量吸热而冬季大量散热，小青瓦屋面在夏季太阳直射的情况下，瓦面温度最高达73℃，吸热量很大；而在冬季，由于瓦面屋顶不是完全封闭的，在民居中没有设望板的情况下，室内的热空气会透过瓦片之间的缝隙流向室外，因此，尽管室内有火塘烧柴取暖，但是室内留不住热量，只要离开火塘稍远一点，就会感觉到寒冷。

为了准确地掌握双凤村民居的室内热环境，笔者在夏季和冬季选择村中的彭英华住宅(图8.2)做了现场检测，检测时间分别为2015年8月1日至8月8日、2016年1月17日至1月23日。

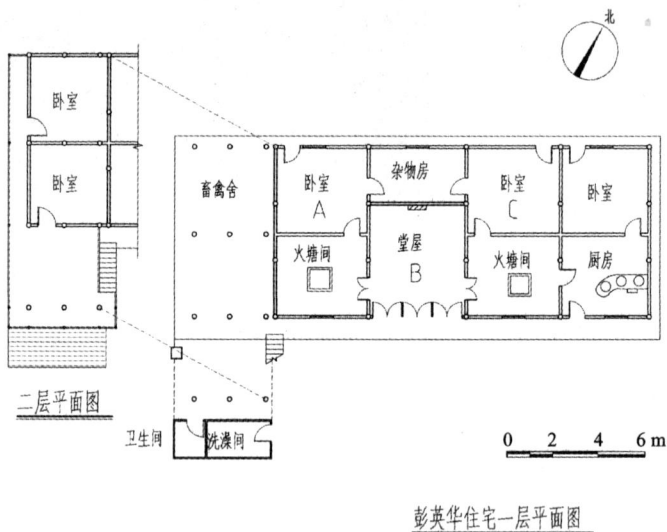

图8.2　彭英华住宅测绘图

(图片来源：作者自绘)

检测结果显示，在夏季(图8.3)，室外温度最高的时候达到了37℃，而A、C两个房间的室内最高温度在29℃到34℃之间，室内外温差小于3℃，室内外最高温度的延迟时间大约为3小时。从人体舒适度的角度来看，夏季最舒适的室内温度是在23℃至26℃之间，而该建筑现有的室内温度并不能满足居民生活需要的舒适度。在冬季(图8.4)，当室外温度达到−1℃时，房间A和房间B的室内温度在0℃至6℃之间。同时，室内外的温度曲线变化幅度不大，表明室内外的温差不大，住宅的保温效果很差。从人体舒适度的角度来看，冬季室内最舒适的温度范围在18℃至25℃之间，所以该建筑无法满足居民生活需要的舒适度。因此，无论是从室内外温差的对比还是人体舒适度的角度来分析，彭英华住宅在冬季和夏季的室内空气热环境都相对较差，建筑的隔热保温性能不好。[120]

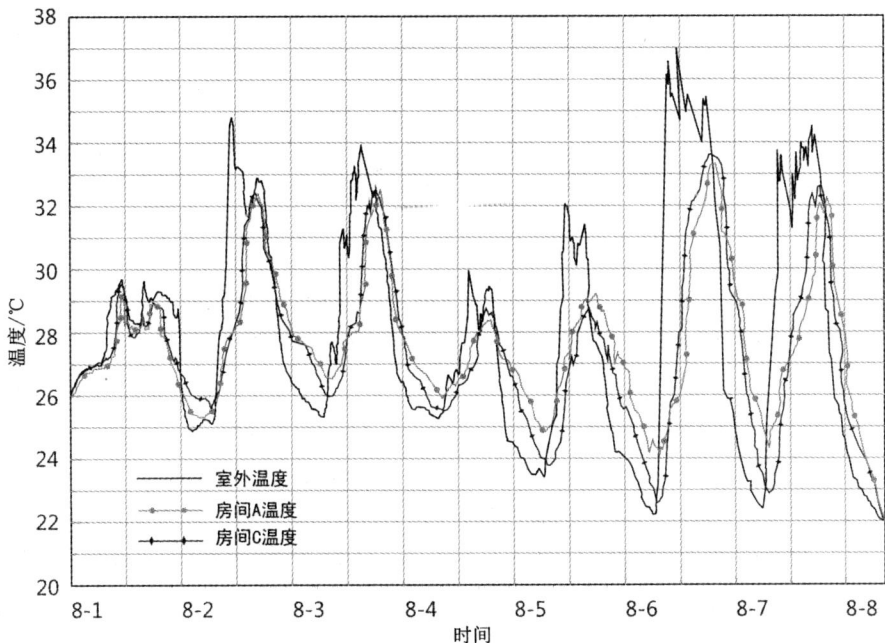

图8.3　夏季室内外温度测试数据图

(图片来源：作者自绘)

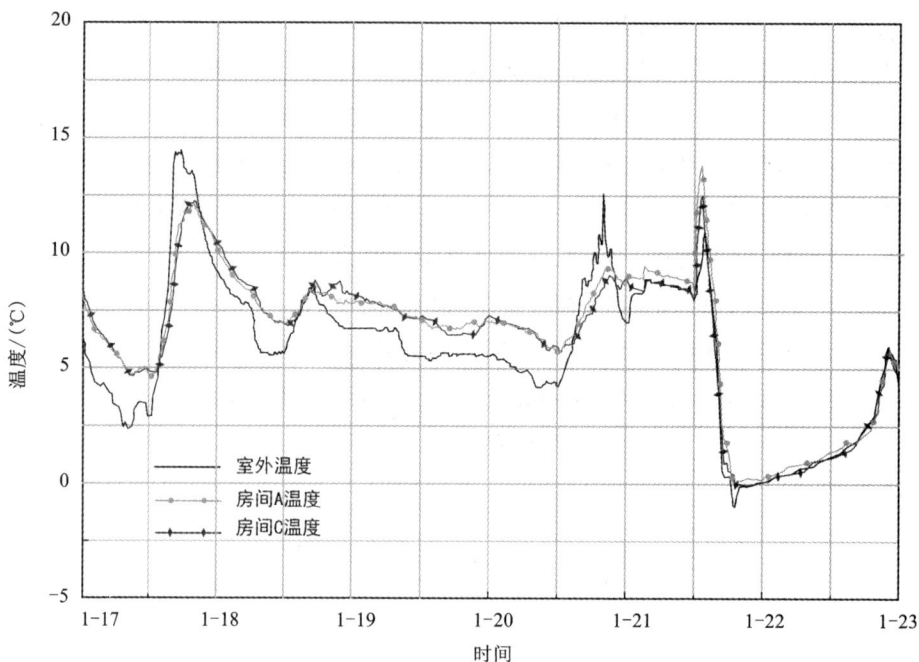

图 8.4　冬季室内外温度测试数据图

（图片来源：作者自绘）

　　结合检测数据和现场调查，可以发现：土家族传统民居建筑由于围护墙壁的缝隙较大，墙体木板本身的热阻也较小，顶部未能形成有效的封闭，住宅整体的隔热保温性能很差，尤其是在冬季，室内外的温度基本一样，室内空气环境恶劣。[121]因此，增强传统民居的墙体、地板、屋顶的隔热保温能力，增大墙、地、顶的热阻，对于改善居住环境、提高居民生活质量具有重要意义。

　　尽管永顺县政府已经于 2014 年制定了《永顺县双凤村文物保护工程总体方案》，但是，村落文化的保护不能是一种静态的保护，在村落空心化已经非常严重的情况下，传统文化已经失去了传承的基础，村落的社会结构也发生了根本性的改变。从另外一个层面来看，村落文化的保护和发展理应重视和关心原住民应该享受的权利，不能仅仅为了保护村落风貌而牺牲原住民的生活质量。因此，必须在保存村落传统风貌和原住民传统生活方式的同时，适应居民现代生活的需求，开展动态保护。[122]只有这样，村落文化的保护才能真正得到原住民的拥护，并得以贯彻落实。

8.2　村落发展与自然环境之间综合平衡的方法

传统村落的发展与自然环境之间的关系如何平衡，已然成为当代学者研究讨论的焦点。笔者认为，村民对自然环境的破坏主要体现在两个方面：首先是对村落周边树木森林的破坏，这种破坏源自无偿的砍伐。双凤村地处偏远，与外界联系少，木柴是居民生活中最主要的燃料，为了获得燃料就需要大量的砍伐，因而对村落周边的自然环境造成了很大的影响。其次是对村内环境的破坏，这种破坏源自村民的排污排废。村民日常生活中产生的污水、污废，没有经过处理就直接排放到沟渠中，生活垃圾也没有回收渠道，随意丢弃、堆积，对村内环境造成了极大的污染。因此，只有处理好这两方面问题，才能平衡村落发展与自然之间的关系。

8.2.1　清洁能源的来源

双凤村现有的能源有火和电。由于地处偏远山区，双凤村于1994年才实现了通电，且通电的成本很高，电价也居高不下。火是人类生存的基础条件之一，对村民来说至关重要，能够做饭、取暖、去湿等。村民长年烧柴取火，双凤村每家每户在住宅一侧都堆积有整墙的木柴（图8.5），由此可见火对于他们日常生活的重要性。

湘西气候阴冷潮湿，火对于每个居民来说都意义非凡。火不仅有实际的功用，还有精神上的信仰和寄托。火能消除黑暗，涤荡污浊和灾祸，因此，对火的信仰和崇拜一直是土家族祭祀和歌颂的主题之一。因此，很多居民即便已经能用电加热来厨炊和取暖，但仍然保留着火塘。火塘作为特殊的生活设施，代表着土家族人传统的生活方式。

目前，清洁能源中的太阳能、风能、生物质能这三种有可能引入双凤村。但是，风能和生物质能引进的成本都很高，并且风能的生产会受到地点、季节和时间的限制，而太阳能板又会破坏民居的外观，影响村落的整体风貌。此外，这三种清洁能源都只能生产电能，而无法燃烧出跳跃的火苗，不能支持"火塘"的使用，也就无法传承和延续土家族特殊的生活方式，因此这三种清洁能源都不适合在双凤村推广使用。

根据湘西地区特殊的气候环境和自身的经济条件，沼气是最适合的清洁能源。沼气的主要成分是甲烷，通过有机物质在一定条件下发酵产生，人畜禽粪、作物秸秆、杂草菜叶等都可以作为沼气发酵的原料。沼气燃烧时有跳跃的火苗，燃烧产生的废气是 CO_2 和 H_2O，是清洁的能源。沼气不仅可以用于厨炊和采暖，还可以应用于沼气灯和热水器，用作照明和卫浴。因此，建设家用沼气池，可以将一部分厨卫排放的污水和生活垃圾集中收集，变废为宝，生产出清洁能源——沼气，供现代的厨卫和照明设施使用。农业部一直在农村大力推广沼气技术，早在 1988 年 9 月 10 日就批准颁布了国家标准《农村家用沼气发酵工艺规程》(GB9958—88)，此后还出台了一系列相应的技术规范和标准图集来规范家用沼气池的建设和使用。这些文件和国家标准为家用沼气池在双凤村的推广提供了良好的技术保障。

我国农村家用水压式沼气池的池容标准为 6 m³、8 m³、10 m³ 三种，建造工艺相对比较简单，施工工期短，成为推广沼气技术的优势条件。双凤村传统民居中没有独立的卫生设施，厕所大多设置在牛栏里。因此，可以结合沼气池的建设，在畜禽舍旁边加建卫浴间，就近将畜禽舍和卫浴间中的人畜禽粪导入沼气池的发酵间，同时也可以就近将沼气通过管道输送到卫浴间用于沼气热水器和沼气灯（图8.6）。改造现有的灶台，将沼气通过管道输送到灶台，使用沼气灶具厨炊，同时改造现有的火塘，燃烧沼气烤火取暖。[123] 需要说明的是：加建的卫浴间其建筑外观一定要与传统民居外观相协调，对灶台和火塘的改造也一定不能破坏其外观，保证室内外的传统风貌不受破坏，保证土家族的传统生活方式得以延续。

图 8.5 堆积在门口的木柴
（图片来源：作者自摄）

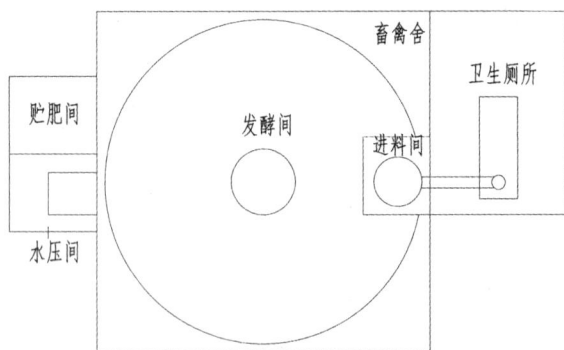

图 8.6 主体设施平面布局图
（图片来源：作者自绘）

8.2.2 排污排废

如前文所述，双凤村民居中，人畜粪便都是直接排放在牛栏中的，没有独立的卫生设施，甚至也没有集中收集粪便。而厨炊、洗浴产生的污水也是随手泼洒在民居周围，对环境造成了污染。尤其是近些年来，随着洗衣粉和餐具清洗剂在双凤村的普遍使用，洗涤废水的含磷量逐渐升高，这些废水不经处理就随处排放，使湖泊和河流中的水质富营养化，导致水藻因养分过足而迅速生长繁殖，造成了大量的污染。

九龙山地区山势险峻，双凤村民居建筑布局分散，在这种情况下，建设集中的污水处理厂和排污管道并不现实。而农村家用沼气池的主要发酵原料就是人畜粪便、杂草菜叶，沼气池可以回收生活垃圾。此外，为了进一步提高沼液的利用效率，目前生活污水净化沼气池安装了沼液循环泵，可将沼液循环用于冲洗厕所和畜禽舍，更进一步地保护了环境。

沼气池的日常维护和管理也十分简便，发酵完成后的干物质会成为活性污泥，是上好的农田肥料。沼气池建成后，所有原料都是农户的生活和生产垃圾，不仅对垃圾进行了回收再利用，保护了生态环境，同时也零成本地为农户输送了生活必需的清洁能源。不但改善了居民的生活条件，同时也降低了他们的生活成本，带来了良好的社会效益和经济效益。

因此，从沼气池的建设、发酵原料的来源、日常的维护管理及经济社会效益等各个方面来评估，沼气技术都非常适合在双凤村推广使用。

沼气技术的推广，不仅从根源上制止了村民上山砍伐树木的不当行为，保护了村落周边的自然环境，同时，也解决了村落中排污排废的难题，使流水、土壤不再受污染，垃圾不再乱堆放，有效地保护了村内的生态环境，真正实现了村落发展与自然环境之间的综合平衡。[1]75-80沼气作为一种低成本技术，不仅操作简便，最为关键的是对村落的历史文化环境影响最小，能够保护村落和民居的传统风貌，延续土家族特殊的生活方式。此外，沼气技术使火的使用变得便捷，不仅可以供应灶台和火塘，还能供应热水器，大大提高了居民生活的便利性。

8.3 传统民居的有机更新

在湘西地区夏热冬冷的气候环境下，双凤村传统民居建筑的营建就地取材，其建筑形式历经千年的发展演变，十分适应当地的气候环境，在建筑的选址、村寨的布局、材料的运用和施工的技艺等方面都表现出了钢筋水泥房屋所无法比拟的生态性。但是由于生产力的落后，传统村落环境已无法满足现代生活的需要，缺乏淋浴间，没有独立干净的卫生间，厨炊依然是靠柴火，污水日益增加却无法处理，生活垃圾随意堆放，室内空气热环境差……问题比比皆是，导致了原住民的迁移，造成了双凤村的"空心化"。

因此，必须对双凤村的传统民居进行有机更新，在保护民居传统风貌的前提下，在延续土家族特殊生活方式的原则下，用最低的经济成本，革新民居室内的生活设施，提高居民生活的便利性，提高民居的隔热保温性能，提高室内空气环境的舒适度。

8.3.1 生活设施革新改造技术

双凤村传统民居中的厨炊设施是传统灶台，取暖设施是火塘，洗浴则是用澡盆在卧室中进行，没有独立的卫生设施，厕所只是在牲畜棚内用木板围隔出的一个简易粪坑……所有这些厨卫生活设施都极其原始落后，不能适应现代生活的需要，必须进行革新。

但是，在对双凤村土家族传统民居进行生活设施革新改造的过程中，一定要注意保护民居整体的平面布局和内部的功能分区，保存民居独特的构架体系和能够体现民族特色的细部做法，延续火塘的使用，保护土家族特殊的生活方式。

通过对双凤村的调查和对多栋民居的现场实测，最终选取了彭英华住宅作为实例来研究，民居平面见图8.2。彭英华住宅建造于20世纪90年代，其平面形式为L形，是土家族民居典型的平面形式之一。该民居的主屋有4开间，厢房与主屋垂直相交，呈吊脚楼形式。主屋中间是堂屋，后有杂物间，堂屋左右两间的前部是火塘间，后部是卧室，最左侧一间是厨房，厨房后面是卧室。吊脚楼底层架空，二层挑出休息平台。畜禽舍位于吊脚楼架空层，二楼平台下是居民自建的卫生间和淋浴间(图8.7，图8.8)。

图 8.7　彭英华住宅
（图片来源：作者自摄）

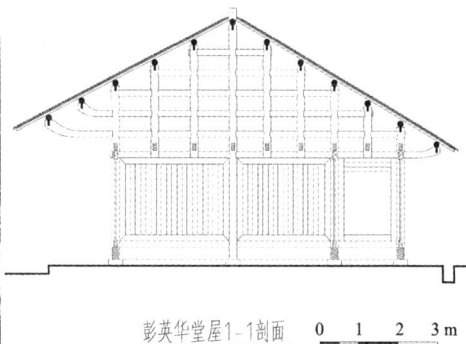

彭英华堂屋1-1剖面　　0　1　2　3m

图 8.8　彭英华住宅堂屋剖面图
（图片来源：作者自绘）

根据前文的论述，并结合彭英华住宅的实际情况，可以在建筑左侧方靠近畜禽舍一端的地下建设沼气池。这个位置距离畜禽舍最近，节省了管道和建设成本，方便生活污水的集中收集和利用，提高了沼气的有效性。在洗澡间房内安装沼气热水器，以满足住户的洗浴需求（图8.9）。

在保持民居平面布局的前提下，新增一个厨房操作台，引入管道水，与此同时，在主屋地板下的架空层敷设排污管道通往沼气池，方便污水的排放和回收利用。在保持灶台外观不变的情况下，在主屋地板下的架空层敷设沼气管道，将沼气通过管道输送到灶膛内部，接入灶台上的现代沼气厨具。同时，在保持火塘外观不变的情况下，将沼气通过地下管道输送到火塘下方，接入沼气燃烧装置，延续土家族冬季烤火取暖的生活方式（图8.10）。

传统民居生活设施的革新改造必须具体情况具体分析，针对民居现有的平面形式和所处的周边环境做出相应的判断，既要方便住户的使用，又要保持民居传统的风貌和民族传统的生活方式不受破坏，还要考虑管道的敷设方便，降低建设成本。这其中，沼气池的位置选择及主体设施布局是关键和难点所在。[124]需要说明的是：彭英华住宅在神龛的后面还有一个杂物间，在改造过程中，从功能使用的角度分析，将卫生间设在这个杂物间是最为理想的，但是从土家族民族传统生活方式的角度出发，民居内的神龛有着崇高的地位，神龛后面是不能设卫生间的。因此，在民居的现代适应性改造过程中，保护民族传统的生活方式是首要前提，必须时时注意。

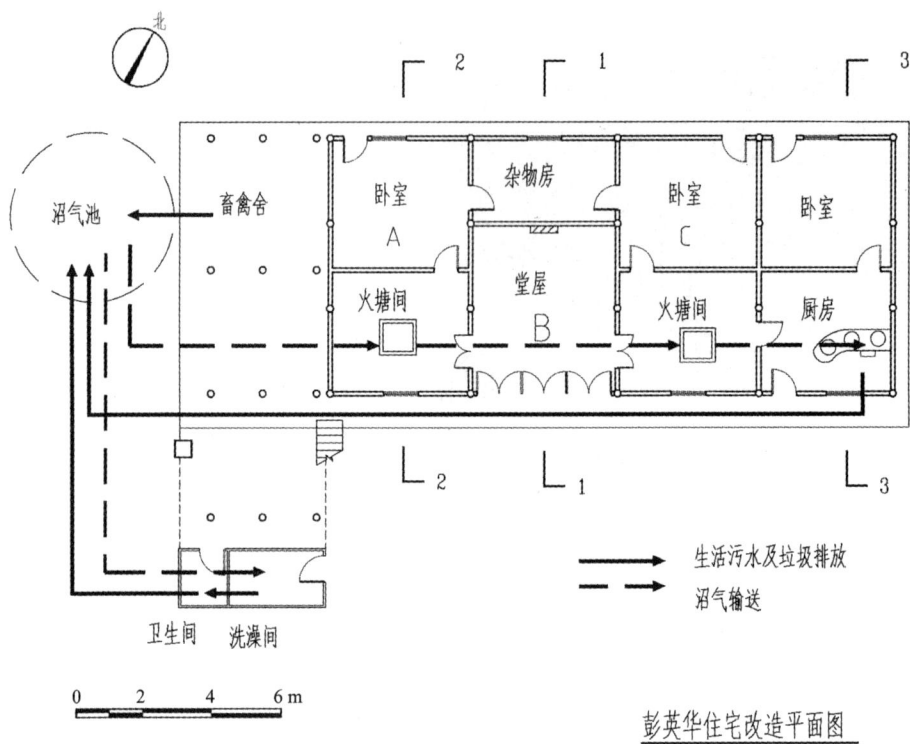

北

沼气池 ← 畜禽舍

卧室 A　杂物房　卧室 C　卧室

火塘间　堂屋 B　火塘间　厨房

2　1　3

卫生间　洗澡间

→ 生活污水及垃圾排放
--→ 沼气输送

0　2　4　6 m

彭英华住宅改造平面图

图 8.9　彭英华住宅改造平面图

（图片来源：作者自绘）

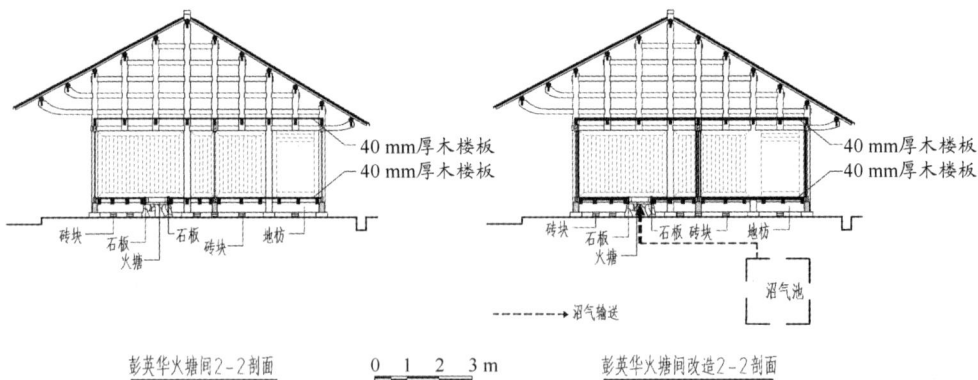

40 mm厚木楼板
40 mm厚木楼板

砖块　石板　石板　砖块　地坊
火塘

彭英华火塘间2-2剖面

0　1　2　3 m

40 mm厚木楼板
40 mm厚木楼板

砖块　石板　砖块　地坊
火塘

沼气池

--→沼气输送

彭英华火塘间改造2-2剖面

图 8.10　彭英华主屋改造前后剖面比较

（图片来源：作者自绘）

8.3.2　民居隔热保温性能改良

由于生产力的落后，双凤村传统民居建筑最大的缺点是隔热保温性能差和室内的热舒适性不好，这也是居民不愿意使用传统木构民居的主要原因之一。民居的屋顶材料是本地烧制的小青瓦，夏季太阳直射的情况下，瓦面温度最高可达73℃，吸热量很大；民居的墙面材料是约3厘米厚的杉木板，讲究一点的民居中会将杉木板通过企口方式拼接，一般的民居则是直接用竹钉拼接，无论是哪种方式，墙壁都不是完全的密封状态，室内外的热量能够轻易地透过有缝隙的单层杉木板墙辐射交换。

提高传统民居隔热保温性能的关键在于增大墙体的热阻，而最大的难点在于如何保持民居室内外的传统风貌。现代木结构住宅在提高隔热保温性能时通常是运用夹层保温和空气屏障的原理，在双层木板中间加一层隔热保温材料。由于木材和隔热保温材料都是热的不良导体，二者结合形成的墙体的外传热系数［W/（m² · k）］较低，热阻较大，热保温性能很好。参考这一经验，结合双凤村土家族民居风貌保护的特殊要求，笔者设计了一种方便实用的构造措施：在原单层木板外墙内侧加设一层木板，中间夹一定厚度的保温板材，用木格栅加竹钉固定。改造后的墙体不仅新增了保温板材和木板，还在保温板材和木板之间形成了两层空气空腔，可以大大提高墙体的热阻（图8.11）。[125]

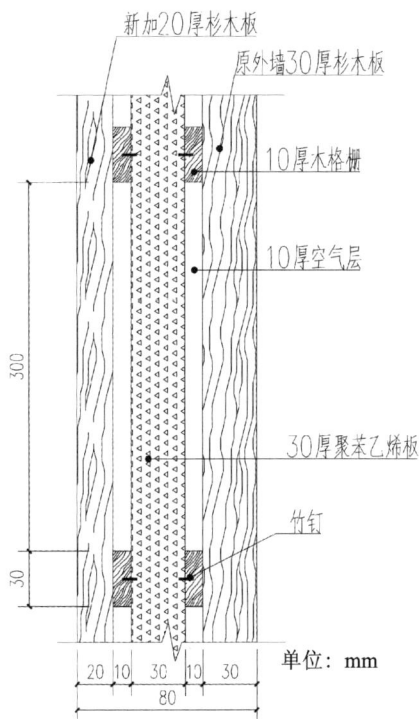

图 8.11　墙体改造断面图

（图片来源：作者自绘）

双凤村普通家庭的经济并不宽裕，如果住宅改造成本过高，民众就难以承受，因此，在进行保温隔热性能改良时，要综合考虑隔热保温材料的热阻性能、厚度和价格，选择性价比好、尺寸合适的隔热保温材料。[126]由调查可知，目前市面上最普遍的隔热保温材料板有以下五种：聚苯乙烯泡沫塑料板、聚氨酯硬泡沫塑料板、矿棉岩棉玻璃棉板、聚氯乙烯泡沫塑料板、聚乙烯泡沫塑料板。每种板材的厚度从 1 厘米到 4 厘米不等。笔者运用暖通空调软件（ACS），对使用各种不同厚度的保温板材的墙体做了隔热保温性能的测算，并对其隔热效率进行了分析，综合各种保温板材的价格，最后发现 3 厘米厚的聚苯乙烯泡沫塑料板（简称聚苯板）性价比最高（图 8.12）。

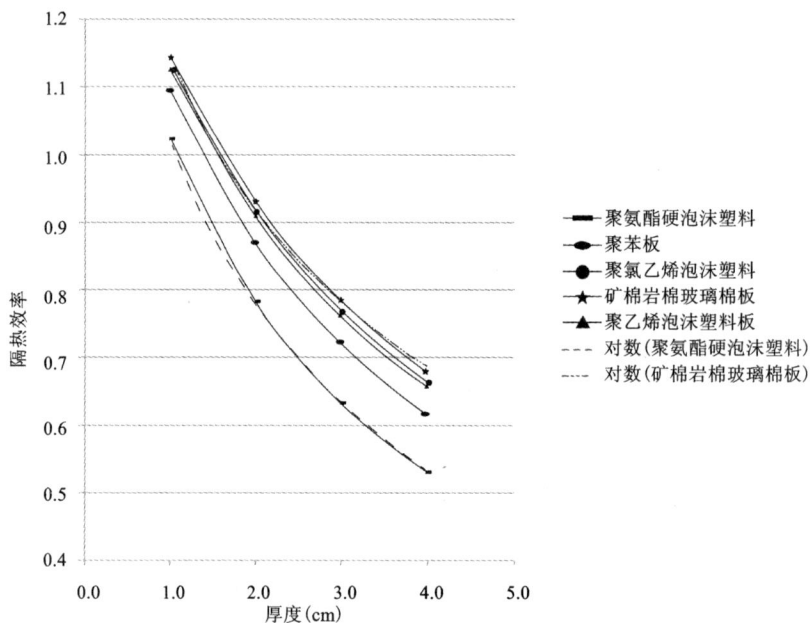

图 8.12　隔热效率图（夏季）

（图片来源：作者自绘）

　　针对彭英华住宅的基本情况，我们只对堂屋两侧的厢房做墙壁、地板和顶板的保温隔热处理，保持堂屋和住宅二楼的原状不变。为了更加清晰地说明改造的细部，笔者通过绘制改造前后的剖面图进行比较分析（图 8.13）。

　　通过对改良后的墙体复测可知，改造后的外墙夏季外传热系数是 0.719 W/（m² · k），冬季外传热系数是 0.724 W/（m² · k）；其他各项指标也明显优于改造前的墙体，完全符合节能标准（图 8.14）。

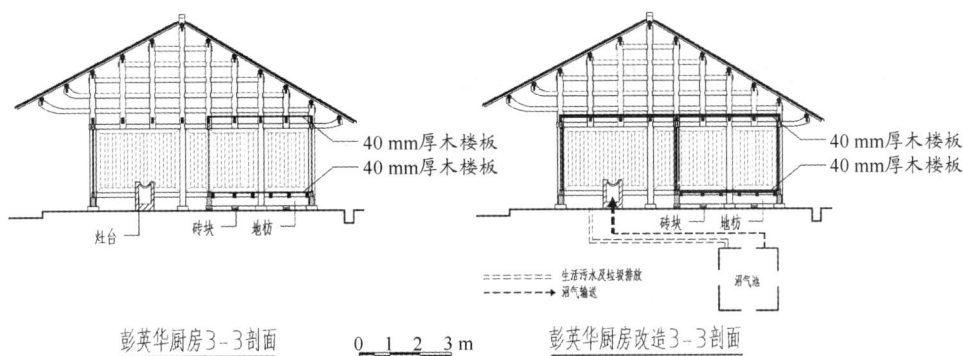

图 8.13 彭英华主屋改造前后剖面比较

（图片来源：作者自绘）

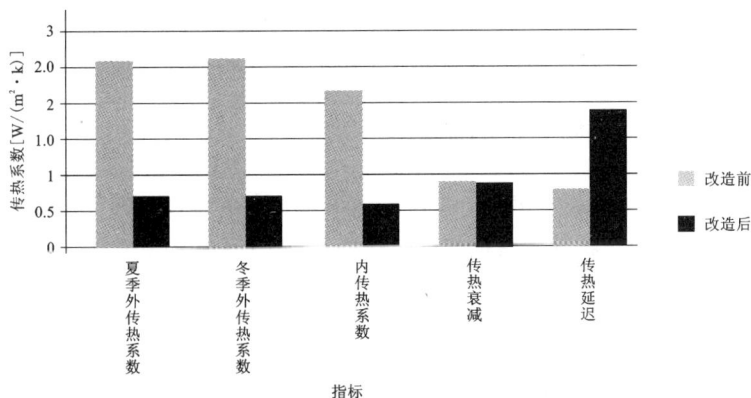

图 8.14 改造前后墙体热工性能对比图

（图片来源：作者自绘）

在保护民居传统风貌的前提下，通过在原外墙或地板内侧加设一层木板，中间夹 3 厘米厚的聚苯乙烯泡沫塑料板，用木格栅加竹钉固定的构造方式，大大提高了墙、地面的热阻，提高了传统民居的隔热保温性能，改善了民居室内的热舒适度，同时又没有破坏民居的原有风貌，这充分说明该技术具有可行性。[120]

8.4　村落传统文化的保护思路

在历史文化长河中，传统村落是多样性的物质表现。从生活方式、意识形态、文化习俗再到建筑风格，传统村落经历着时间的演进，具有深厚的历史文化内涵：一方面，它是和谐的人居环境的一种体现，具有特殊的历史文献作用；另一方面，它还是传统文化中固有价值的体现。[127]

双凤村是湘西地区土家族风俗保存最完整的村寨之一，是屈指可数的土家族古文化遗存地，再现和浓缩着具有几千年历史的土家族文化，有"中国土家第一村"之誉。[128]笔者曾多次到双凤村及其他土家族村落实地考察，通过对收集到的历史信息资料、现场实测数据及访谈记录等相关资料的分析、佐证和推断，从以下三个方面提出关于双凤村传统文化的保护思路，从可持续的视角处理好居住者、传统村落和自然环境这三者之间的关系。

8.4.1　建立文化保护的意识

传统村落通常是"聚族而居"的自然村落，是在某一特定的地理环境下，经历了一个漫长的历史积淀孕育而成的。传统村落不但承载着聚落宗族的历史文化信息，并且传承着聚落宗族的血缘关系。往大的层次分析，村落是社会结构的组成单元，是国家形成过程中的有机体，是中国传统文化中必不可少的一分子，是物质遗产与非物质遗产的综合体。[129]

村落文化中的非物质文化遗产是传承民族文化的基础，也是中国传统文化的重要组成部分；民族信仰、意志影响着广大族人的社会意识和审美心理；传统民族工艺具有浓厚的地域性、异质性等特点，象征着某一区域的民族文化，是传统文化多样性的重要表现。村落建筑是重要的物质遗产，是具有历史性和文化性的双重载体。通过建筑，可以理解其丰富的文化内涵，它是一个村落历史记忆的符号，见证着村中几百年甚至几千年的沧桑变化，一旦破坏，将难以恢复和延续。

村落文化的挖掘、保护和开发利用，需要整合地方人力资源，还需要消除原住民内心的文化"自鄙"意识，发掘和树立原住民的文化"自珍"意识，培养和增强村落的文化"自信"。只有当村落原住民真正认识到传统村落文化的巨大价值，才能真正有效地去保护传统村落。[130]

保护传统村落文化的同时，我们还需考虑居民的财产权益、生活权益。传统村落之所以保存到现在，是因为传统村落是一个生活体，其存在依据是拥有原住民的生产生活。缺少了原住民的生产生活，忽略了对居住者的生活利益的保护，任何关于传统村落的保护措施都无法持续。从人权的范畴来看，每一位村落原住民都拥有对自己的生产生活方式做出决定的权利。只有维持了村落原住民正常的生产生活方式，才能真正地传承和发扬民族特有的文化传统。[131]

8.4.2 建立有机整治的保护思路

随着经济的发展和技术的进步，村落的人居环境已不能满足现代人相对舒适的居住条件需求。普通村落是如此，传统古村落面临的矛盾则更为突出。针对普通村落，我国从 2005 年开始，全面推行新农村建设，以"对农村进行经济、政治、文化和社会等方面的建设，最终实现把农村建设成为经济繁荣、设施完善、环境优美、文明和谐的社会主义新农村"为目标。村庄整治是行之有效的途径。推行村庄整治，通过对村庄进行整体规划，完善村庄基础设施的建设，包括给排水系统、公共道路等。

图 8.15 双凤村中的太阳能路灯

（图片来源：作者自摄）

曾有学者提出，传统村落保护的实施，让传统村落适应现代生活的需要，必须以传统村落的生态保护为出发点。需要指出的是：村庄整治的目标多样，但其基本的思路却是生态保护。传统村落之所以具有魅力，一是其特有的文化属性，二是在于其拥有良好的生态条件。所以，村落保护的前提是要保护好传统村落的生态环境，改良和完善传统村落公共基础设施的目的一方面是为了方便居民的生活，另一方面也是为了保护村落的生态环境（图 8.15）。

因此，古村落的保护不能是静态的"模型式"保护，而应该是有机整治和局部更新的动态保护，要建立村庄有机整治的动态保护思路，建设和完善基础设施，如道路、排水、给水、供电、供暖、路灯、通信、广播、电视等，充分利用传统村落的原有自然水系和植被，使用本土树种对道路、水系两侧，宅前屋后进行绿化处理，改善传统村落的人居环境。[131]62-63

8.4.3 建立文化发展与传播的保护思路

双凤村是保留土家族风俗最完整的村落之一。智慧、勤劳的双凤村先辈在历史长河中创造了独具特色的土家族文化，形成了具有本民族特点的建筑技艺和风俗习惯，完整地保留了毛古斯舞、摆手舞、打溜子、土家织锦、过赶年、婚嫁歌以及土家语等民族文化，有极强的土家族民族标识，这些都充分反映了土家族传统的道德风貌和民族信仰。然而，随着经济的发展，人们的生活压力增大，原住民脱离土地可在城镇获得可观的收入，也就对居住的村庄缺乏责任，对传统文化缺乏保护意识。传统的工艺、习俗很少有人继承，很多古老技艺面临着失传，村落的传统文化亟待传承和发展。

大力发展传统村落旅游产业，能有效地促进和推动经济发展。无可否认，传统村落旅游产业在募集村落文化保护资金、改善原住民的收入等方面具有重要的意义。首先，旅游产业的推动，是对各类土家族民风遗俗、民间信仰、节庆活动、传统技艺等非物质文化遗产的保护和传播，能让更多的人了解双凤村的传统文化。其次，旅游开发能带来金钱收益，让更多的外出年轻人回村发展，继续维护和传承好土家族的文化精髓。

尽管旅游开发能为传统村落赢得快捷、可观的经济收入，但在发展过程中，也有局部地区在经济效益的驱使下，胡乱开发民族资源，一味迎合旅游者的消费趣味，[132]脱离当地的文化背景，造成了民族文化的失真，导致旅游者真实感知程度降低。双凤村的旅游开发应从土家族文化价值出发，着眼长远利益，旨在保护村落的原生态文化，不能过度开发。传统村落的灵魂是原住民传统的生产、生活方式，如果过度开发旅游产业，最本质的传统文化就会逐渐消弭。

附录1 测绘图纸^①

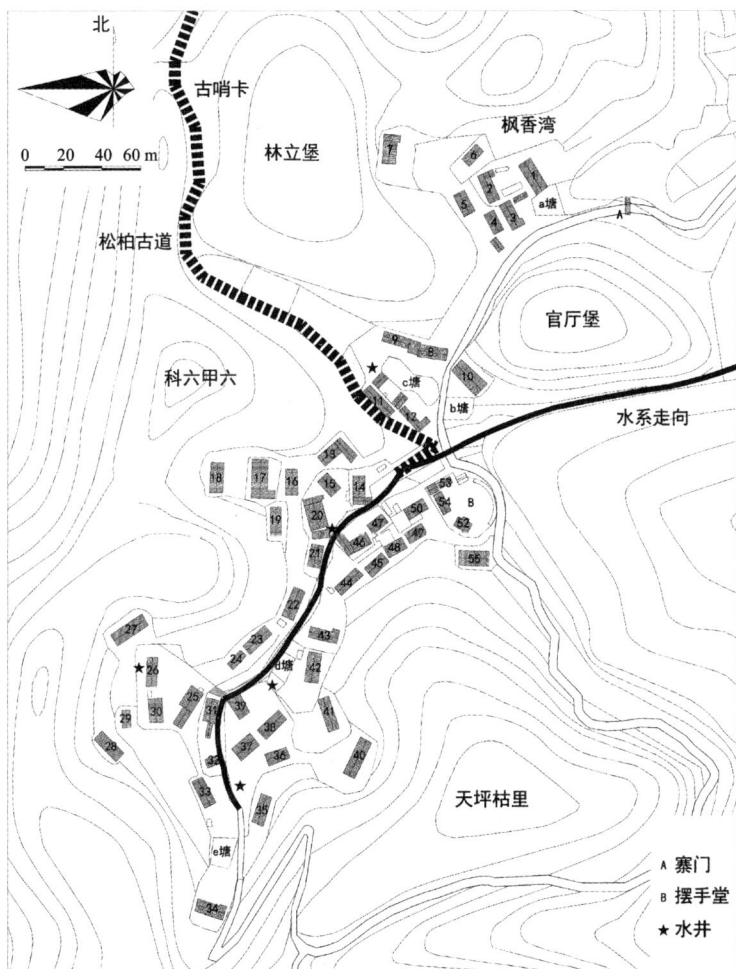

双凤村总平面图

---

① 附录1所有图纸由笔者实地测绘与后期制图所得。所有图纸中，未特殊注明者，标高均以米（m）为单位，尺寸均以毫米（mm）为单位。

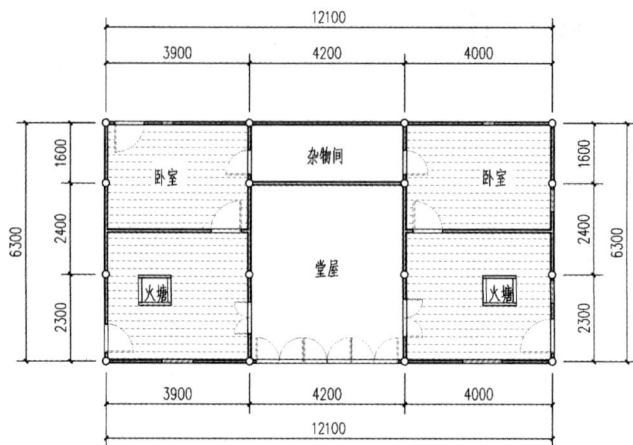

彭肖波民居平面图

北

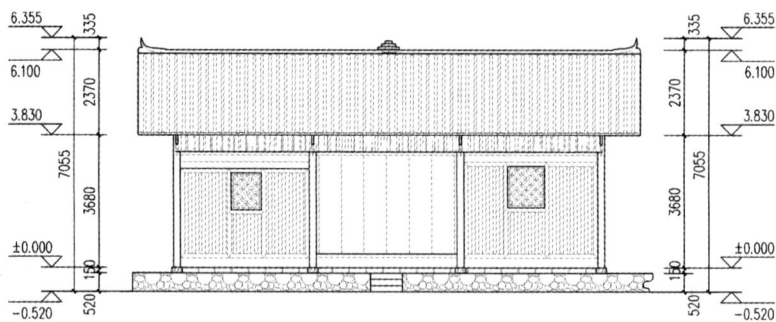

彭肖波民居正立面图

彭英明民居

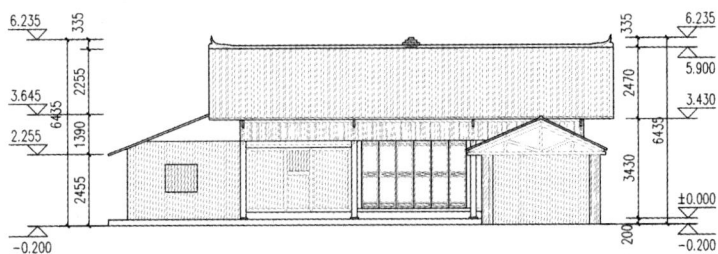

6.235   335
3.645   2255   6435
2.255   1390
         2455
-0.200

6.235   335
5.900   2470   6435
3.430   3430
±0.000
200
-0.200

彭英明民居正立面图

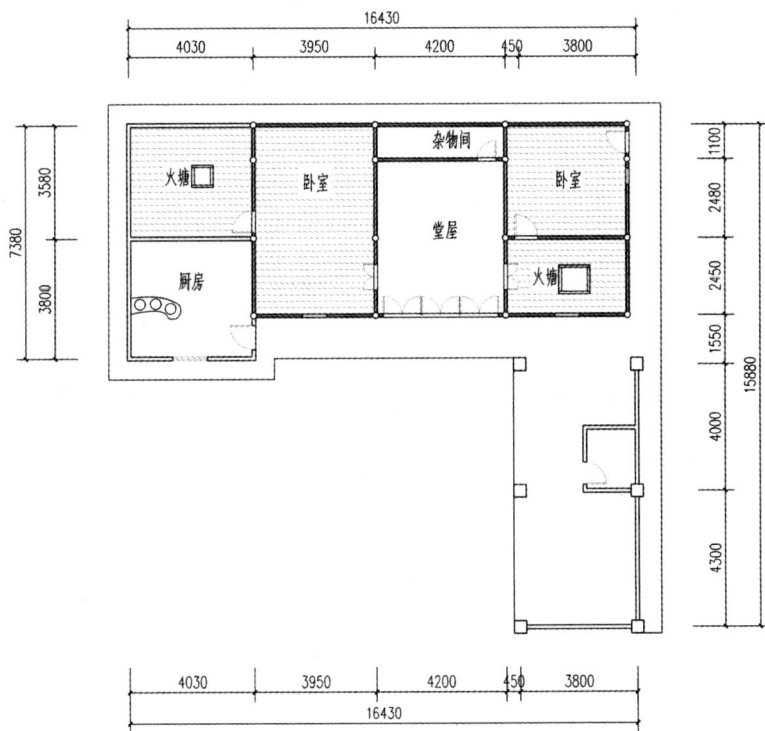

16430
4030   3950   4200   450   3800

杂物间
火塘   卧室   卧室
                堂屋
厨房   火塘

7380   3580
        3800

1100
2480
2450
1550   15880
4000
4300

4030   3950   4200   450   3800
16430

彭英明民居平面图

北

村茶厂

11940

3980   3980   3980

6650
3750
2900

堂屋

6650
3750
2900

3980   3980   3980

11940

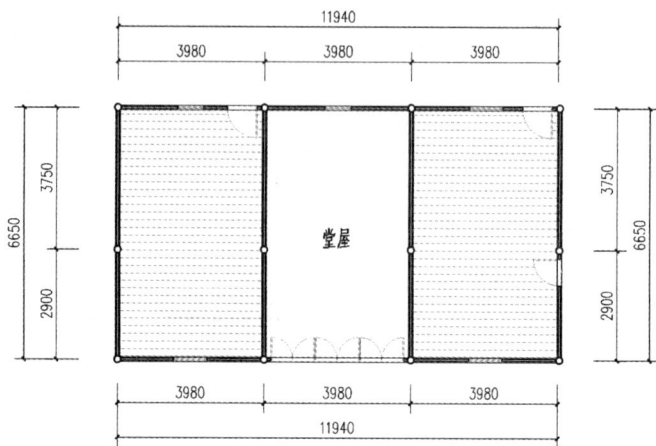

村茶厂平面图

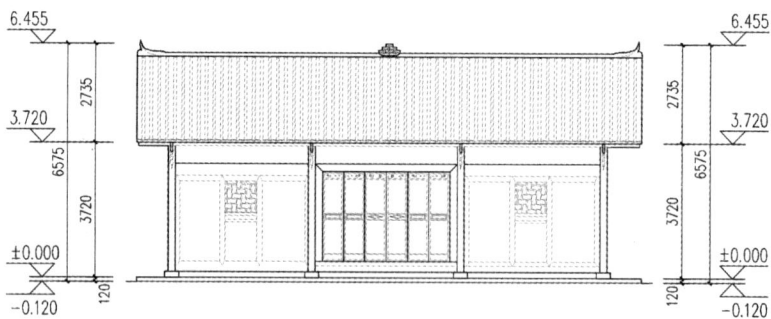

北

6.455

2735

3.720

6575

3720

±0.000

120

-0.120

6.455

2735

3.720

6575

3720

±0.000

120

-0.120

村茶厂正立面图

村部楼

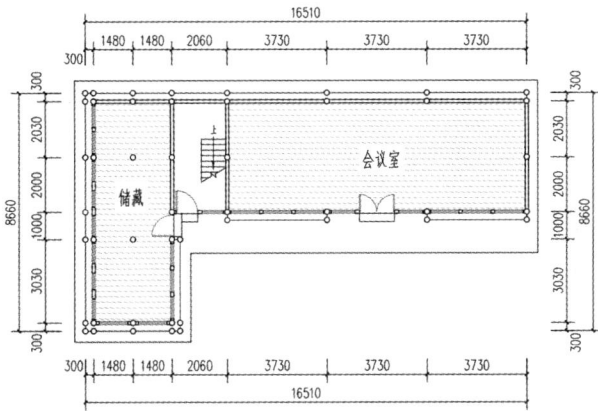

村部楼一层平面图

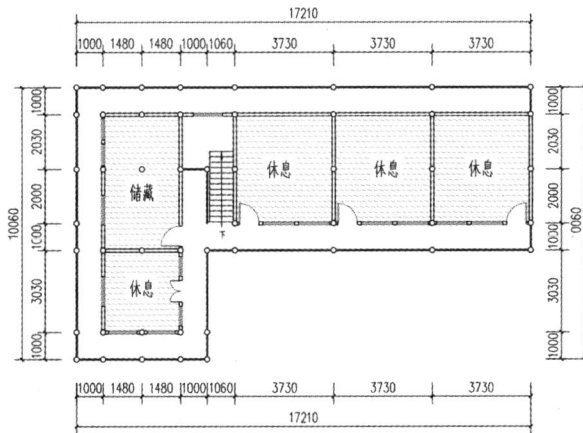

16510

300 | 1480 | 1480 | 2060 | 3730 | 3730 | 3730

储藏

会议室

北

村部楼二层平面图

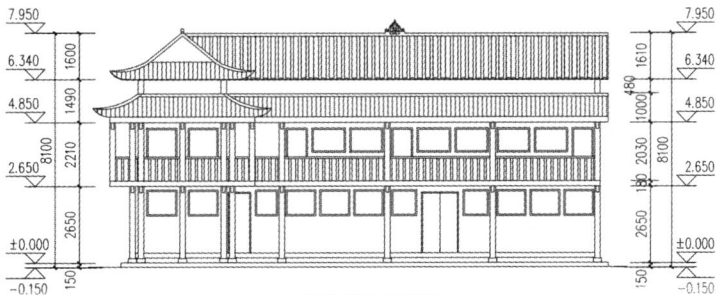

17210

1000 | 1480 | 1480 | 1000 | 1060 | 3730 | 3730 | 3730

储藏

休息 休息 休息

休息

村部楼正立面图

7.950
6.340
4.850
2.650
±0.000
-0.150

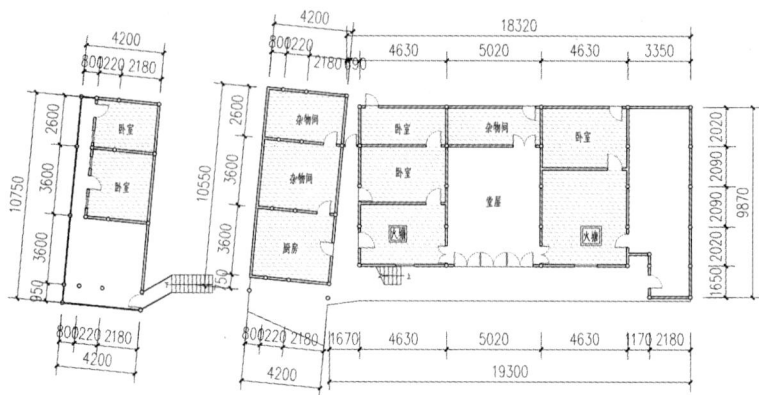

彭振军民居平面图

北

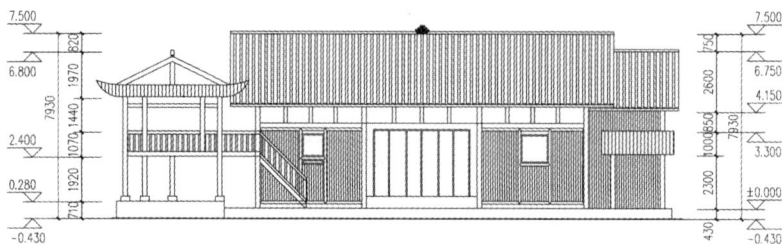

彭振军民居正立面图

彭家珍民居

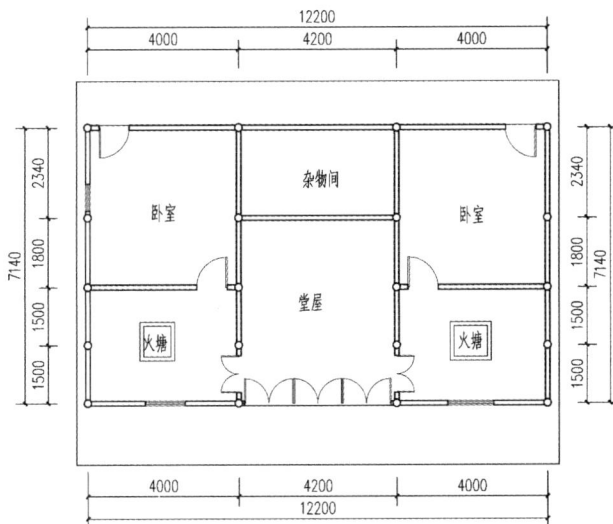

彭家珍民居平面图

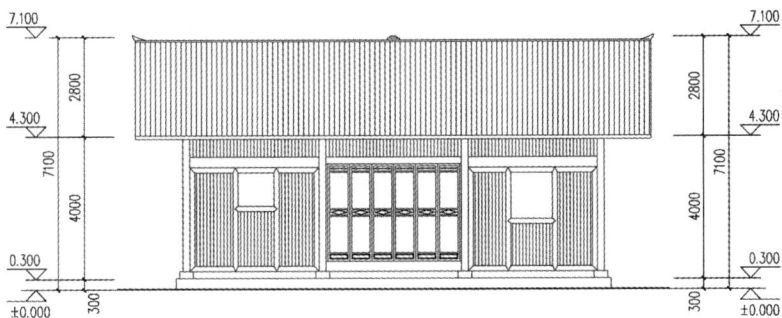

12200
4000 · 4200 · 4000

7140
2340
1800
1500
1500

卧室

杂物间

堂屋

火塘

卧室

火塘

2340
1800
1500
1500
7140

4000 · 4200 · 4000
12200

彭家珍民居平面图   北

彭家珍民居正立面图

7.100
2800
4.300
7100
4000
0.300
±0.000
300

7.100
2800
4.300
7100
4000
0.300
±0.000

彭家珍民居正立面图

21350

| 4000 | 4300 | 4600 | 4450 | 4000 |

7307 2000 2000 2000 2000 1320

杂物间 卧室 堂屋 卧室 卧室

杂物间 火塘 火塘 厨房

7307 2000 2000 2000 2000 1320

| 4000 | 4300 | 4600 | 4450 | 4000 |

21350

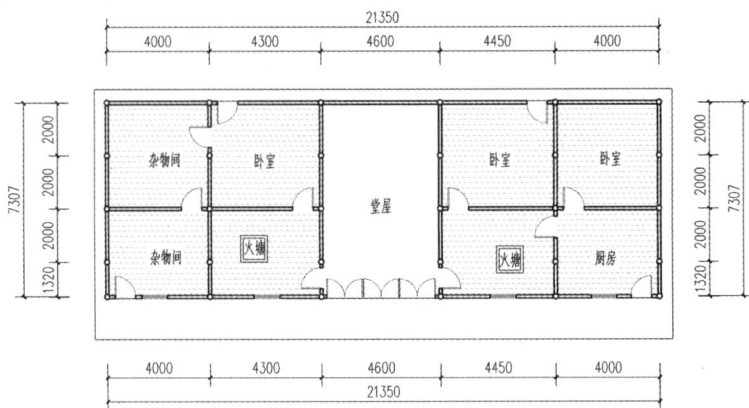

彭武略民居平面图

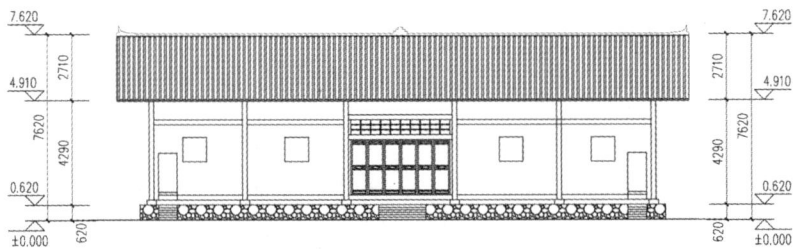

北

7.620

4.910

7.620

4.910

2710

7620

4290

0.620

±0.000

620

2710

7620

4290

0.620

±0.000

620

彭武略民居正立面图

王化云民居

10080

3180 3500 3400

1160
1420 5230
1480
1170

卧室　　　　　堂屋　　　　卧室

火塘

3180 3500 3400

10080

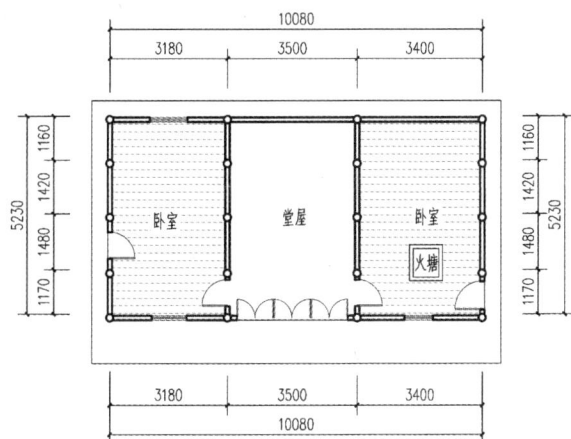

王化云民居平面图

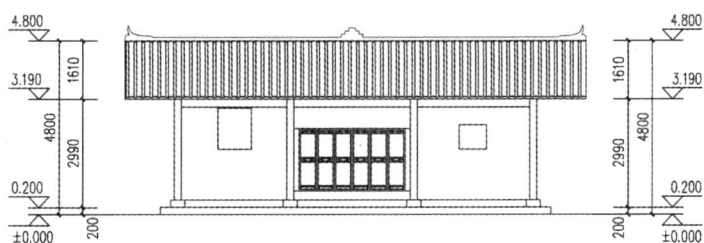

北

4.800　　　　　　　　　　　　　　　　　　　　4.800

3.190　　　1610　　　　　　　　　　　　　　3.190

　　　4800 2990

0.200　　　　　　　　　　　　　　　　　　　　0.200

±0.000　200　　　　　　　　　　　200　±0.000

王化云民居正立面图

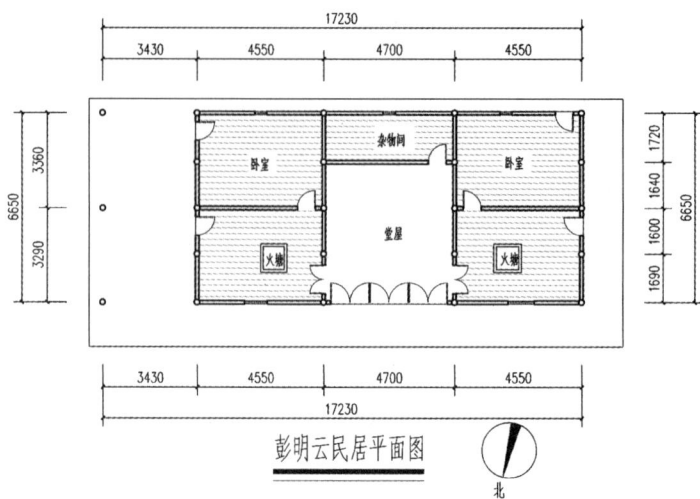

彭明云民居

17230

3430　4550　4700　4550

6650　3360　3290

卧室　杂物间　卧室

堂屋

火塘　火塘

1720　1640　1600　1690

6650

3430　4550　4700　4550

17230

彭明云民居平面图

北

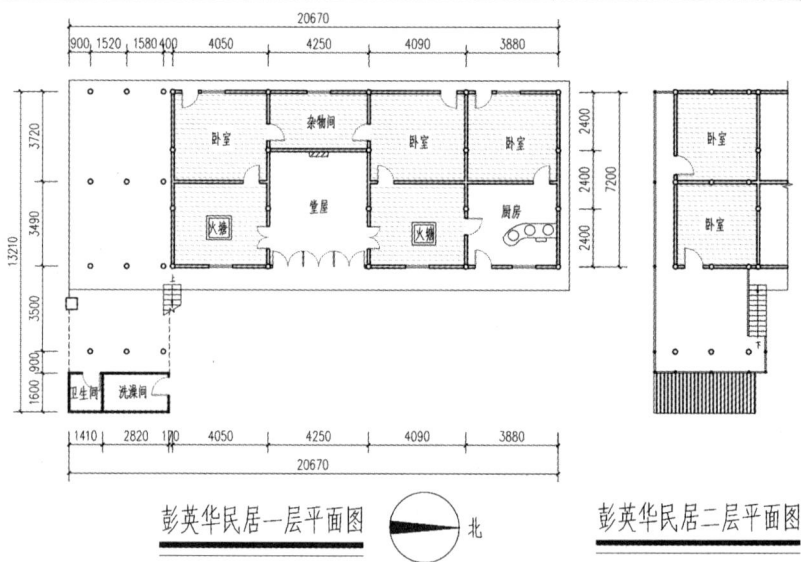

彭英华民居

20670

900　1520　1580　400　4050　4250　4090　3880

3720　3490　3500　1600　900　13210

卧室　杂物间　卧室　卧室

火塘　堂屋　火塘　厨房

卫生间　洗漱间

2400　2400　2400　7200

卧室

卧室

1410　2820　170　4050　4250　4090　3880

20670

彭英华民居一层平面图　北　　　彭英华民居二层平面图

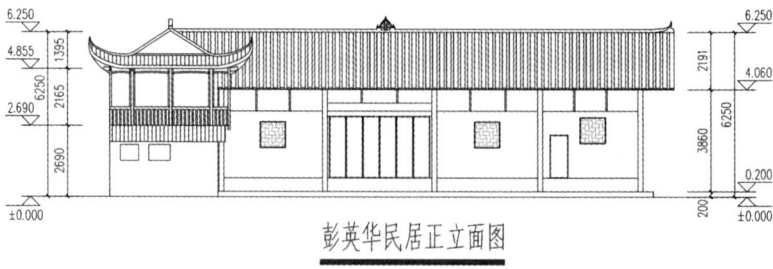

6.250　4.855　1395　6250　2165　2.690　2690　±0.000

2191　6250　3860　6.250　4.060　0.200　±0.000

200

彭英华民居正立面图

17310

4110　4430　3940　4060　770

950 859

杂物间

卧室

堂屋

卧室

火塘

厨房

2700

2700

1400

990

杂物间

2960

小卖部

2750

15980

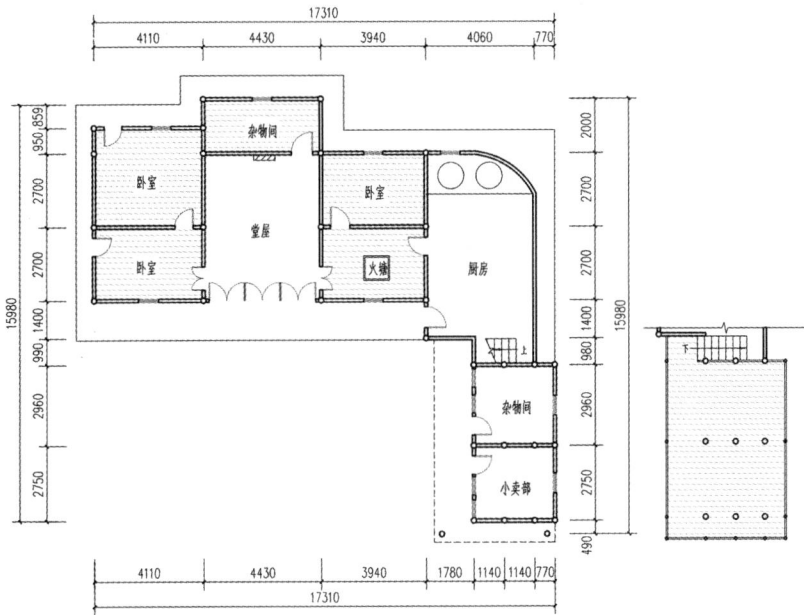

彭振奎民居一层平面图

北

彭振奎民居二层平面图

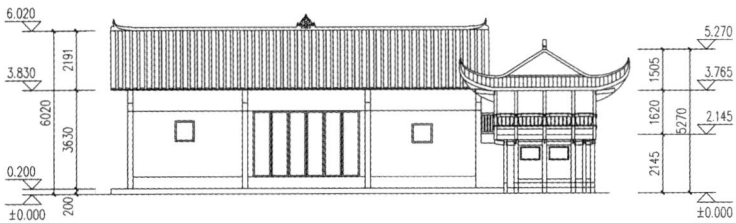

2000

2700

2700

1400

980

2960

2750

490

15980

4110　4430　3940　1780　1140　1140　770

17310

6.020

2191

3.830

6020

36.30

0.200

200

±0.000

5.270

1505

3.765

1620

5270

2.145

2145

±0.000

彭振奎民居正立面图

15140

860 1070 1070 3900 4360 3880

860

2240

2680

11610

2650

2320

860

卧室

卧室

杂物间

火塘

堂屋

卧室

卧室

上

2240

1650

1410

1300

6600

860 1070 1070 860 3040 4360 3880

15140

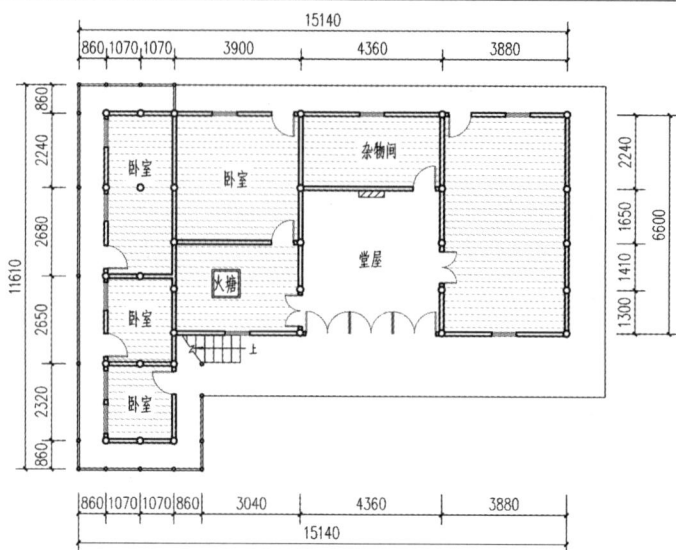

彭振平民居一层平面图

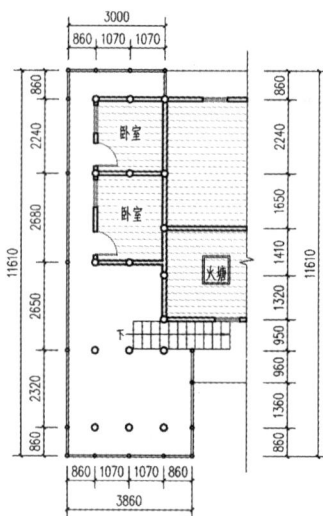

北

3000

860 1070 1070

860

2240

2680

11610

2650

2320

860

卧室

卧室

火塘

下

2240

1650

1410

1320

950

960

1360

860

11610

860 1070 1070 860

3860

彭振平民居二层平面图

彭振平民居

6.900
5.400
1500
2.700
6900
2700
0.200
2500
±0.000
200

8.200
4500
8200
3.700
3700
±0.000

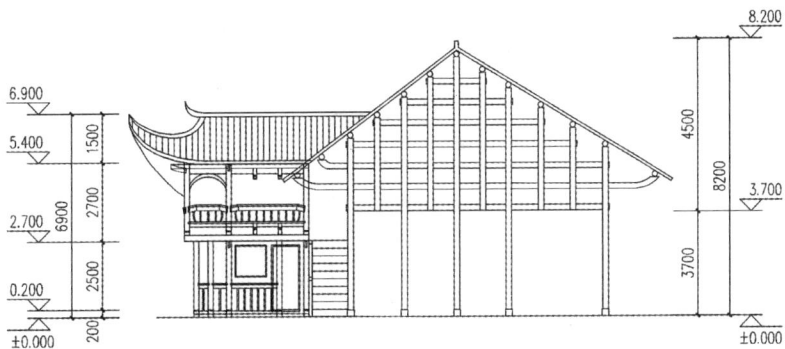

彭振平民居侧立面图

田义龙民居

11270
3710   3940   3620

3000

8530

1370

杂物房

1330

卧室

卧室

1360

堂屋

1470

火塘

火塘

3000

8530

1370

1330

1360

1470

3710   3940   3620
11270

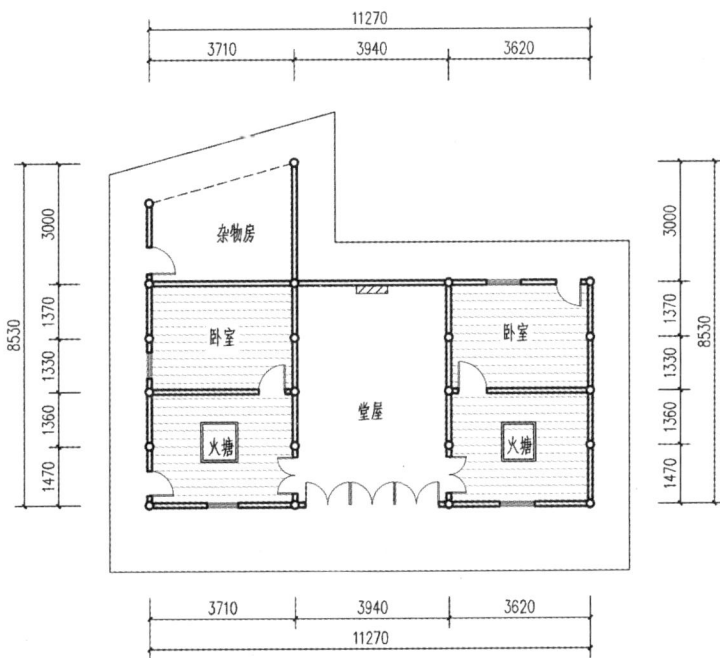

田义龙民居平面图

北

13930
4040 4170 3920 1800

杂物房
卧室
卧室
3600 7200 3600
堂屋
厨房
火塘
火塘
上
1310 1470 2110 600 5490
猪圈
卫生间

1000 1640 1620 1620 1660 1310 1470 2110 600
13030

4040 4170 3920 1800 1780 2000
17710

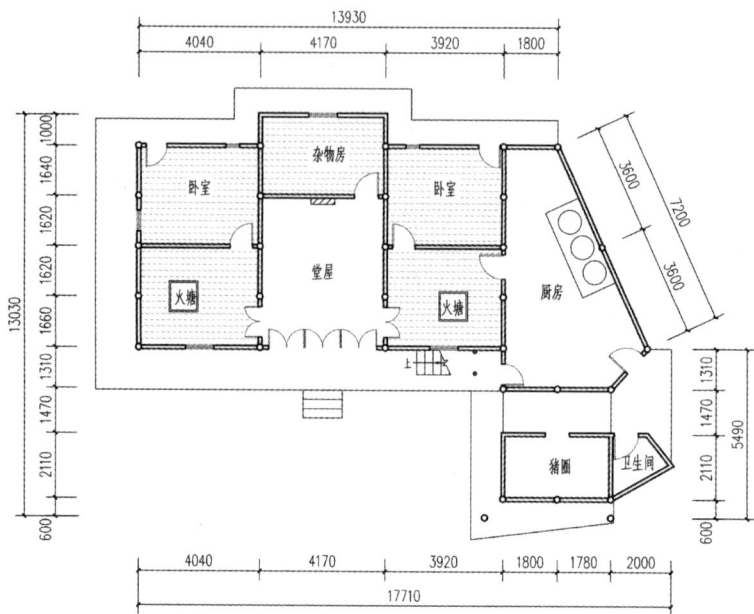

彭振江一层平面图

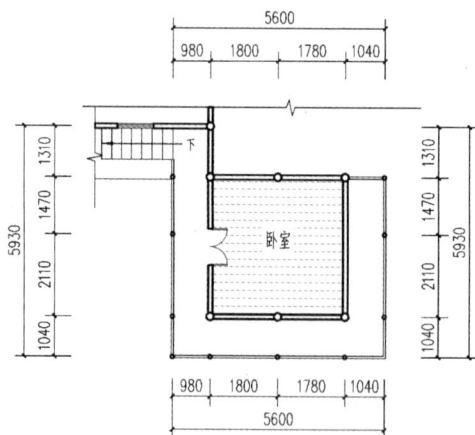

北

彭振江民居

5600
980 1800 1780 1040

下

卧室

1310 1470 2110 1040
5930

1310 1470 2110 1040
5930

980 1800 1780 1040
5600

彭振江二层平面图

彭振江民居

碾米坊

5650
2510 1660 1480

3920
7980
4030

3920
7980
4030

2510 1660 1480
5650

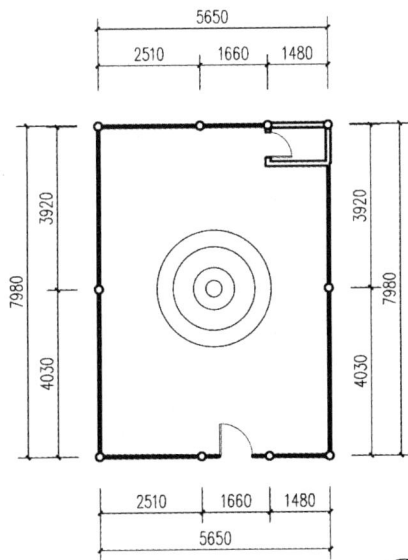

碾米坊平面图

北

摆手堂

7.360
6.260
5.300

1100
960

7.360
6.260
5.300

1100
960

7360
3710

摆手堂

7360
3710

1.590
±0.000

1590

1.590
±0.000

1590

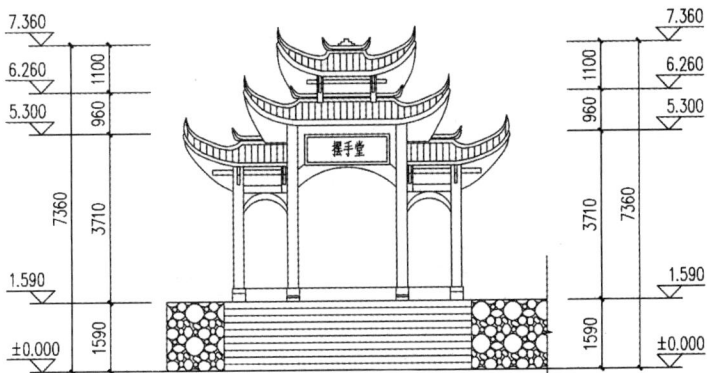

摆手堂正立面图

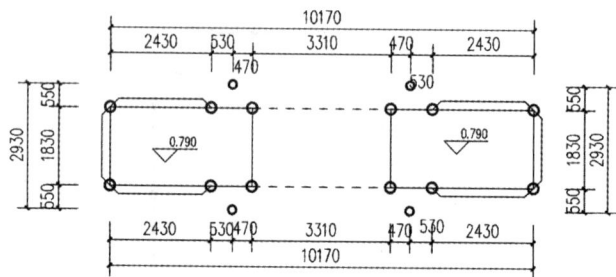

寨门平面图

北

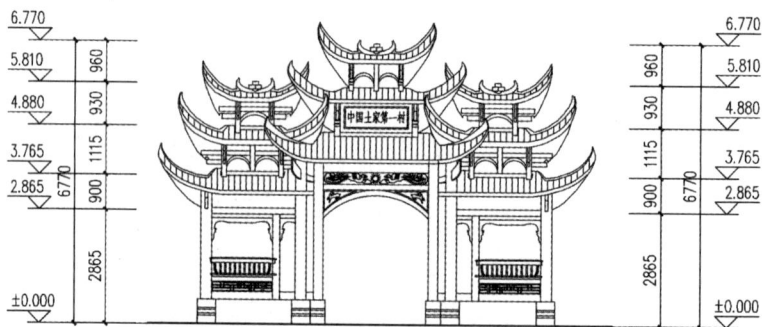

寨门正立面图

寨门

10020

770 | 1270 | 1650 | 2640 | 1650 | 1270 | 770

1000 | 1190

3690

8870

1190 | 1000

800 | 1000 | 1190

1000 | 1190

3690

8870

1190 | 1000

1190 | 1000 | 800

770 | 1270 | 1650 | 2640 | 1650 | 1270 | 770

10020

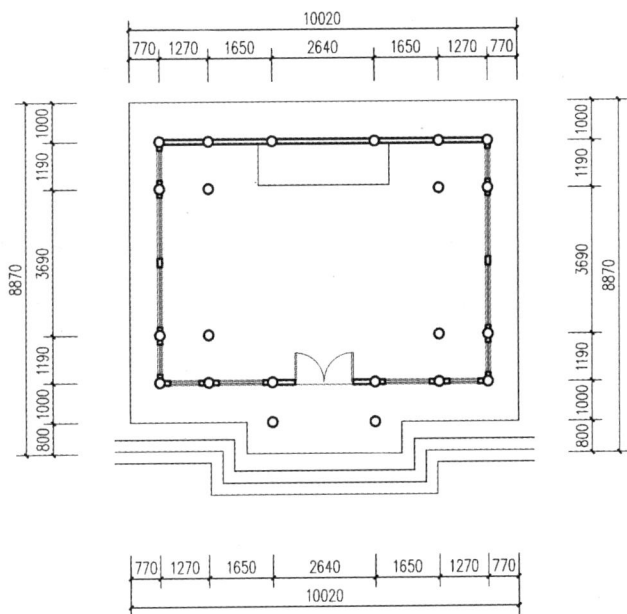

土王祠正平面图

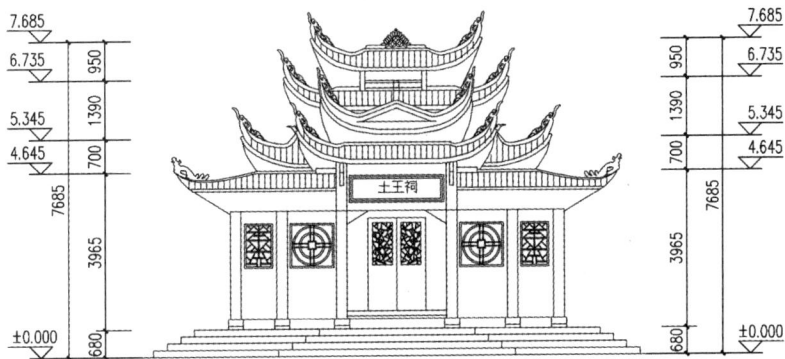

北

7.685

6.735 | 950

5.345 | 1390

4.645 | 700

7685

3965

±0.000 | 680

土王祠

7.685

950 | 6.735

1390 | 5.345

700 | 4.645

7685

3965

680 | ±0.000

土王祠正立面图

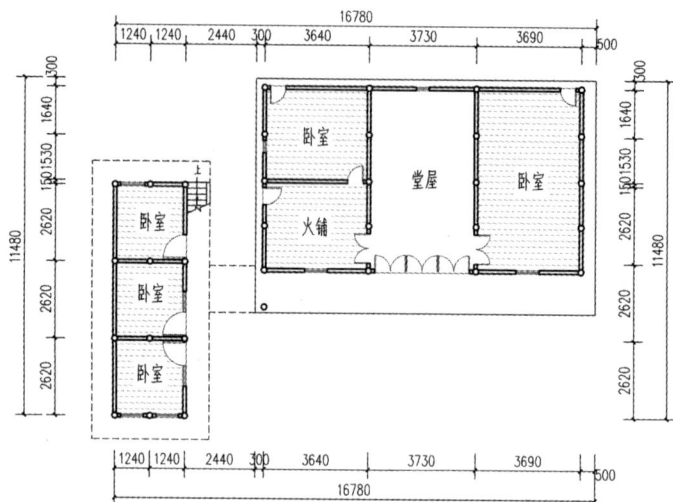

向乃花民居一层平面图

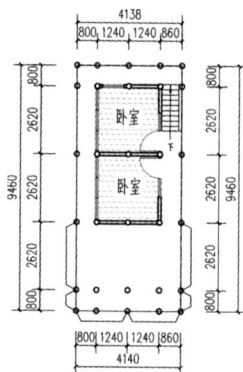

北

向乃花民居二层平面图

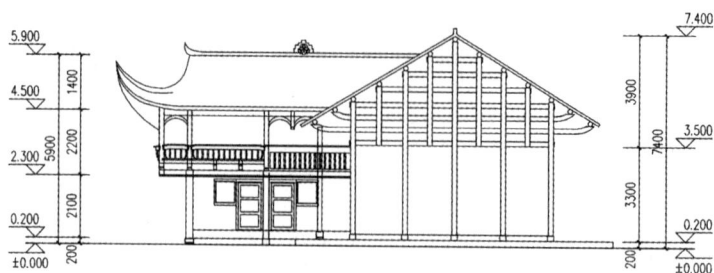

向乃花民居侧立面图

向乃花民居

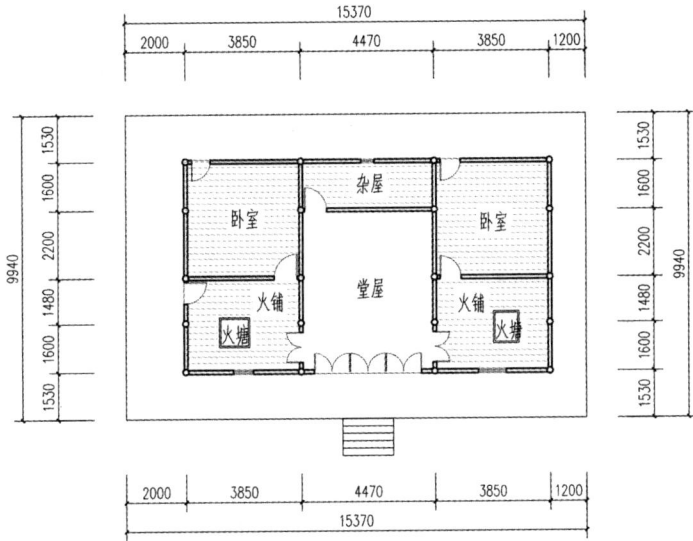

田义平民居

15370
2000　3850　4470　3850　1200

1530
1600
2200
1480
1600
1530
9940

卧室
杂屋
卧室
火铺
堂屋
火铺
火塘
火塘

2000　3850　4470　3850　1200
15370

田义平民居平面图

北

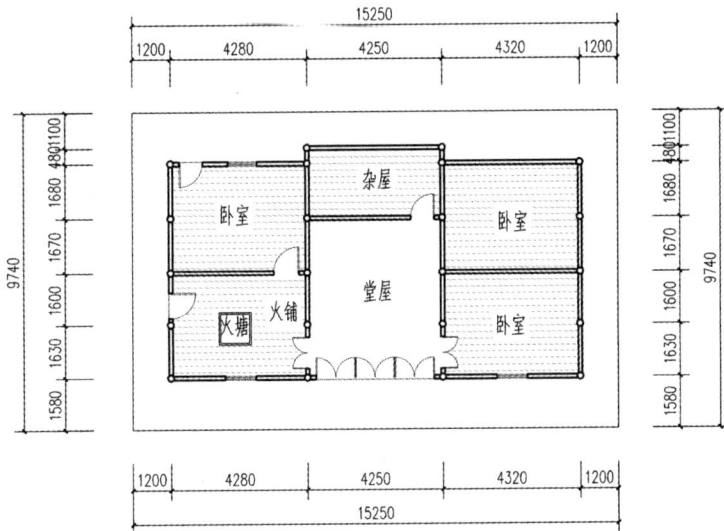

田义忠民居

15250
1200　4280　4250　4320　1200

1100
480
1680
1670
1600
1630
1580
9740

卧室
杂屋
卧室
卧室
火塘
火铺
堂屋

1200　4280　4250　4320　1200
15250

田义忠民居平面图

北

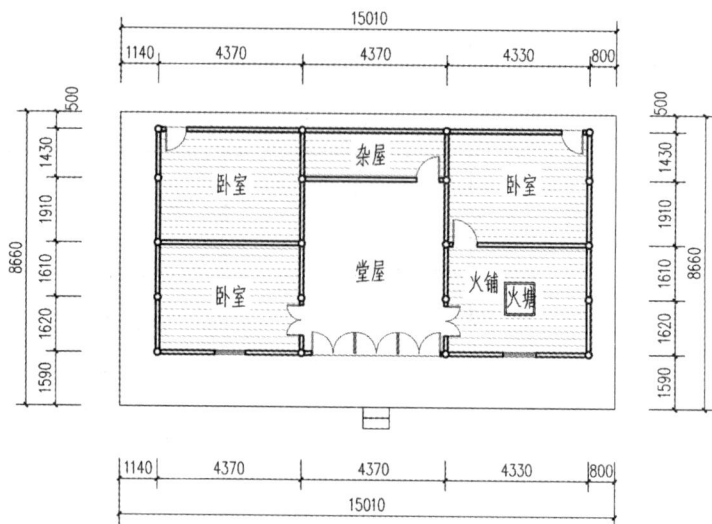

彭英兵民居平面图

15010

1140 4370 4370 4330 800

500 1430 1910 1610 1620 1590

8660

卧室 杂屋 卧室

卧室 堂屋 火铺 火塘

北

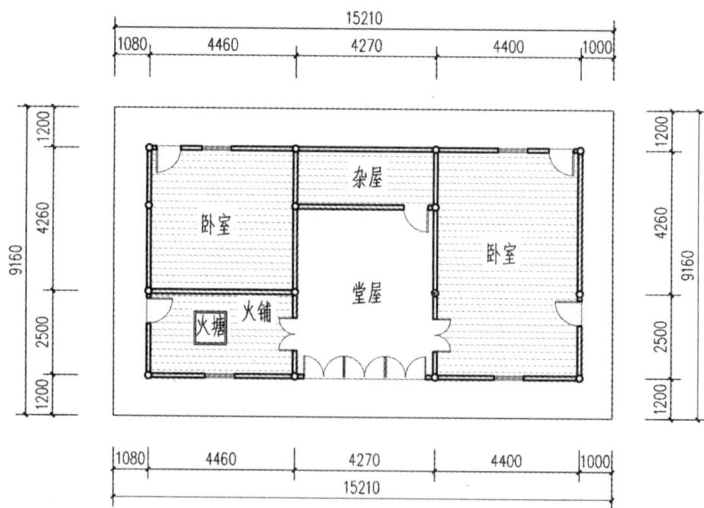

陈莲花民居平面图

15210

1080 4460 4270 4400 1000

1200 4260 2500 1200

9160

卧室 杂屋 卧室

火塘 火铺 堂屋

北

附录2 土家民歌

（以下歌曲均由村民严水花和永顺县民族事务局提供，笔者整理所得）

（土家语歌词均为同音字代替，歌词均遵循原作）

一、劳动歌

劳动歌（土家语）

从逼的白来梭枝的届，锅聂塞骨底之勺米打贵。从逼的鹅来一炮的哈，锅聂祈特约月哈哈呀。射命他嘀也护查那，过哎即可酒及社簸拿。

译（汉语）：大家拿枪赶了三天都未赶上。瞄准猴子的背影打了一枪，刚好打在猴子的背上，负了伤的猴子拼命地跑，鲜血像泉水一样"哗哗"地流淌。奔命的猴子跑得像飞一样快，不时还回头往赶的人来看。顺着血迹这才找到，看见猴子死在岩坎脚下了。

土家姑娘织花带（土家语）

毕子麻妈卡普他，借耳吉热他习岔，那你他列翁巴哭，那你他列党罗嘎。卡普卡拉拉打窄，补撮窝火安革也，党涅岔洗他吉大，库扎湖嫁低嫁。

译（汉语）：土家姑娘织花带，心灵手巧织得快，一头连着武陵山，一头连着中南海。花带好似五彩路，喜迎铁牛进山来，党的恩情织不尽，山山水水放光彩。

唱洗衣

司城河水绿荫荫，土家姑娘都聪明，天真活泼又漂亮，心灵手巧样样行。
司城河水清又清，岸边好多洗衣人，洗衣棒棒打得响，声声打动郎的心。
情郎这个背时人，约好今天来提亲，今天失约为何事，让妹等得鼓眼睛。
有请河水带个信，三月秧苗已发青，发芽苗子天天长，季节一到要开春。
船工又起唱歌声，一对贼眼害死人，船工这些背时鬼，你硬想偷妹妹心。
都是船哥你害人，妹妹为你掉了魂，掉魂就从那日起，身上掉肉好几斤。
想哥想得脸发青，想要过河水又深，变个老鹰又无翅，变个鲤鱼又无鳞。
鸟爱青山鱼爱潭，蝴蝶蜜蜂爱花园，妹爱哥哥司城见，哥妹相爱心相连。

二、仪式歌

庆贺元宵节

正月十五闹元宵，喜气洋洋热情高，千家万户放鞭炮，笑在眉头喜在梢。

正月十五闹元宵，县委政府发号召，元宵佳节要过好，文化生活大提高。

县委政府发号召，各级政府重担挑，宣传主办妇联到，文化战线责任包。

各级领导热情高，欢天喜地度元宵，我跟领导道过好，万事如意乐逍遥。

各级领导有绝招，服装做得标准高，要把节目表演好，土家风采要记牢。

今日共同庆元宵，节目表演有目标，看谁节目演得好，看谁艺术有绝招。

团结奋斗同目标，人人都把重担挑，溪洲新城建设好，老城建设更提高。

拦门歌

客人来到双凤村，进村土家族人拦门，拦门要把酒来敬，拒不喝酒进不成。

客人来到双凤村，苞谷烧酒你要喝，不喝酒门你难过，土家风俗不能破。

唱首山歌送姐姐，避暑乘凉度六月，摆手堂里把歌唱，坐在桥上把凉歇。

唱首山歌送姐姐，避暑乘凉度六月，柳树下面把歌唱，坐在河边把凉歇。

各位同志请听这，你今来到土家村，进门要把山歌唱，不唱难进土家门。

人生就像梦一场，行遍千山漂过洋，看破红尘人世间，昆仑山上去修仙。

打情骂俏你俩个，若还愿恋姐撮合，你俩愿意一起过，跟姐谢过猪脑壳。

拜年歌一

三九寒霜梅花开，新年花炮迎春来，春节过得好愉快，广场搭了百花台。

县委政府最关怀，文艺娱乐跟上来，各镇各乡各村寨，队队都把节目排。

今天我们来上台，一字成行把队排，先跟观众拜个年，恭贺大家发大财。

我们几个上花台，高高兴兴乐开怀，欢欣鼓舞豪情迈，迎春接福送大财。

家家户户都发财，党的温暖和关怀，国正天顺民康泰，小康社会尽早来。

前头歌师都有才，文质彬彬把歌排，我和大家学个乖，莫嫌我的脑壳笨。

我们走到一起来，各会一门显奇才，山歌花鼓渔鼓爱，一起都上百花台。

今天都上百花台，个个都过烧石岩，观众稍为清芳待，一双一对唱一排。

拜年歌二

新年新发新气象，三阳开泰送吉祥，唱首山歌贺各位，福禄寿喜满厅堂。

春晚刚刚看完了，最最难忘是今宵，再祝大家新年好，山歌一首当红包。

正月初一头一天，家家户户去拜年，恭喜发财送祝福，滚滚江水是财源。

三羊开泰是今天，又是一个幸福年，老人孩子身体好，羊年个个赚大钱。
东风一过大地春，万里江山一片新，国泰民安民族旺，永远兴革享太平。
三羊开泰过新年，可是恰逢下雨天，想把双凤用歌唱，春风夹雨扑面寒。
三羊开泰过新年，下雨也会转好天，人人都来双凤耍，听歌心歇笑开颜。
今年二零一五年，今日刚是第一天，我拿山歌祝歌手，日子过得比蜜甜。
彭姐你更嘴巴乖，祝福山歌随口来，我也唱歌祝福你，今年羊年发大财。
今年刚刚第一天，我给各位拜个年，首先鞠躬来问好，二来要拿压岁钱。
新年新年万更新，唱歌祝福朋友们，三羊开泰走好运，嫌够欧元嫌美金。
新年来到土家寨，祝福山歌唱一排，羊年安康行好运，个个留洋又发财。
屋外鞭炮闹腾腾，唱歌祝福朋友们，新年新岁新气象，出门样样都顺心。
新年新岁新气象，屋外鞭炮响当当，祝福朋友身体好，嫌钱还用麻袋装。
又祝朋友身健康，出门捡得百宝箱，嫌钱好比收谷子，麻袋装满又满仓。
羊年新春已到来，广场山歌排对排，祝福大家走好运，东南西北发大财。
祝福大家新年好，万事如意乐淘淘，新年大吉又大利，恭喜发财挣金条。
刚刚跨进新一年，又是一个新起航，祝贺万事如人愿，美梦成真定能圆。
因为熬夜晚起床，我今是个懒羊羊，祝福大家祝自己，新年快乐又健康。

喜事歌

昨天书记把信传，清早喜鹊闹之然，赏月楼的蔡老板，邀请贺喜到贵堂。
今日来到贵楼前，一看是个好地方，后山龙脉来得远，万马归槽应中堂。
游客来到贵楼前，花苑村里敬科庄，文化遗产已传远，几百年前土司王。
这里风景好美丽，飞峡阁里住神仙，金鱼塘里金鱼现，土王水井水清凉。
高高兴兴贵楼来，欢欣鼓舞乐开怀，我跟老板把年拜，恭贺老板发大财。
游客来到贵楼前，楼台修得好又好，神仙见了都喜欢，仙女到此赏月来。
游客纷纷到此来，欢欢喜喜上楼台，楼台上面酒宴摆，饮酒赏月心开怀。
游客闻信参观来，观赏美景最开怀，今古奇观人人爱，吃饭住宿把队排。
山清水秀好风光，人杰地灵好山庄，赏月楼的蔡老板，慷慨大方又贤良。
老板慷慨最大方，结交朋友远又广，下结两江和两广，上结湖北和渝川。
赏月楼阁好地方，风景优美的山川，秋冬楼里最温暖，春夏舒心又清凉。
老板真是有远见，高瞻远瞩世无双，发财选到这地方，一年钞票赚亿元。
老板大方最气概，广交天下众英才，他跟朋友真心待，明中去了暗中来。
老板是个好人才，朋友义气传四海，如同松江河晁盖，桃园结义同母怀。

确实是个好楼台，一年四季有花开，春有桃李映村寨，冬有蜡梅迎春来。

老板心胸最宽怀，高瞻远瞩观四海，发财选到这地方，财源滚滚自我来。

老板大方人最贤，找对客人最周全，游客进屋送温暖，客人出门送吉祥。

老板四海把名扬，四海客人来捧场，朋友来得多又广，干部百姓到齐全。

宾客来到月楼间，个个高兴心喜欢，楼阁台前花炮放，红光映红半边天。

老板气概讲排场，款待朋友不惜钱，赏月楼前摆盛宴，宾朋等于过大年。

老板待客最和谐，客人不分高和矮，穷富贵贱一样待，游客纷纷送财来。

四海宾朋贺喜来，朋友都把礼品抬，贵重礼品不要带，只要你把爆竹抬。

老板借我到此来，我自一看吓得呆，只见花炮飞天外，五颜六色真正好。

老板最爱讲气概，摄影师来拍一拍，新闻记者把访采，永顺新闻播出来。

各位宾朋都到场，我到台上来发言，欢欣鼓舞山歌唱，祝贺宾朋福寿全。

我唱山歌最吉祥，贺喜老板贺满堂，一年赚钱上千万，两年要过亿元来。

亲朋戚友到楼台，恭贺老板发大财，我唱山歌豪情迈，山歌唱出来福来。

我唱山歌贺喜来，一送福寿二送财，财源滚滚通四海，子孙代代坐龙台。

华堂贺词

合：手敲金板慢开言，各位观众听端详。其他事况且不表，华堂之苦唱一番。

（1）我们来到贵府中，首先敬拜主人翁。祝福主东都幸福，长寿赛过不老松。

（2）贵府喜事很隆重，对联贴得满堂红。荣华富贵远传名，万代子孙状元公。

（3）亲朋好友以礼送，礼炮响在半空中。眼观星宇最豪华，创业致富是英雄。

（4）主动好客人尊重，热情招待宾和朋。佳席美味人夸奖，赛过南北和西东。

（5）来到贵地展眼望，主东选的好地方。前有八步朝阳水，后有八步水朝阳。

（6）武陵山下好风光，洪福齐天满华堂。朝阳水来生贵子，水朝阳来状元郎。

（7）周公罗盘来架上，营造屋宇大吉昌。年月日时今朝好，满门富贵乐满康。

（8）鲁班修屋最漂亮，主东坐屋都安康。荣华富贵当宰相，文武双全比男强。

合：贺祝主东人丁旺，家有金银数万箱。伟业宏开展宏图，一帆风顺奔小康。

庆贺新婚之喜

来到贵府中，拜会主人翁。再拜各位宾和朋，有缘来相逢。

锣鼓响咚咚，恭喜主人翁，贵府喜事很隆重，满堂宾和朋。

檐下挂灯笼，照得九州亮，神台又把喜烛供，主人敬祖宗。

先生把笔用，喜联满堂红，鸾凤和鸣挂堂中，府内红彤彤。

贵府花鼓用，迎来宾和朋，宾朋就把贺礼送，恭喜主人翁。

礼炮轰隆隆，响在天空中，天空彩云都照红，威震上天空。

金匾堂中挂，喜联两边把，纱罗红灯挂檐下，满堂放光华。

红日高万丈，花鼓进喜堂，恭喜新郎和新娘，鸾凤配成双。

新郎人聪敏，富贵好家庭，淑女和他结成婚，万事都顺心。

淑女身端庄，长得很漂亮，她像嫦娥从天降，来到贵府堂。

霞光起万道，祥瑞现千条，金童玉女配鸾娇，嫦娥配桃天。

檐前喜鹊叫，黄莺后院吵，鸿鹰传信把喜报，花烛是今朝。

吉日迎淑女，迎到贵府里，鸾凤和鸣成夫妻，恩爱更亲密。

喜炮声声起，贵府迎淑女，正是金榜把名题，洞房花烛喜。

拜地又拜天，堂前拜祖宗，夫妻二人团个圆，携手到百年。

夫妻团了圆，鱼水两合欢，鱼水合欢到百年，日子过得好。

十五的月亮，分外发亮光，人逢喜事精神爽，地久与天长。

二人结了婚，相爱如客宾，情深义重又和顺，万事都顺心。

夫妻成了家，家发人更发，荣华富贵传天下，锦上添红花。

新郎和新娘，奋发要图强，来年宝宝生一对，贺喜来府堂。

人坐在床上，花草木一样，开花结果人兴旺，早生状元郎。

喜鹊叫喳喳，传信到你家，告诉你家生娃娃，结果又开花。

开花结成果，儿孙多又多，全家老少喜开乐，我把喜酒喝。

祝福主人家，人发家也发，现在花鼓要放下，休息要喝茶。

土家敬酒歌一（土家语）

你们是土家耶耶嗬，好朋友，好朋友，敬你一碗"迎宾酒，迎宾酒，迎宾酒"，隔年的腊肉巴掌大，酒菜不好情谊厚，情谊厚，耶嗬！

土家敬酒歌二（土家语）

我们都是耶耶嗬，土家族人，土家族人，自古到今好客人。

好客人，贵客到，敬好酒，好酒好菜迎客人。

敬客人，好酒敬客人，耶嗬嗬，热乎。

土家敬酒歌三（土家语）

阿尼玛尼也也合，毕呀兹卡，毕呀兹卡，罗主补撮啊次那。

阿次那，阿次拉，补撮些，热呼差。

补撮的热乎阿来噶，热呼阿采噶啊！热哈合合。

土家敬酒歌四（土家语）

阿里玛尼也毕子卡，补撮哈次那秋阿，补撮的那门起，罗有格次查，比条含过日席香。

三、情歌

男女对唱情歌一

男：正月里来是新春，我已退伍回到家，先往姑妈家里奔，看同年同月生妹。

男：我俩同年同月生，时时刻刻挂在心，当兵去了五年整，五年之久未哀声。

女：表哥在唱妹妹听，句句打动妹的心，小时同把学校进，一同教室同板凳。

女：自从毕业把手分，为国保家去当兵，路三海四空五整，直到今天才转身。

男：一十二岁定终身，你我二人心连心，等到一满二十进，我买婚纱你当新。

女：一到毕业把手分，互相都不知下音，不打电话未写信，我硬等到这如今。

男：听去听来听后音，其中听出有疑问，表妹快来对我讲，说出你的真内情。

女：今年我满二十岁，爹妈把我许别人，俩老欢喜我答应，八月十五要迎亲。

男：表妹把话一落音，挥身一下冷冰冰，千等万等叫你等，等我回来就结婚。

男：我的表妹你请听，我俩同年同月生，哥哥爱你爱如命，千万不要悔初心。

女：我的表哥你请听，你莫怪我变的心，你个多年不过问，我也要顺父母心。

男：我的表妹我的人，哥早对你表真情，对天发誓下决定，一满二十就结婚。

男：你才不会找别人，我是山伯你祝英，在生两个同路走，死后两个共一坟。

女：哥哥莫急把我订，妹妹暗自也伤心，不依父母无孝顺，不依哥哥情难分。

男：我们两个情难分，加上从小情义深，妹妹你若不答应，哥哥世上活不成。

男：不管骂名不骂名，两个耐烦走天涯，过了几年事情冷，转来敬孝父母亲。

女：你说这句我放心，千万莫忘养育恩，悔了亲戚不要紧，父母恩情比海深。

男：表妹答应随我奔，约定日子下决心，爹妈面前扯个谎，这也不算无孝心。

男：记得那年十二春，我俩暗自定终身，对天发誓做决定，妹妹你会记得清。

女：我俩学校学五经，那年只有十二春，虽是一起做决定，小小年纪不懂情。

男：我到前方去当兵，妹在家中守正经，我俩单过五年整，这次回来如知音。

男：我到前方去当兵，三大纪律记在心，入行注意抓得紧，没有时间写书信。

女：你当人民解放军，你的思想归了真，你个一去三不问，把我抛在九霄云。

女：小小年纪定终身，加上爹妈不知音，今年我满二十岁，别人上门求
了亲。

女：叫声表哥你请听，你的情义我记心，小时读书我不狠，全靠表哥主
的经。

男：表妹从小就聪明，加上你又很正经，读书你硬拼得命，所以装进我
的心。

女：你若把我装进心，今天怎么得安静，五年之久不过问，我也对你有
疑问。

女：我的哥哥我的人，劝你不要思旧情，世上女人多得很，你到别处去
求亲。

男：我的表妹我的人，你硬不要悔的情，白天和你同路走，晚上和你同
板凳。

女：我的表哥我的人，你的想法不可能，红尘女子多得很，你要赶快找
别人。

女：你我将满二十龄，正是美好的青春，未必愿走阴间路，愉愉快快度
光阴。

男：你说愉快度光阴，我跟表妹吐真心，主意我早就打定，两个邀起去
私奔。

女：表哥邀我去私奔，爹妈面前难露音，你肯我肯他不肯，要到世上丢
骂名。

男：表妹答应随我走，我买婚纱你妆新，两个就把天地拜，夫妻佳偶赐
天成。

男：你是姑妈她亲生，我是舅舅后代根，两边老的要奉敬，要报他们养
育恩。

女：两边老的一片心，望你独子养多孙，恭喜百做又百顺，贺喜家发人
又新。

男女对唱情歌二

阿哥：我家住在高山坡，生来最爱唱山歌，哪天不把山歌唱，心里好像刀刀割。

阿妹：响鼓放在高山坡，久闻阿哥是主角，四到八处歌台坐，次次都鼓得月锣。

阿哥：阿妹唱歌也不错，常把头把交椅坐，今天和我来唱歌，让你半边嘴巴角。

阿妹：阿哥大话莫乱说，腊肉上称未稳砣，上台不怕歌仙家，是龙要扳一只角。

阿哥：你在苞谷树下坐，天话讲得几块活，我放喉咙唱一句，把你魂魄全打落。

阿妹：我家住在歌窝窝，大仓小仓都是歌，你若缺少和我借，任你背来任你驮。

阿哥：西山搬去东山坐，请来百人背山歌，走到半路跌一跌，泼得几首你捡着。

阿哥：你歌没有我歌多，我的山歌用船拖，船失到了九龙嘴，船尾没过猛洞河。

阿妹：我家老鼠实在多，养个猫儿把它捉，老鼠钻进歌堆里，猫儿无法摆脑壳。

阿哥：屋前屋后野猪多，夜夜都把歌词夺，夺去歌词千万首，满山满岭乱起窝。

阿妹：六月天气红似火，千人万人来唱歌，我用歌词搭凉棚，个个遮荫笑呵呵。

阿哥：十冬腊月大雪落，千人万人来唱歌，我用歌词当棉被，个个都喊身暖和。

阿妹：土家坐在猛洞河，河里浪花多又多，浪花一朵歌一首，一朵浪花一首歌。

阿哥：土家住在高山坡，山上木叶多又多，木叶一片歌一首，一片木叶一首歌。

合唱：今日共招来比歌，我俩山歌一样多，你八两来我半斤，你没强来我未弱。

男女情歌对歌三

男：睡到半夜唱山歌，旁人问我为什么，党的群众路线好，梦里催牛打呵嗬。

女：四道八处唱山歌，不败喉咙不累脚，只有党的政策好，蜜蜂搬糖喜做窝。

男：土家乡里儿女多，人人喜欢唱山歌，有缘相道一起坐，唱歌当作凉水喝。

女：阿哥最爱唱山歌，唱歌当作凉水喝，有缘今日同哥坐，阿妹心里热嚯嚯。

男：猛洞河来双凤坡，从古到今土家窝，祖祖辈辈土家坐，人人都会唱山歌。

女：阿妹来到土家坡，我爱阿哥好小伙，有心挨到阿哥坐，阿哥认着不认着。

男：阿妹来到土家坡，土家乡里帅哥多，阿妹喜欢挨着坐，喜欢哪个挨哪个。

女：今天来到土家坡，土家坡上帅哥多，别人爱我我不坐，只爱阿哥好小伙。

男：你爱阿哥好小伙，阿哥跟你实话说，没有别的礼物过，真心陪妹唱山歌。

女：阿哥跟我实话说，阿妹一听好快乐，大好机遇不放过，日出唱到日头落。

合唱：阿哥阿妹真心合，同唱山歌结丝啰，有缘千里同船坐，牛郎织女渡银河。

男女情歌对歌四

男：妹在河边洗衣裳，哥撑大船去远方，妹妹有话快实讲，船到滩头难回头。

女：笋子靠竹竹靠山，鱼儿靠水水靠潭，妹妹家事靠哥管，七姐下凡配董郎。

男：昨夜做梦做得好，梦见天门两扇开，今天见妹逗人爱，好比仙女下凡来。

女：潭里清水慢慢流，情郎撑船潭中游，故意把船来稳住，划船哥哥爱风流。

男：上坡砍柴邀好伴，下河捉鱼驾好船，恋妹恋歌好侣伴，同唱山歌好扯谈。

女：滩上翻浪难不平，唱歌撑船要当神，千万把船要撑稳，掉到河里淹坏人。

男：既然撑船出远门，划船开船样样行，千里行程撑得稳，平平安安转回程。

女：妹妹下河洗衣裙，二次等哥转回程，妹妹可怜同相认，苍天不负有情人。

男女对唱情歌（五）

女：筛子孔孔有眼睛，吹木叶的未答应，等到那天人未见，屋后堡上俩相成。

男：吹木叶来吹木叶，吹作木叶喊姐姐，姐姐一个未喊到，身上骨头软软的。

女：小小阿哥来摘花，花树上面刺长长，刺若扎手你不怕，多走几回来摘她。

男：小小大姐漂亮的，两只母羊小羊角，小哥心想摸一下，怕得姐姐她骂我。

女：小小哥哥像头牛，我头帕子你捐丢，若要帕子送给你，千万千万莫搞丢。

男：小小姐姐美又美，我爱姐姐流涎水，请个媒婆去讲亲，家里穷来未答应。

女：小小哥哥我喊你，请个媒人我家去，多走几回你莫怕，只要我俩到一起。

男：小小姐姐美又美，见了一眼不由人，好想和姐到一起，磕头作揖菩萨敬。

男：小小姐姐好漂亮，脸上白嫩红鲜鲜，我用手去摸一下，身子全都软绵绵。

女：哥哥我来跟你讲，悬岩花朵你来抢，要抢鲜花莫怕坡，攀着藤子翻高上。

女：小小哥哥你莫抬，人多场中你莫闹，我们两个相爱了，崔儿打架自上桥。

情歌

太阳当顶莫上坡，坡上无人唱山歌，情姐正在洗衣服，郎含木叶吹下河。

潭里清水慢慢流，一只花船潭中游，双脚跳到花船上，划到对岸为风流。

姐扯猪草沟边走，边扯边吹嘟嘟唱，嘟声吹得郎心动，装作螃蟹钻深沟。

滩上翻浪潭水平，喊郎撑船要当心，若是把船撑翻了，掉到河里淹坏人。

上坡背柴邀好伴，下河打鱼驾好船，恋姐要恋最漂亮，唱起山歌好起范。

不会撑船手发软，撑到河中团团转，左撑右划不前进，急得浑身冒虚汗。

要背好柴上高坡，高坡顶上干柴多，坡上乖姐有千万，选个好的先唱歌。

不会撑船莫摇晃，左一篙来右一篙，舱里进水莫心慌，一边撑船一边舀。

小船靠岸不容易，吓得小哥汗直滴，枉死城边打回转，魂魄才算是我的。

小哥双脚忙上船，一篙撑到河对岸，回头再看姐的脸，依依不舍情绵绵。

见哥双脚踏上岸，长呼一气心放宽，哥若潭中出了事，奈何桥上等几年。

小哥上岸快如风，身影渐隐树林中，且喜终身有依靠，洞房花烛鱼化龙。

奈何桥上不要等，阴曹地府打转身，看来情妹心肠好，不枉舍命走一程。

小小船儿雄又雄，骑岩骑水又骑龙，大风大浪有大路，五湖四海有宾朋。

看到太阳往西落，劝哥赶快渡过河，倘若哥哥放工了，碰到怕的砍脑壳。

楠木造船梓木头，五湖四海任我游，经过几多大波浪，靠过几多大码头。

不当奴才不当官，不种五谷不经商，生意买卖眼前花，农田不如破烂船。

鸟为青山鱼为潭，哥撑大船为连双，月亮高头开酒店，姐来河边为团圆。

十杯美酒定结交

男：玉石桌上摆金杯，土家美酒刚买回，有心请妹同哥饮，杯当证人酒当媒。

女：金樽美酒摆歌台，有情有义我才来，哥莫把妹当客待，让我自饮又自倒。

男：哥敬一杯是真心，说妹子请要领情，妹有情来哥有意，自古仁义值千金。

女：手接美酒第一杯，好双好对还有谁，花留香来蜂留蜜，自古鸳鸯比翼飞。

男：哥我又敬第二杯，酒到面前妹莫推，饮哥这杯敬情酒，饮后有话慢慢陪。

女：手接美酒第二杯，酒到面前我不推，酒不醉人人自醉，一生又能有几回。

男：敬一敬二又敬三，千万莫把手来拦，你我好比亲兄妹，同抱琵琶慢慢弹。

女：哥哥讲话像诗篇，敬一敬二又敬三，得哥这般情和义，要妹怎样把恩还。

男：酒敬四杯四季财，但求妹妹把心开，有缘千里来相会，无缘对面不相换。

女：四杯美酒四季财，哥是灯草妹是台，今日高台同饮酒，良缘如同天赐来。

男：五杯美酒五登科，美酒摆在五石桌，酒逢知己千杯少，话不投机半句多。

女：五杯美酒五斤魁，有情有义才相信，妹陪哥来哥陪妹，好比皇上伴皇妃。

男：六杯酒来禄位高，有情有义来结交，今日哥妹同饮酒，哥怕无缘命不招。

女：一连饮酒到六杯，饮得妹脸红扑扑，不是妹妹讲酒话，妹不念哥会恋谁。

男：七杯敬奉七月七，牛郎织女会佳期，喜鹊架桥来相会，凉水进口甜蜜蜜。

女：饮下七杯对哥言，我俩今日算接缘，结交不是很容易，肝胆相照胜金钱。

男：八杯美酒敬八仙，八仙过海到凡间，人无良缘难来会，花不逢春味不鲜。

女：妹我又把八杯逮，八仙漂海下凡来，洞宾牡丹同饮酒，哥妹饮酒花运开。

男：九杯祝愿长情酒，久情久意在九州，不得同屋共灯盏，也得同天共日头。

女：九杯长情酒长情，罗汉身手摸观音，神仙都有凡心意，何况我俩是凡人。

男：十杯敬奉福寿全，情深喝水也觉甜，生吃萝卜也有味，炒菜不要放油盐。

女：酒逢知己千杯少，话逢知己水滔滔，今日饮了同心酒，十杯美酒定结交。

四、生活歌

嫁女谣

红门楼儿白粉墙，你家有个小姑娘，十五六岁做闺女，十七八岁要离娘。
儿上轿来娘心慌，乖乖女儿要听话，你到婆家做媳妇，莫贪睡眼长卧床。
早早起来出洞房，洗过手要上灶房，洗过脸来要抹光，淘米要淘二道水。
切莫偷米口里尝，炒菜要炒油和菜，先放盐来后加汤，菜好吃来气味香。
全数铲出用碗装，公婆看了心喜欢，既不咸来又不淡，才合口味好下饭。
对丈夫定要亲爱，规矩莫让夫讨厌，对丈夫要宽容点，恩恩爱爱过往年。

嫁女歌

炮火连天闹沉沉，亲戚朋友喜盈盈，大家同来喝喜酒，恭贺贵府嫁千金。
里里外外是嫁妆，绫罗绸缎几十床，柜子打的金银柜，箱子卖的百宝箱。
买了好多新电器，空调冰箱样样齐，全部都是高科技，还有平板电视机。
父母吃苦把女养，一费米来二费钱，好像黄瓜打来尝，先吃苦来后吃甜。
凤凰长大离娘飞，女儿长大要子归，明早女儿离家去，十天半月又转回。
女儿长大要出嫁，儿子长大要分家，好像后院种大蒜，分得越多越肯发。
今日良辰对美景，贵府千金出家门，离了爹娘走鸿运，矮子上楼步步升。
贵府千金像只凤，婚姻配对一条龙，水爱鱼来鱼爱水，相敬如宾情意浓。
贵府千金人才好，好像仙女下九霄，走到路边人人爱，走到山中百鸟朝。
贵府小姐好漂亮，好像丹桂万里香，儿女本来自父母，真是师高弟子强。
女儿明早出闺门，两家变成一家人，两边父母同对待，切记不要两样心。
从此两家变一家，祝愿你们都要发，家发好像涨洪水，人发好像笋子插。

唱织锦

永顺土家老司城，几百年间土家族人，勤劳耕织是根本，挑花绣朵样样能。
几百年来传到今，一代更比一代精，家织麻布是精品，西兰卡普真爱人。
哥到田边把田耕，妹妹绣花更认真，男耕女织家和顺，幸福生活万年青。
妹妹绣花是能人，绣出百鸟来争鸣，百花争艳色色新，八仙过海绣入神。
领导来到老司城，鼓励土家儿女们，男耕女织更有劲，绣出山河色色新。
领导来到我家门，妹妹绣花更精神，小孩腰带绣一捆，土花铺盖绣真情。
上绣宗保穆桂英，下绣牛郎织女情，左绣七姐配董永，右绣送郎十里亭。

划船歌

游客要去司城玩，土家山寨过渡船，土家山寨好风光，游客各个好心欢。

司城渡口上了船，客人安心坐稳当，坐在船上仔细看，风景优美如画廊。

游客船上观景玩，船上艄公开了船，土家儿女山歌唱，艄公撑船很稳当。

游客船上把景观，风光优美紫金山，绿水环绕山湾岸，独一无二世无双。

顺水推舟往下游，又到南门的码头，南门码头目关注，鱼儿飘游水上浮。

游船开到狮子口，狮子口里样样有，百鸟争鸣山水秀，观见河中鸭子游。

不仅鸭子水上游，山清水秀环山绿，土家儿女勤耕作，绘出美好的蓝图。

游客观景往下游，来到魏家这码头，魏家码头风景秀，鸟语花香最瞩目。

观看魏家这码头，从古到今把人出，土王经常这里住，人们修起幸福楼。

魏家看了幸福楼，大滩口里看岩头，大滩口里沙滩转，行船注意碰破舟。

沿河风景看不完，游客要上祖师殿，祖师殿里好游览，名胜古迹逗人观。

祖师殿里有奇观，一口大钟吊中间，两座菩萨真好看，楠木柱头大又长。

殿后青山世少有，龙脉来得雄赳赳，就像罗汉来晒肚，空怕世上难我出。

对面青山绿油油，山清水秀现石头，这个石头世少有，活像美女把头梳。

祖师殿内景齐全，三五六次看不完，游客有心多观看，下次请你再来玩。

顺着古道往前行，两旁松树绿茵茵，前人留下松木景，留到现在万年青。

古道两旁松树旁，前任修路连人心，花桥配出好风景，游客看了最成心。

顺着松柏古道上，沿路来到摆手堂，摆手堂里跳摆手，团转旺角修齐全。

两旁松柏树长青，古道修得精又精，土王在此把兵领，经常用兵歼敌军。

老司城里摆手堂，从外到内进四房，转角泥瓦千万片，一十六柱用方连。

两边板凳摆齐全，几副对子贴两旁，金瓜吊了团团转，八仙过海雕齐全。

摆手堂内修得全，还有邻居和街坊，全村修得一个样，家家楼子配厢房。

修了楼子和厢房，寨寨户户道路连，鹅卵石板很好看，感谢大家来帮忙。

五、盘歌

借八样

问：阳雀一叫里贵阳，我和你姐借八样。一样借你盘山路，二样借你何闪光。

答：阳雀一叫里贵阳，我姐哪有这八样。高山才有盘山路，天上才有何闪光。

问：三样借你糖包饼，四样借你饼包糖。五样借你鸳鸯枕，六样借你象牙床。

答：糖铺才有糖包饼，饼铺才有饼包糖。裁缝才有鸳鸯枕，木匠才有象牙床。

问：七样借你蛋八片，八样借你救命王。我男没找错地方，样样出到姐身上。

答：带早才有蛋八片，药铺才有救命王。你男尽找错地方，样样都到大街上。

六、即兴创作歌曲

师费心

双凤山寨亮澄澄，师生来到土家村，土家老少把你尊，拍起双手来欢迎。

农民耕种望收成，老师耕耘培养人，农民只望收成好，读书只望跳龙门。

只有老师多费心，男女学生进校门，学生毕业往上升，校内剩下摆渡人。

只有老师费尽心，苦口婆心教学生，优生差生都同等，个个都是接班人。

只有老师操尽心，有些学生不长进，手把手来把他教，只望差生赶优生。

只有老师最关心，老师如同父母亲，祖国花朵是学生，苦了园中栽花人。

白天教学忙不停，晚上备课伴孤灯，他为学生操尽心，培养国家栋梁人。

师像父母来关心，只望学生个个行，男女学生长成人，个个都是高才生。

读完小学初中升，书越读多越聪明，万丈高楼平地起，千万别忘奠基人。

唱首山歌来谢恩，感谢园中栽花人，老师个个都费心，还情不起要记情。

老师恩情唱不尽，棕树脚下万条根，只有老师受人尊，教育事业万年春。

土家美景

鸟语花也香，万物迎朝阳，万物沐浴着阳光，大地像湿床。

爆竹迎新春，辞旧把新迎，敲响羊年的钟声，买进羊年门。

红梅把春扳，引出梨和桃，风景司城滩最好，永顺新大桥。

桥上把酒饮，枝上有鸟鸣，桥下还有水流声，环境最迷人。

花儿和小草，迎风把头摇，神州大地春来早，雨湿地杏桃。

世界在唤醒，土家摆风情，双凤坡上是美景，居住幸福人。

来到我土家，青春在焕发，遥看家乡变化大，枯木吐新芽。

美丽的家乡，发展步伐忙，土家女儿把歌唱，新春喜洋洋。

土家的新春，民族的风情，司城王村里的古镇，吸引着游人。
原始的土家，向世界表达，这边风景美如画，美食也发达。
美食最可口，风土与民俗，双凤茶叶最湿喉，还有腊香肉。
土家腊肉香，吃次想断肠，双凤茶叶真的香，世界美名扬。
吉思高速路，正在修高速，翻山越岭畅无阻，天堑变通途。
双凤旅游梦，万紫与千红，司凤展翅迎彩凤，土家有巨龙。

附录3 哭嫁歌

(以下歌曲均由村民严水花和永顺县民族事务局提供,笔者整理所得)

(土家语歌词均为同音字代替,歌词均遵循原作)

一、独哭

哭阿巴、爬铺(土家语)

压义爬铺、阿八呀!义业葱被命差叉,奶卖保多业粗鹅湖,被哇主卖保义压长哟,义若波又草次,切谢业义压波列莫嘎。压劳子保爹业粗也了没,爬铺、阿八孝敬着踏梯,义业葱被不孝业保治了啊,月想月没嘎,月想里可保地,压业阿八、爬铺。

哭安摆、安业(土家语)

压义安摆、安业呀!安把怕交那支翁啊,被哇主你你压聋波戏啊,你比阿业、阿巴都着业啊!你压阿业,爹爹打遮啊!你业差力及梯设压姐莫保爹也卖,压设那洞照顾着他梯,压义安摆、安业,压空些买设把的呀!安摆、安业。

哭舅舅、舅娘(土家语)

压义舅舅、舅妈呀!设千辛万苦买那又鹅,鹅莫安粗也啊!义业外甥买,义多聋波习打波。泽源头谢,长豪根之谢。阿业亲舅次业、母业谢,咪咪嘎,翁波许啊!乃粗业不撮买,舅舅次,舅舅业恩情德波许。你义外甥没黄莲嘎了打遮。保爹业粗也了没,苦莫设啊,压义舅舅、舅娘呀!

哭侄女(土家语)

压义姑娘嫲嫲呀!义压若波又草日啊!若血日买你阿鹅,泽苦泽也义爹阿鹅许呀!啊,压义姑娘嫲嫲呀!被哇主八谷八你压窝,保爹打、打哈你压护没。劳芝压保爹月粗也了没,那月多日次鹅,思多思列着太呀!啊!月想月设嘎,压义姑娘嫲嫲呀!

哭媒(汉语)

高山木叶垒成堆,问哥会吹不会吹。哥把木叶吹响了,只动歌声不动媒。

好水洗衣不用捶,好哥爱妹不用媒。两小相约白岩下,林中双双把歌对。铜匠打铜不用铜,油炒豆子不掺汤。只要你我情意好,没有媒人也成双。天上无云不下雨,地上无媒不成亲。媒人吃了千家饭,尽做好事配姻缘。她在婆家吃碗饭,说她家里有几万。她在男家端杯酒,就说男家样样有。媒人尽念多好,不怕两天烂舌根。

哭媒(土家语)

所垅主惹服剥到,肉吃灶孔恶兔卡务了。惹服波在嘎泽兔了,义阿捏阿巴。思你图嘎阿可,义钠铁捏迫路没。义他爹来把剥莫,阿底西巴。

二、对哭

母女对哭(土家语)

娘哭:可梯泽哈八梯请,黑月脾气解鹅分,可梯泽哈啊丝之,差哈业脾气解及多。

女哭:可梯泽哈八梯请,黑月脾气没得生,可梯泽哈啊丝之,差哈业脾气解哈梯。

母女对哭(土家语)

娘哭:压捏它爹来呀,阿业你波那月都太约,他爹来呀,啊么么!左岩麻日那胡,加火哈麻也日那麻,那也啊土起列了;草则天久又也了,怕交嘎哈又谷了,堂屋起列了啊!喊聋嘎又也了,压业它爹来呀!

女哭:阿业,你压挂率他多,压阿业又样打,压多啰爹姐多它梯,压业阿业爹爹呀!啊么么!

娘哭:压业它爹来没,那爹波列了没,粗惯时到,它爹来月啊么么!

女哭:你业没力波那业,你啊爹波又杀坡了啊!

3.陪哭

嫂哭(土家语)

压岩妈没又硬做,可他没叔,可空没入了。哈惹来那爹塔多胡。他爹爷爷菜把波列,你啊爹粗也了,啊爹你,个多聋波波可打遮带。压业阿惹来呀!啊……

妹哭(土家语)

压业阿可,压义茶尺,压设打翁莫惯时了啊,保爹粗也了没,压保爹业阿业,阿巴,千岁爹。顺多它梯,压七莫翁莫惯爹习啊!

二姐哭（土家语）

你没它嘎来，它芝骨啊，压业阿热来呀！阿巴离你那胡难不是啊！王思多汉新那，你紧他没没嘎啊！俣多粗也了没，没的多，杀入多。俣爹业，阿业，阿巴波又又多。俣巴顺从多，千岁爹它代忙，叔叔也了，又圆地胡。王时多汉里那，梭业了没，你又松可底没，阿业，阿巴，巴丢按他又革次啊！

婶娘哭（土家语）

压义波力，压义他爹来呀！义被哇就压打翁波习啊！你压波西把咱来，若血日。长铺它来子食舞，义压波长窝买吾长波啊！你聪明又能干，杰又巧来咱起波惹啊！你老子俣爹业粗波早买，安业惯时到啊？安摆、安业你舍不得呀！压义波力，你没他嘎，俣爹业粗也了没。个多粗打遮啊，义黑地多呀！俣爹业巴孝顺多，时间些买松可，阿业、爹爹、安摆、安业把的多啊，压义他爹来呀！

侄女哭（土家语）

压义没力没他嘎，啊！义他治谷啊！聪明能干业侄女波力呀，义切都日得习啊！长铺它习香来，它习惹可喧，你阿业、阿巴闹闹热热你坡陆啊，许兰长铺样样谢，俣爹粗也了，贵人日。压义他爹来侄呀！劳芝俣爹业粗波早，切时节义把多爹习啊！

娘哭（土家语）

压义他爹来呀！义没它嘎来它只古，义波治嘎业业时所那啊，他爹来呀！啊！你俣爹业粗也了没，你没的多，你耐烦多啊！俣爹业阿业、阿巴孝顺多啊！杀利没之喧利，俣爹义接没，轻轻莫提，过贵荣尺打哈和睦多，千安爹波顺从多，阿业杀你得波多，压义他爹来呀！啊！你俣爹业粗也了没，大豆子楼嘎谷，业菜长啊！步步嘎哈谷，他爹来呀！啊！

娘哭（土家语）

压业他爹来呀！你乃那铁，他不服，他力翁，你那摆那摆莫，他得几，你他华几，他爹来呀！压业他爹来也！你大得粗来大不服，你大得粗来大里翁，压业他爹来呀！阿业、阿巴没，你波里克不思，你阿业、阿巴没打哈，哈打这来哈大鹅了，压义他爹来呀！啊！你那聋翁得习，那聋翁他梯拉，他爹来～呀！

娘哭（汉语）

我的女呀来的儿，你今晚上莫伤心来莫流泪，你在爹娘身边长到那么大，过了那么得久，吃穿都跟爹娘过，是爹娘怠慢了你，不是爹娘不痛你，我的儿，我的女，等得一年等不起一年。

附录4 摆手歌

（以下歌曲均由永顺县民族事务局提供，笔者整理所得）

（歌词均遵循原作，未做修改）

一、请土王词

土王爵主爷爷也，摆手堂里热闹了。大红对联贴起来，大红灯笼挂起来，你的孙孙仔仔哩，手上拿着火把，从山山岭岭下来，络绎不绝，看着看着哩，快到摆手堂了。

土王爵主爷爷也，做社巴的时候哩，大家记着爷爷了。喝酒要请爷爷来，吃肉要请爷爷来，你笑下笑下动身吧，你笑眯眯地上路吧。凉风习习吹来了，你驾起云头飞来吧。打鼓打锣闹起来，社巴快点做起来。你身边讲话的人哩，你身边报话的人哩，戴着长长帽子的人，拿着乌梢鞭子的人，给你搬旗子的人，给你挎袋子的人，你把他们都引来啰。土王爵主爷爷也，好的乖的你引来，有的多的你拖来啰，天瘟地瘟莫引来，年瘟月瘟莫拖来，牛瘟猪瘟鸡瘟莫引来哩。那些坏的东西，那些肮脏东西，你把它甩在十里茅岗去吧。

土王爵主爷爷也，请你快要动身哩，孙孙崽崽们哩，鼓起眼睛望着哩，张起耳朵听着哩，灯亮给你点着哩，香哩给你烧着哩，猪头给你供着哩，糖哩给你泡着哩，虎皮给你供着哩，猴掌给你留着哩。寒鸡肉给你炕着哩，野鸡尾巴给你插着哩，狐狸尾巴给你挂着哩，土王爵主爷爷也，你在世一代人王，死了一代神王，是人没有你大哩，是神没有你大哩。土王爵主爷请到了。

二、敬土王词

土王爵主爷爷，天亮亮哩风习习，爵主大驾到临了，孙孙崽崽要敬你，爷爷哩，他当着灯亮坐着哩，双手正摸长胡子，两脚翘得很高，笑笑眯眯看着哩，跟随他的那些人，左右两旁伺候哩，天上敞敞的吗？席子盖着哩，风吹习习的吗，麻布帐子挂着哩，没有龙皮作坐垫，土花被面铺着哩，没有公案吗？白果树桌子摆着哩，没有好茶喝吗？蜂糖开水冲着哩。样样东西准备了，样样东西安排了，你要做个欢欢喜喜的样子哩。

土王爵主爷爷，苞谷酒是蜂糖泡着的，你一口一口地喝啰，猪脚肉一瓣一瓣地割着的，你一瓣一瓣地吃啰，你要慢慢地嚼哩，你要慢慢地咽哩，毛手毛脚做不得哩，饿吼饿颈做不得哩，牙齿怕扯痛哩，喉咙怕塞痛哩。

土王爵主爷爷，那苞谷真的久哩，今年的好些哩，那个猪粒哩，今年的重些哩，那个糖粒哩，今年的乖些大些哩，那个小米粑粑哩，今年的好吃些哩，那个黄豆豆腐哩，今年的好看哩，孙孙仔仔穿戴哩，今年的新些哩。爵主爷爷，你的孙们儿们哩，打鼓打锣过来了，手摆摆哩脚摆摆哩，屁股摇摇摆摆哩，社巴坐上了，巴也盘冬坐上了，哺哺也哺唱在了。土王爷爷也，瞪着眼睛看着的，张起耳朵听着的，捧着嘴巴笑在了，涎水哗哗流在了，手舞足蹈做在了，做得不好莫讲哩，唱得不好莫骂哩。打猎打虎的人有哩，做工夫的人有哩，扯草背柴的人有哩，晒太阳的人有哩，淋大雨的人有哩，背重背的人有哩，走长路的人有哩。苦尽苦竭了，骨头带血了，脸上长角了，肩膀压成死肉了，脚板踩成石头了，一年过去了，爷爷记到了，手头不宽裕，想得到做不到了，爷爷要原谅儿们孙们。

三、送土王词

土王爵主爷爷，六天六夜了，玩也玩饱了，酒也喝醉了，饭也吃饱了。到了今天，送爷爷的时候到了，儿们孙们要找一年的门路，陪你玩耍的日子没有了，爷爷也，怎么来的哩怎么转去哩，孙仔们有一句话，请爷爷你要听着。你在生是个能人，铁桶江山你坐了，天上地下你管了，上头管到湖北湖南，下头管到云贵四省，百说百灵了，怎样讲怎样成了，你保护了儿们仔仔们，日子好过了。你死后成了灵神，天上的事你管了，地上的事你管了，你保护了孙们仔仔们，日子好过了。今天你要转去了，孙们仔仔们哩，爷爷靠着哩，打猎要有所得，做阳春要有收成，要晴的时节出太阳，要雨的时节就落雨，家里养好牲畜，吃用都有依靠，养猪猪要肥，养鸡鸡要肥哩，给豹狗放不得话，给野猫松不得口，嘴巴乱开不得哩，嘴巴乱讲不得哩，天瘟地瘟拖出去吧，年瘟月瘟引出去吧，那个脑壳痛的一些病哩，那个心里痛的一些病哩，那个时冷时热的病哩，那个鲜血淋淋的一些凶事哩，那个狗子夜里哭的，那个母鸡叫的，一些不吉祥的事，你把它们统统引去吧。土王爵主爷爷，明年收成好了，孙们儿们哩，再把你请来哩，我的话根莫长了，我的舌根不长了，一背篓要讲的话，讲一句就完了。

四、扫堂词

社巴做了几天几夜，送走了土王爷爷，搬起一把扫帚，要把好的扫进来，要把坏的扫出去，那些好天好地的，好年好月的，好屋好路的，风调雨顺的，世界太平的，扫帚放在这里吧。那些种什么什么生的了，那些种什么什么好了，种什么什么得了，小谷穗像牛缆索一样哩，谷子穗穗马尾巴样哩，苞谷地均水牛角一样哩，黄豆秋秋喜鹊窝一样哩，芝麻秧秧吊脚楼一样哩，麻的根根南竹一样哩。扫哩这里放着哩，那个养猪儿水牛一样哩，养个水牛儿老虎一样哩，养个鸡婆蒲凳一样哩，下个蛋儿银珠子一样哩，娶个老婆哩，花一样的美哩，养的儿子哩，狗一样的好养哩。公公婆婆嘛，灯亮吹不熄了，豆腐咬不破了，什么到这里放着吧，那个睡着的有个伴哩，痛着的有人看哩，吃得软软的，穿得新新的，走路有人引，坐着有人陪哩，扫把这里放着啰，那个国泰民安的，风调雨顺的，地方清洁的，老少平安的，五谷丰收的，六畜兴旺的，刀兵不起的，瘟疫不兴的，毕兹卡的日子好过了。扫到这里放着哩，打猎的人得肉了，捉鱼的人得鱼了，做阳春的人丰收了，读书的人有出路了，守牛的人把牛赶上山坡，守羊的人把羊赶上岩坎，老虎跑得远远的，恶蛇睡得沉沉的，守牛哥哥去背柴，牛儿羊儿吃饱了，赶着牛羊放工了。扫帚哩这里放着吧，那个睡着噩梦做了，睡在床上哼了，站一下哩两脚打抖，上几步坡哩一见饭来眉毛弯了，一见碗来心里怕了，挂着拐棍咳嗽不断了，狗子哩夜里在哭哩，鸡婆哩白天在叫啊，树上老鸦叫，楼旁猫儿跳，野猫躲在鸡栏下，老虎爬在猪栏边，这些哩扫到别处去了吧。那些爱吃爱喝的人哩，怕晴怕雨的人，怕出汗水的人，屋里坐不住的人，不讲爹娘的人，不讲兄弟的人，屋里的人成了淤泥，外头的人当作鲜花，见屋里的人脸儿板起，见外头的人笑笑眯眯，不背柴不挑水，夜里睡不着早上起不早，这些人哩扫到别处去吧。毕兹卡哩，千年发达了，万年兴旺了，子子孙孙哩，笋子一样升起来，鱼儿一样发起来哩，扫哩这里放着哩。

参考文献

[1]李哲.湘西少数民族传统木构民居现代适应性研究[D].长沙：湖南大学，2011：10-13.

[2]周婷.湘西土家族建筑演变的适应性机制研究[D].北京：清华大学，2014：17-18.

[3]段超.试论改土归流后土家族地区的开发[J].民族研究，2001(4)：95-103，110.

[4]龙先琼.改土归流时期的湘西开发及其社会历史变迁[J].吉首大学学报(社会版)，2011，32(6)：41-45.

[5]罗俊敏.大遗址保护与考古遗址公园概念设计[D].长沙：湖南师范大学，2013.

[6]曹玉凤.湘西土家族聚居区传统民居变迁的文化传播学研究[D].长沙：湖南大学，2009：18-22.

[7]彭官章.试论土家族封建农奴制度[J].民族论坛，1983(0)：31-39.

[8]符志华.湘西芙蓉镇景观意象研究[D].成都：四川农业大学，2012：10-12.

[9]宋仕平.土家族古代社会制度文化研究[M].北京：民族出版社，2007：43-53.

[10]段超.试论土司时期土家族地区教育的发展[J].贵州民族研究，1994(2)：158-163.

[11]土家族简史编写组.土家族简史[M].长沙：湖南人民出版社，1983：133.

[12]马翀炜，陆群.中国民族村寨调查丛书——土家族湖南永顺县双凤村调查[M].云南：云南大学出版社，2004：2-15.

[13]孙杰.竹枝词发展史[D].上海：复旦大学，2012：19-34.

[14]陈廷亮，杜华.溪州竹枝词中的土家语词释义[J].湖北民族学院学报(哲学社会科学版)，2011，29(5)：29-32.

[15]郑流云.试论武陵山片区城镇化进程中的"村落文化"保护[J].贵阳学院学报(社会科学版)，2013，8(5)：58-61.

[16]陈孝荣.土家歌舞[J].中国三峡建设，2006(4)：53.

[17]黄柏权.土家族乐器一览[J].民间艺术，1991，(4)：155-157.

[18]潘光旦.湘西北的"土家"与古代巴人[C]//潘光旦.民族研究文集(第三集).北京：民族出版社，1995：116-297.

[19]陈正慧.土家族族体形成问题研究综述[J].贵州民族研究，2003(1)：169-176.

[20]徐中舒.论巴蜀文化[M].成都：四川人民出版社，1982：98.

[21]彭官章.从语言学角度谈土家族源问题[A]//湘西土家族苗族自治州民族事务委员会.土家族历史讨论会论文集.吉首:湘西土家族苗族自治州民族事务委员会,1981:101-102.

[22]谭其骧.近代湖南人中之蛮族血统[J].史学月刊,1959,2(5):20-23.

[23]刘美崧.试溯湘西土家族的族源——兼探土家先民"蛮蜒"与楚、巴、濮等的关系[A]//湘西土家族苗族自治州民族事务委员会.土家族历史讨论会论文集.吉首:湘西土家族苗族自治州民族事务委员会,1983:150-156.

[24]何光岳.虎方、白虎夷的族源和迁徙——论土家族主要的一支先民[J].中南民族学院学报,1986(1):47-52.

[25]朱文旭.从彝语支土家族族称看僰及乌蛮源流问题[J].中央民族大学学报,1997(3):61-66.

[26]何光岳,彭秀.巴人的来源和迁徙[J].民族论坛,1986(1):13-20.

[27]曾超.巴人尚武精神研究[D].北京:中央民族大学,2005:13-20.

[28]史为乐.谈地名学与历史研究[J].历史研究,1982(1):187-192.

[29]徐美辉.湖南非物质文化遗产普查报告(一)[J].文艺生活(艺术中国),2012(9):112-119.

[30]宋仕平,娜拉.土家族原始宗教信仰体系的主要内容及表现形式[J].湖北社会科学,2009(12):193-196.

[31]宋仕平.土家族传统制度文化研究[D].兰州:兰州大学,2006:162.

[32]中共中央马克思恩格斯列宁斯大林著作编译局.马克思恩格斯选集[M].北京:人民出版社,1972:35.

[33]胡炳章.土家族文化精神[M].北京:民族出版社,1999:24.

[34]朱天顺.原始宗教[M].上海:上海人民出版社,1982:206.

[35]朱天顺.中国古代宗教初探[M].上海:上海人民出版社,1982:206.

[36]李亦园.人类的视野[M].北京:中国民间文艺出版社,1996:227.

[37]归秀文.土家族民间故事选[M].上海:上海文艺出版社,1989:45.

[38]游俊.土家族祖先崇拜略论[J].世界宗教研究,2000(4):114-124.

[39]邓红蕾.道教与土家族文化[M].北京:民族出版社,2000:92-93.

[40]王晓朝.宗教学基础十五讲[M].北京:北京大学出版社,2003:43.

[41]恩伯.文化的变异[M].辽宁:辽宁人民出版社,1988:484.

[42]马广海.论巫术信仰的合理性根据[J].民族研究,2009(4):85-93.

[43]杨昌鑫.土家族风俗志[M].北京:商务印书馆,1989:202.

[44]彭继宽.土家族原始宗教述略[J].民族论坛,1996(3):50-54.

[45]尚立昕,向延振.张家界市情大辞典[M].北京:民族出版社,2001:230.

[46]万里.湖湘文化大辞典·下卷[M].长沙:湖南人民出版社,2006:1319.

[47]史仲文,胡晓林.中华文化习俗辞典·文化习俗[M].北京:中国国际广播出版社,
1998:380.

[48]柏贵喜.试论道教对土家族的影响[J].民族论坛,1992(3):61-64.

[49]张健.精神世界概念[J].肇庆学院学报,2004(3):9-13.

[50]李岑.湘西土家族丧葬文化及其伦理研究[D].长沙:中南大学,2010:20-22.

[51]李岑.湘西土家族葬礼仪式文化研究[J].科技信息,2010(11):578-579.

[52]李忠斌.民族精神与土家族传统文化[J].民族论坛,1995(1):64-70.

[53]李忠斌.论民族文化的当代价值:以土家族为例[J].边疆经济与文化,2005(12):
64-66.

[54]王司瑜.中国古代教化思想及方式研究[D].哈尔滨:黑龙江大学,2013:10-12.

[55]李资源.中国少数民族伦理道德的起源和发展规律研究[J].黑龙江民族丛刊,2004
(6):71-76.

[56]张苓.道德的起源[D].济南:山东大学,2014:92-103.

[57]李迎春.湘西少数民族环境习惯法研究[D].长沙:中南林业科技大学,2012:
23-26.

[58]永顺县地方志编纂委员会.永顺县志[M].长沙:湖南出版社,1995:554.

[59]刘伟,严红枫,叶辉.乡贤回乡,重构传统乡村文化[N].光明日报,2014-07-02
(01).

[60]张颐武.重视现代乡贤[N].人民日报,2015-09-30(7).

[61]张国强.河南非物质文化遗产的知识产权保护研究[J].南阳工学院学报,2012(3):
19-20.

[62]李伟.论土家族丧葬的狂欢精神——以娱神仪式为例[J].涪陵师范学院学报,2005
(1):57-60.

[63]吴秋英.南楚民族服饰的民俗特点[J].山东纺织经济,2002(5):67-69.

[64]张昌羽.湖北民族地区村落文化建设[D].武汉:华中农业大学,2008:33-40.

[65]刘泽友.湘鄂西土家族家族司法研究[D].湘潭:湘潭大学,2009:32.

[66]张逸,张梦妮等.鄂西南与湘西北土家族跳丧舞比较[J].北京舞蹈学院学报,2015
(2):95-98.

[67]陈校荣.土家撒叶嗬[J].福建论坛(社科教育版),2008(1):77.

[68]覃金福.酉水流域土家年传承现状研究[D].北京:中央民族大学,2013:20-30.

[69]《中国民间歌曲集成》湖南卷编辑委员会.中国民间歌曲集成·湖南卷[M].长沙:
《中国民间歌曲集成》湖南卷编辑委员会.1994:1118.

[70]陈洪.亦吹亦打巴人风——土家族乐器一览[J].民族大家庭,1994(Z1):68-70.

[71]王吉林,陈晋璋.非物质文化遗产的权利主体研究[J].天津大学学报(社会科学版),
    2011(4):322-326.

[72]向华.土家族民间小戏与岁时节日习俗[J].中南民族大学学报(人文社会科学版),
    2006,26(3):72-76.

[73]王竞.湘西土家族摆手舞的活态传承研究[D].长沙:湖南师范大学,2014:6-8.

[74]段绪光.巴渝舞的源和流[J].中南民族学院学报(哲学社会科学版),1984(4):
    115-119.

[75]屈杰,刘景慧."摆手舞"与土家族生命本体力量的展示[J].怀化学院学报,2005,24
    (3):17-20.

[76]李君.土家族摆手舞衍化形态的研究[D].北京:中央民族大学,2011:8-15.

[77]陈延亮,陈奥琳.土家族摆手舞的祭祀功能初探——土家族民间舞蹈文化系列研究之
    八[J].三峡大学学报(人文社会科学版),2009(6):24-28.

[78]金娟.土家族毛古斯舞的原始发生[J].西北民族研究,2009(1):171-176.

[79]张伟权."茅古斯"的土家族称谓解析[J].三峡大学学报(人文社会科学版),2007
    (11):103-107.

[80]张伟权.茅古斯研究——土家族远古生存文化破译[M].武汉:崇文书局,2008:15.

[81]金娟.湘西双凤村土家族毛古斯舞的调查与研究[D].北京:中国艺术研究院,2009:
    2-21.

[82]张远满.文化传统中的民俗——关于土家族"毛古斯"的田野考察[J].戏剧文学,
    2012(6):103-107.

[83]费孝通.江村经济[M].北京:商务印书馆,2001:334.

[84]肖笛,张辉.土家族打溜子的文化特征探析[J].贵州民族研究,2013,34(5):
    65-68.

[85]田珺.论湘西少数民族优良民俗的思想政治教育功能[D].中南大学,2010:15-18.

[86]李改芳.湘西打溜子述略[J].武汉音乐学院学报,1995(3):48-54.

[87]李开沛.土家族打溜子的传承与变迁研究[J].中国音乐,2010(2):116-121,127.

[88]李慧丹.土家族"哭嫁歌"[D].苏州:苏州大学,2013:25.

[89]李真.湘西土家族非物质文化遗产保护的问题与对策[J].凯里学院学报,2008(5):
    6-10.

[90]罗奋飞.静止的文物活着的文化——老司城土家族非物质文化遗产撷英[J].民族论
    坛(时政版),2013(1):21-24.

[91]苏晓.湘西土家织锦图案在室内装饰设计中的运用研究[D].长沙:中南林业科技大
    学,2014:9-15.

[92]刘恋.湘西土家族织锦图案审美特征及应用研究[D].湘潭:湖南科技大学,2011:

2 - 10.

[93]雷家森.挖掘民族服饰文化,展示民俗旅游风姿[C].金星华.民族文化理论与实
践——2004年首届全国民族文化论坛集.北京:民族出版社,2004.

[94]罗源.湘西土家族织锦技艺传承研究[D].北京:中央民族大学,2013:11 - 13.

[95]石亚洲.土家族非物质文化遗产保护的思考[J].中南民族大学学报(人文社会科学
版),2008,28(3):66 - 69.

[96]谢芹.湘西土家族服饰艺术的研究[D].苏州:苏州大学,2011:15 - 25.

[97]万里.湖湘文化大辞典·下卷[M].长沙:湖南人民出版社,2006:1515.

[98]林皎皎.中国古代建筑与传统文化[J].福建农业大学学报(哲学社会科学版),2014
(1):91 - 93.

[99]李哲.湖南永兴县板梁村建筑布局及形态研究[D].长沙:湖南大学,2007:9 - 10.

[100]李思宏.湘西山地村落形态特征研究[D].长沙:湖南大学,2009:8 - 9.

[101]张岳望.古村张谷英的风水格局与环境意象[J].中外建筑,2001(2):25 - 27.

[102]周卫东,姚芳.湘西土家族民居聚落中的"道"与"礼"[J].中外建筑,2010(5):
90 - 92.

[103]李金霞.湘西永顺山区土家族村落乡土景观的探究[D].西安:西安建筑科技大学,
2015:38 - 42.

[104]陈轶波.传统聚落空间组构形体研究[D].长沙:湖南师范大学,2013:18 - 25.

[105]晏雪晴.张谷英村聚落景观空间形态研究[D].长沙:中南林业科技大学,2012.

[106]周恬.水与湘西村镇空间场所的关联性研究[D].长沙:湖南大学,2008:18 - 19.

[107]饶卓颖.土家吊脚楼及民族旅游场景下的象征意义初探[D].北京:中央民族大学,
2010:10 - 15.

[108]土田充义,杨慎初.中国湖南省的汉族及少数民族民家[M].日本:中央公论美术出
版,2003:335.

[109]刘颖.土家传统民居装饰语言研究[D].武汉:武汉理工大学,2013:13 - 21.

[110]柳肃.湘西民居[M].北京:中国建筑工业出版社,2008:69.

[111]郭思云.农耕文化下的湘西土家族民居建筑装饰研究[D].株洲:湖南工业大
学,2014.

[112]汪之力.中国传统民居概论[J].建筑学报,1994(11):52 - 59.

[113]周亮.渝东南土家族民居及其传统技术研究[D].重庆:重庆大学,2005:98 - 116.

[114]黄炎.渝东南土家族火塘文化与建筑组合空间浅析[J].重庆建筑,2014(2):
16 - 19.

[115]周婷.湘西土家族建筑演变的适应性机制研究[D].北京:清华大学,2014:
145 - 147.

[116]邹冰玉.贵州干栏建筑形制初探[D].北京：中央美术学院，2004：24-29.

[117]吴正光.苗寨建筑探秘[J].中央民族学院学报，1991(3)：57-59.

[118]黄春岚.浅谈安义古村民俗与木雕艺术的文化意蕴[J].南方文物，2007(3)：
119-120.

[119]江宝玉.湘西凤凰传统建筑装饰特征研究[D].株洲：湖南工业大学，2015：26-27.

[120]LI Z, S L, YU Z W. Improvement of Thermal Performance of Envelopes for Traditional
Wooden Vernacular Dwellings of Tujia Minority in Western Hunan[J]. Journal of Central
South University, 2016, 23(2)：479-483.

[121]木村建一.民家的热环境论[M].东京：丸善社，1993：31-40.

[122]李哲，柳肃.湘西侗族传统民居现代适应性技术体系研究[J].建筑学报，2010(3)：
100-103.

[123]胡启春，施国中，梅自力，等.畜禽养殖专业户沼气装置研究[J]，中国沼气.2003，
18(3)：51-55.

[124]王映梅.西北传统民居建筑的适宜性技术应用分析[J].中国科技信息，2010，35
(18)：54-55.

[125]木原啓吉.歴史的環境：保存と再生[M].東京：岩波書店，2007：12-15.

[126]伊藤ていじ.日本民家再生集成：商業実例編[M].東京：毎日新聞社，2010：
30-35.

[127]邱明，宣建华.郑宅历史文化保护区保护策略研究[J].规划师，2004(1)：18-20.

[128]滕俊.醉在双凤村[J].民族论坛，2011(11)：30.

[129]冯骥才.传统村落的困境与出路——兼谈传统村落是另一类文化遗产[J].民间文化
论坛，2013(1)：7-12.

[130]郑土有."自鄙"、"自珍"与"自毁"——关于古村落文化遗产保护的思考[J].云南
社会科学，2007(2)：135-137.

[131]徐春成，万志琴.传统村落保护基本思路论辩[J].华中农业大学学报(社会科学
版)，2015(6)：58-64.

[132]王艳.旅游者民族文化真实性感知研究[D].湘潭：湘潭大学，2009：1.

后 记

　　书稿付梓之时，已历三载寒暑。作为一名建筑学人，第一次尝试从民族学、民俗学、宗教学、规划学等多学科交叉的角度，全面而详细地研究一个土家族的古村落，其间经历了很多疑惑、迷茫、纠结和挫折，尽管最后的成果仍然还有很多不足之处，但这段经历已经成为我学术成长的见证。

　　感谢湖南省哲学社会科学基金重大委托项目"记住乡愁——湖南十村十记"对本书写作和出版的支持；感谢中南大学中国村落文化研究中心胡彬彬教授在写作过程中的悉心指导和帮助，胡先生致力于村落文化研究四十载，足迹遍布大江南北，至今还奔波在田野调查的第一线，笔耕不辍，这种严谨执着的治学作风常常令我感动；感谢我的恩师柳肃教授在本书写作过程中给予的指导，先生渊博的知识和敏锐的见解，使我受益匪浅。

　　感谢在我调研和写作过程中提供资料和给予帮助的机构和朋友：永顺县民宗局、永顺县档案馆、双凤村村委会、湖南大学南方村落文化研究所、彭振先生、严水花女士、王熙兰女士、彭家珍老人、彭振华老人、彭英华老人等。感谢双凤村所有乡亲们的支持和帮助，每次田野调查期间都被你们的淳朴和热情深深感动！

　　双凤村是名副其实的中国土家族第一村，它是土家语被鉴定为一支独立语言、土家族被鉴定为一个单一民族的重要佐证，是土家族传统文化最重要的载体之一。本书试图从族源、语言、宗教信仰、精神世界、道德教化、乡贤文化、民俗文化、村落空间、民居建筑、保护发展等各个角度全面解读双凤村，但限于作者的水平，难免会有疏漏和缺陷，恳请各位老师和读者不吝赐教和批评。

李哲

2019 年 8 月 8 日于中南大学